王　煜　著

# 儒釋道與中國文豪

臺灣學生書局印行

# 佛教徒梁漱溟致本書作者函

王煜先生：八二年十月廿日來信
收到，尊著《章太炎進化觀評
析》亦經讀過。但因手中事
忙於應付，既忘作答，更忘讀
後印象數何如之。來信談及的
吳虞先生雖曾在北京大學同
事，未曾晤談。他發的言論主張
見於文字者，僅一說而已。明代
李卓吾固是卓然不群，卻未
能通達至徹。此於其自殺而
死見之矣。先生以為何如，亂。
布復。順致
敬禮！梁漱溟再稽
一九八二年十月十六日

# 無神論者朱光潛致本書作者函

## 北京大学

王煜 教授：

　　您遊华山时 我也正在遊庐山，费了二十九天，上下都由两位青壮年搀扶着走，仍感困倦，故来信稽缓。庐山和华山各有迷人之处，但庐山除亭台崎拔之外还有诸幽奇颖的一面。"不识庐山真面目，只缘身在此山中"这两句锁我哼了一生，身临其境，才认识到我对这两句觉得很蠢的只大宾差不曾谈庐，指的是雾失。聊供一笑。

　　计划中香港之行，目的主要是探望中和一些老友暗谈，消除一些人为的隔阂，其实老朋晋竟没有什么可谈的。选择题材，只因为近几年主要花在"社科学"方面，写了一些评介（约两百字）力求戋戋无甚印别。手间闲窄，不易看到新书，jacobtta 的原著仅在找到，谈时怕不够实事求认。等将新出版的"美学论文集"第一卷（包括查意心理学，文艺心理学和谈美"。都是旧也作。已成明日黄花，祈峰峰，

# 北京大学

早年论文"悲剧心理学"已由张隆溪织成译,
已交人文社付印系列,八十岁以後写的"美学拾
穗集"在再版中,拈出另寄。从中您可以看出
国内美学界最後状况,拙作乃例外,匆颂
暑天佳胜!

朱光潜 敬复
一九八二年九月十五日


王煜先,

今日收到岑写"中国现代化的历程"等丛书共五
册已收到,这些论文尤其对于我对香港文化夸情
况的了解大有帮助,意于今寄抽暇选读,目前仍
在校改"分科学"论文,年老事多,工作效率极低。
先致谢,主诸代向耀基陛长致敬!

朱光潜 1982年10月10日

—3—

# 耶教徒陳榮捷致本書作者函

*Wing-tsit Chan*

Emeritus

Professor of Chinese Culture and Philosophy Emeritus
Dartmouth College

Visiting Professor
of Vhinese Thought
Columbia University

Anna R. D. Gillespie Professor of Philosoph
Chatham College

煜之兄：接還教之辛稿忽近信陽事之切

寒頌讀「被忽署的辛勞」而三之甚覺奮興遜

國辛子百論皆中日韓耶督辛論辛之者以未及

者有取如「格忽署的辛子一切之孔辛子之陸仰信仰

辛子為婦長辛子之此照辛蓍孔氏名知行合之夫辛

辛辛述周辛之安全四等之甚中辛子要蹟之偽说之條

有如項向以台所述神话刘辛之間不淨所義之延意

抑直引又名等耶辛辛期頁报构淨優未知如祷

以辛子柏利團境之善述或說得甚挹致擔此兩項呈

下方如辛明材料淨之于之此馬此即靶

　君禧

　　　　陳榮捷之
　　　　一九八三二十七

Return Address: Chatham College, Pittsburgh, Pa. 15232 (412) 441-8200
Or 228 Sharon Dr., Pittsburgh, Pa. 15221 (412) 271-3463

# 莊子與人生六網（代序）

《易·繫辭傳下》云：「包（伏）犧氏之王天下也，……作結繩而為網罟，以佃（田獵）以漁，蓋取諸離。」用網捕捉禽獸蟲魚，靈感得自〈說卦傳〉「離為目」，「目」的特殊情形就是網孔，離卦 ☲ 確有網象。高亨說：「因離為火，古人常用草繩之類以保存火種，故離又為繩也。兩離相重象結繩為罟罘。」❶ 物質的網隱喻非物質的網，例如德國尼采以流水和網罟暗喻時間❷，貶抑康德為編織形上學概念的巨型蜘蛛❸。在中國，老子首先以網隱喻超物質的天道，莊子卻不用網作暗喻。道家的網缺乏美學涵義；印度神話裏帝網諸孔目間的珍珠互相輝映，遂陶醉傾向佛教華嚴宗的知識分子。晚清譚嗣同融會道佛兩家，呼喊豪邁的宣言：

> 網羅重重，與虛空而無極；初當衝決利祿之網羅，次衝決俗學若考據、若詞章之網羅，次衝決全球群（社會）學之網羅，次衝決君主之網羅，次衝決倫常之網羅，次衝決天之網羅，次衝決全球群教（宗教）之網羅，終將衝決佛法之網羅。然真能衝決，亦自無網羅。真無網羅，乃可言衝決。故衝決網羅者，即是未嘗衝決網羅。循環無端，道通為一。❹

必須依老莊意，配合西方哲學，將網由尊至卑區分六級，糾正譚氏謬誤：

(1)天網。原指天道，只可違逆而不能衝破，恢廓而不失漏，永無漏網之「魚」（生物）。柏拉圖認爲造化神、耶教徒相信上帝撒天網於時空❺。老子以天道凌越鬼神，常被大陸學者誤解成唯物論者❻。

(2)範疇（先驗概念）網。在康德十二範疇，因果、常體兩項最有趣。莊子以逍遙無待、彼此莫得其偶等詭論，在精神而非物理方面衝決此兩範疇。英國休謨堅持不可能證明因果律。尼采三十二歲否定物理的因果律，理解因、果爲不曾解釋的事實，僅屬事物和條件的偶然共存❼。然而尼采通常只否定基督教講罪孽與救贖之類的因果律❽。懷特赫改造柏拉圖「理型」爲「永恆客體」（eternal objects）❾，老莊心中的永恆客體只有道和時空。道家、禪宗及海德格對科技因果律特別冷淡或悲觀❿。思維必須範疇，眞人難免思慮，植物人不能思索，並非衝破了先驗概念網。

(3)經驗概念網。後天學懂或接納的學說或主義，即波普爾所謂第二世界，在第一世界（自然物質）與第三世界（人造器物）之間⓫。思想改造或洗腦就是更換主義網或學說網。愈早入腦的主義愈易構造意識形態（ideology）。莊周主張消泯意態網，《莊子》又成超脫的意識形態。道佛兩家鼓吹「無心」「無念」，旨在溶掉對意態的偏執。陳鼓應敎授誇大道家地位，苦心矯正儒釋對道家的輕蔑⓬，可惜稍略過分，恰似美國考夫曼敎授對誤解尼采的矯枉過正⓭。考氏狡辯尼采的歌頌戰爭僅屬象徵式，但是尼采確曾發揮唯物辯證法祖師赫拉克來特斯的謳歌鬥爭，在《喜

樂的智慧》撰詩云：

> 兄弟們，戰爭是世上幸福之源，
> 火藥烟霧與戰役喧嘩證明友誼誕生！
> 你知道友誼意味三項事物：
> 　無運氣境況中的家族關係，
> 敵人跟前的平等，
> 死亡景象中的自由。❹

希特勒看上這類詩歌，删除一切象徵義蘊，用作侵略的美妙藉口。
縱使強調象徵主義，尼采也不應如此誤導讀者。

　　(4)政治法律網。意識形態出產的文網、法網(世俗所言天網)、
情報網、特務網、間諜網等。清初知識分子明哲保身，從哲學走
向語言學以避文網，剛二百年後（清朝始於 1644 年，尼采生於
1844 年）尼采卻由語言學趨赴哲學，正如清末民初部分學人。
正派律師透察法律罅隙，邪派盜賊拼命利用它。任何法律與政權
不可能像宇宙般永恆，起碼不能控制全球。正常人不能逃避概念
網，卻可奔離政法網，例如魯賓孫隱居荒島。西諺說得好：「無
人是孤島」，隱士也有情。魏晉南北朝詩人對政法網極度敏感❺。
北宋蘇轍熱愛自由，嗟嘆道：「誰言天地寬，網目固自張！」他
渴望「塵埃解羅網，宇宙爲安宅。」遂自問：「何時解網聽歸去，
黃花白酒疏籬間。」❻子由云：

> 史（司馬遷）稱孔子旣見老子，退謂弟子曰：「鳥，吾知其

能飛；魚，吾知其能游；獸，吾知其能走。走者可以為網，游者可以為綸，飛者可以為矰。至於龍，吾不能知，其乘雲氣而上天。吾今日見老子，其猶龍邪？」老子體道而不嬰（攖）於物，孔子至以龍比之，然率不與共斯世也。捨禮樂政刑而欲行道於世，孔子固知其難哉！❼

政道必須落實為治術，否則唯有寄託理想於神龍。傳說老子出關西遊，可能逃脫政法網呢！人類有史以來，大陸文革十年浩劫織就最嚴密的政法網，連錢鍾書亦嘆無人能避。香港亞洲電視公司搭天安門實景，製作以文革為背景的片集《天網》，「天」只是政治法律。莊子不做宰相便擺脫政治網，現代不可能。

(5)情網（廣義世網或塵網）。陶潛懊悔墮陷的塵網，當以情為主。荷蘭斯賓諾沙鑄造「人性枷鎖」一詞，英國醫科出身的毛姆創作自傳式小說《人性的枷鎖》（ Of Human Bondage ）。元好問詠情道：「恨人間，情是何物？直教生死相許。……歡樂趣，離別苦。是中更有痴兒女。」❽中年喪子的王戎慨嘆「我輩」鍾情，表示常人既非忘情的「太上」，亦非「不及情」的最下等麻木不仁者。郭沫若譯歌德《少年維持的煩惱》詩云：「誰個青年男子不善鍾情？誰個妙齡少女不善懷春？」殉情悲劇，遠比殉政法道的悲劇震撼人心。難怪中國電影，僅見岳華主演一套《十二金牌》紀念岳飛，劉瓊主演一齣《國魂》頌讚文天祥；奪獲金像獎的女演員，頻靠扮演情欲複雜錯綜的娼妓！佛教和天主教創立後，全真派道教亦以出家不婚擺脫情網，然而人究竟是血肉之軀，不脫有身之患❾。沙特熱衷享受情網，竟偕長輩羅素設庭審

叛越南「戰犯」，亂闖政法網❷。

⑹物質網。網羅屬於波普爾的第三世界，乃人工而非天然。趣怪的是 1982 年 10 月 5 日，英國婦女以毛絨線編織「大地之網」，阻撓政府的地下水道工程。七年後，英國中下階層又反抗半物質性的人頭稅網，使戴卓爾夫人淪為英倫史上最不受歡迎的宰相。謀生和娛樂、體育同須網。球場用網劃分楚河漢界，消防員以網救人，馬戲雜技團用網保障藝員安全，市場以網絡載瓜果。漁民拖網捕金鎗魚，竟累害游於其上的海豚窒息網內。仁慈的孔子勸人釣魚勿網魚，現代人徹底考慮人在自然界的地位❷，良心呼喚珍惜自然環境，呼籲保護珍稀生物。在電視螢幕，來自深圳特區商人出售網中猴子，牠那雙絕望大眼令我十分難過。大陸不獨用網捕禾花雀，亦以網擒靈長目哺乳動物。聞說數十年前數野人被宰殺，何況華南吃活猴腦和活抽牛筋的殘酷惡習！莊周盛倡無用之用，即以網中禽獸作反面教材，警惕我們注意險惡世途的地雷網陣，理不勝情，便易自投羅網了。趙翼〈戲詠蛛網〉妙諷蜘蛛「為楊（朱）不為墨（翟）」。許地山（落華生）〈綴網勞蛛〉卻以網鼓吹定命論。網可救人，亦能殺人。古羅馬鬥獸場上，網是奴隸決鬥武器之一。近代放電的鐵網，更可代替圍牆，置逃亡者於死地。悲劇人物都是概念、情欲、政法三網交織的犧牲品，物質網通常陷害禽獸❷。

# 註　釋

❶ 高亨《周易大傳今注》（濟南：齊魯書社，1979），頁560。

❷ 史它姆堡《尼采的時間問題》(Joan Stambaugh,The Problem of Time in Nietzsche, tr. John F. Humphrey. Bucknell University Press, 1987),p.35.

❸ 詳見考夫曼與何玲狄爾譯，尼采《權力意志》(Friedrich Niet-zsche, The Will to Power, trs. Walter Kaufmann and R.J. Hollingdale. New York Vintage Books,1967).

❹ 譚嗣同《仁學・自序》。周振甫《譚嗣同文選注》（北京：中華書局，1981）頁94 評云：「作者把群教放在天之上，把佛教放在天和群教之上，是不對的。天倘指天然，那是征服自然，不是衝決；倘指客觀規律，那只能遵守……不能衝決。」周振甫正確指出：「有了衝決證明有網羅,既有網羅證明未嘗衝決。這是相對主義的詭辯。」我認為這詭辯源於《莊子・天下》所載辯士怪論「孤駒未嘗有母」，錯在時態詞「未嘗」。「今無」非「昔無」。

❺ 參閱法瑞色《時間——熟悉的陌生者》(J. T. Fraser, Time, the Familiar Stranger. Amberst: The University of Massachusetts Press, 1987).

❻ 如許一庭<老子和漢族古代思想文化>（見《中央民族學院學報》1990年第1期）云：「無與倫比智睿（應作睿智）的……漢族早期唯物主義和辯證法思想的第一位集大成的繼承者。……在眞於性情，追求人欲傳統的促使下，漢族古代對鬼神崇拜心理較為淡薄，卽便受宗教迷信影響，而創造出來的神仙、鬼魔,也都現身於人形，稟賦以人性，變成人們理想中形、靈、肉永恆共存，能與造物主同游，置生死輪回於外、永保純性眞情的人。……漢族古代歷史上，再也沒有如老子那樣絕倫逸群的傑出學者了。」他低估了莊子。

❼ 見基爾曼編、帕蘭特譯《與尼采談話：當代人口中的尼采生平》(Sander L. Gilman, ed.; David J. Parent, tr.;

Conversations wirh Nietzsche: A Life in the Words of His Contemporaries. New York, Oxford: Oxford University Press 1987, p. 85). 所載 1877 年元旦尼采向馮美生北 (Malwida von Meysenbug) 的話語。

❽ 希謹士《尼采的瑣羅斯德》（Kathleen Marie Higgins, Nietzsche's Zanathustra. Philadelphia:Temple University Press, 1987, pp. 177-179) 第六章<永恆回歸針對罪孽學說> 中<因果律角色：尼采的決定論＞一節。至於目的論，見頁173 — 174，180，190，239。

❾ 參看米特兹勒《懷特赫倫理學》(Daniel Wayne Metzler, Essay on Whiteheadian Ethics. Ph. D. thesis, Emory University, 1987; UMI, 1989) 第三章ⅡB ＜永恆客體＞。指導教授拉克勒克 (Ivor Leclerc)乃懷氏哲學權威。

❿ 詳見帕克士編《海德格與亞洲思想》(Graham Parkes, ed. Heidegger and Asian Thought. Honolulu: university of Hawaii Press, 1987); 貝初士《海德格對科技的批判》(Charles L. Betros, Heidegger's Critique of Technology. Ph. D. Thesis, Fordham University, 1986; UMI, 1989)

⓫ 宜讀石力普編《波普爾哲學》(P. A. Schilpp, ed. The Philosophy of Karl Popper (La Salle, Illinois: Open Court, 1975).

⓬ 陳鼓應<論道家在中國哲學史上的主幹地位 ——兼論道、儒、墨、法多元互補>，見《哲學研究》1990 年第 1 期，或陳鼓應《老莊新論》（香港：中華書局，1991 ）第四部分<道家主幹說>。

⓭ 須評考夫曼《尼采:哲學家、心理學家兼反基督者》(Walter.Kaufmann, Nietzsche:Philosopher,Psychologist,Antichrist. Princeton:Princeton Universi University Press,1974).

⓮ 詳見考夫曼譯《喜樂的智慧》(Walter Kaufmann, tr. The

Gay Science, with a Prelude of Rhymes and an Appendix of Songs, New York: Random House, 1974); 希韋特《馬爾勞與意志概念》(Nicholas Hewitt, Andre' Malraux and the Concept of Will. Ph. D. thesis, University of Hull, 1975; Surrey, England: Brits, 1977, p. 229); 克來因《馬爾勞及 死亡蛻變》(T. J. Kline, Andre' Malraux and the Metemorphorsis of Death. New York: Columbia University Pres, 1973).

⑮ 可觀鍾優民《曹植新探》(合肥:黃山書社,1984);《陶淵明論集》(長沙:湖南人民出版社,1981);《望鄉詩人庾信》(長春:吉林大學出版社,1988)。 兼閱祝鳳梧〈庾信後期詩賦的美學特徵〉,見《湖北大學學報》1990年第6期。

⑯ 蘇轍《欒城集》(曾棗莊,馬德富校點本。上海古籍出版社,1981) 卷12〈同孔常父作張夫人詩〉、卷4〈次韻 子瞻自徑山回宿湖上〉、卷12〈披仙亭晚歌〉。

⑰ 同⑯,卷10〈梁武帝〉。此書卷23〈筠州聖壽院法堂記〉洞山良价禪師名「价」誤成「價」。

⑱ 《元好問詩詞集》(賀新輝輯注本。北京:中國展望出版社,1986)頁636－7〔摸魚兒〕其二。參考山西省古典文學學會、元好問研究會編《元好問研究文集》(太原:山西人民出版社,1987)及賀新輝《元好問詩詞研究》(北京:中國婦女出版社,1990)

⑲ 參閱所羅門《激情》(Robert Solomon, The Passions. Garden City, New York: Anchor Press, 1976);披因《情感研究》(Wayne Leon Payne, A Study of Emotion. Ph. D., Union for Experimenting Colleges/University Without Walls and Union Graduate School, 1985; UMI, 1989).

⑳ 見柯良索拉爾《沙特傳》(Annie Cohen-Solal, Sartre: A Life. tr. Anna Cahcogni; New York: Pantheon Books, 1987).

㉑　如拿拉貢《理性與動物：笛卡兒、康德和米德論人在自然界的位置》
　　(Steven Scott Naragon, Reason and Animals:Descartes,
　　Kant, and Mead on the Place of Humans in Nature.
　　Ph. D., University of Notre Dame, 1987; UMI, 1989).

㉒　參考王潤華＜五四小說人物的「狂」和「死」與反傳統主題＞，見
　　《文學評論》1990 年第 2 期；陳大康＜論小說史上的兩百年空
　　白＞，見《華東師範大學學報》1990 年第 5 期。

# 儒釋道與中國文豪

## 目　次

## 甲部　民族宗教背景

## 乙部　文豪的哲理

# 丙部　書　評

## 附錄：《三玄》未倡無神論……………………299

# 甲部　民族宗教背景

# 不死之探求──道教的特質

## 一　《山海經》的不死觀

　　楚人對巫鬼的迷信，表現於《山海經》。其中《海外南經》提及壽考的「不死民」，《海內西經》又謂：「開明東有巫彭、巫抵、巫陽、巫履、巫凡、巫相，夾窫窳之戶，皆操不死之藥以距之。窫窳者，蛇身人面，貳負臣所殺也。」想像力豐富的楚國作者似信「不死藥」足以抗拒生物遲早必死的自然規律❶，使死者像埃及和阿拉伯神話的鳳凰浴火再生❷。《海內西經》的「不死樹」，就是《大荒南經》裏「不死之國」民眾所吃的「甘木」。《海內經》談到「不死之山」，暗示這山盛產令人食後長生不老的奇樹。非但木本植物，甚至草本植物也可不朽。《海內經》又云：「西南黑水之間，有都廣之野，后稷葬焉。……百穀自生，……鸞鳥自歌，鳳鳥❸自儛，靈壽（似竹有節之樹）實華，草木所聚。……此草也，冬夏不死。」❹然而「不死」有兩涵義：本身不死與令人不死，不死樹似兼此兩義，不死草似非不死藥。楚人屈原《天問》❺說：「何所不死？長人何守？延年不死，壽何所止？」王逸《楚辭章句》引《河圖・括地象》云「有不死之國」❻。長人指《海外東經》所言「大人之國」。《呂氏春秋・求人篇》的「不死之鄉」❼，《淮南子・時則篇》的「不死之野」，都源於《山海經》。屈原《遠遊》說：「仍羽人於丹丘兮，留不

死之舊鄉》，令人聯想《海外南經》的「羽民國」和「不死民」。郭璞注解「不死民」云：「有員丘山，上有不死樹，食之乃壽；亦有赤泉，飲之不老。」張華《博物志》也說：「員丘山上，有不死樹，食之乃壽；有赤泉，飲之不老。」陶潛《讀山海經》詩云：「自古皆有沒（歿），何人得靈長❽？不死復不老，萬歲如平常。赤泉給我飲，員丘足我糧。方與三辰遊，壽考豈渠央。」晉人首先杜撰赤泉匹配《山海經》的不死樹，他們心中的不死民，仍須吃樹喝泉。較早的《大戴禮記‧易本命》竟更徹底地說：「食氣者神明而壽，不食者不死而神。」高誘採取「不食」注解《淮南子‧墜形篇》的「不死民」。《莊子‧逍遙遊》的「神人」必要食氣，未必免死。正如《楚辭》，《莊子》融會西部的崑崙神話和東部的蓬萊神話❾。蓬萊系統的神話裏，不死藥不在神巫手中而在仙人所居宮中。凡夫俗子未嘗脫胎換骨，不可能抵達三神山，因為將抵時三神山自行沉沒，風又把船吹離。三神山似崑崙一般可望而不可即❿。《山海經‧東山經》有姑射、北姑射、南姑射三山，《海內北經》有列姑射、姑射國。三山如為神人寓居，則亦可稱神山。有趣的是「列姑射」非在汾河之南而在海河洲中。《列子‧黃帝篇》略改《莊子‧逍遙遊》而言「列姑射山……有神人焉，吸風飲露，不食五穀，心如淵泉，形如處女，不偎不愛，仙聖為之臣。……鬼無靈響焉。」神人凌駕於鬼，能使鬼無妖異，而未必能免死亡。

## 二　《淮南子》與《列子》的不死觀

神話形態的《淮南子・墜形篇》云：

掘昆侖虛（墟）以下❶，地中有增城九重，……珠樹、玉樹、琁樹❷、不死樹……旁有九井，玉橫維其西北之隅。北門開以內（納）不周之風。……疏圃之地，浸之（以）黃水。黃水三周復其原，是謂丹水，飲之不死。河水出昆侖東北陬（邊疆），貫渤海，入禹所導積石山。……洋水出其西北陬，入於南海羽民之南。凡四水者，帝之神泉，以和百藥，以潤萬物。昆侖之丘，或上倍之（雙倍高度），是謂涼風之山，登之而不死；或上倍之，是謂懸圃❸，登之乃靈，能使風雨；或上倍之，乃維上天，登之乃神，是謂太帝之居。❹

「羽民」、「丹水」和「不死樹」諸詞顯然出自《山海經》，《淮南子》五處分別談及源於五個山嶺的「丹水」。王念孫《讀書雜志》自作聰明，武斷後人妄改「白水」作「丹水」。《淮南子》首先肯定「丹水」乃「不死水」，影響郭璞創作「赤泉」權充「不死水」，丹赤兩字可同義。「黃水」、「丹水」、「赤水」、「弱水」四大「神泉」調藥潤物，但是使人長生者惟獨丹水而非赤水。希臘神話沒有「不死泉」，卻有泯滅人腦記憶的忘川（lethe）❺。陸上，高聳插雲的「涼風之山」是「不死山」。更高的「懸圃」乃「靈山」，賜人呼風喚雨的神力。最高的「上天」是天帝寓居，人一旦登進即升級為不死聖神，遠勝佛教中仍屬「六凡」的諸天。

　　「昆侖虛」和「昆侖之丘」亦出於《山海經》,《海內北經》說:「西王母梯(憑藉)幾而戴勝杖,其南有三青鳥❿,爲西王母取食。在昆侖虛北。……帝堯臺、帝嚳臺、帝丹朱臺、帝舜臺,……在昆侖東北。」中國西部居民傳說西王母及諸帝居昆侖山爲神。至於黃帝與昆侖山的關係,始於《莊子・天地》:「黃帝遊乎赤水之北,登乎昆侖之丘而南望。還歸,遺其玄珠。……使離朱……喫詬索之而不得……」。「離朱」是一隻赤鳥,借取於《海外南經》。《孟子・離婁上》竟將「離朱」升爲黃帝時代視覺絕優的異人「離婁」。「喫詬」應當等同《海內西經》的「竇窳」,原爲龍首的食人怪獸。獸輕易升爲人,凡人又隨便進爲神仙,從有死變成免死。「前道教」的神話中不須修煉,甚至喝「白水」已足。《太平御覽・地部》二十四引《淮南子》云:「白水出昆侖之原,飲之不死。」昆侖山有白、黃、赤、青、黑五種水,《河圖・括地象》遂謂「昆侖山……出五色雲氣,五色流水。」其中黑水即玄水。《莊子・知北遊》云:

　　「知」北遊於玄水之上,登隱弅之丘而適遭「無爲謂」焉。……三問而「無爲謂」不答也;……反於帝宮,……黃帝曰:「無思無慮始知道,無處無服始安道,無從無道(路徑)始得道。

此處黃帝乃哲學家而非神,恰似《穆天子傳》的西王母是善良婦女而非神。可知神又可下凡爲人。《後漢書・天文志》說:「羿請無死之藥於西王母,姮娥竊之以奔月,是爲蟾蠩(蜍)。」不

死的嫦（姮）娥居然淪爲不死的兩棲動物──蛙類的蟾蜍。在蘇味尼安（Sumerian）神話，喬買朱殊王（King Gilgamesh）艱苦獲得的不死藥被巨蛇吞掉，結果蛇長壽而人必死。幸虧該帝化絕望爲智慧，專注入世的功業⓱。中外神話處理不死藥的得喪，既神秘且浪漫，極富戲劇性。

　　《列子》的不死觀，主要見於《湯問篇》：

> 渤海之東不知幾億萬里，有大壑焉，實爲無底之谷。……其下無底，名曰歸墟。……其中有五山焉：一曰岱輿，二曰員嶠，三曰方壺，四曰瀛洲，五曰蓬萊。……其上臺觀皆金玉，其上禽獸皆純縞（未染色之絹）。珠玕之樹皆叢生，華實皆有滋味，食之皆不老不死。所居之人皆仙聖之種。一日一夕，飛相往來者，不可數焉。而五山之根無所連著，常隨潮波上下往還，不得暫峙（暫止）焉。仙聖毒（憂慮）之，訴之於帝。帝恐流於西極，失群仙聖之居，乃命禺彊（北方海神）使巨鼇十五舉首而戴之，迭爲三番，六萬歲一交焉。

屈原《天問》有「鼇戴山抃，何以安之？」抃原指歡欣鼓掌，引申爲宛轉周旋。大海龜負載五神山，讓長生不老的仙聖活得穩定。五龜一組，分三組輪班⓲。每班（更）長達六萬年，連龜也近似長生。後來葛洪以龜鶴蛇等例勸誘人信長壽可能。

# 三 初期神仙之説與王充對方術的批判

《莊子》和《楚辭》都記載不少酷肖神仙方術的話語,但是未談不死之藥。《戰國策》與《韓非子》始言妙人向楚王進貢不死藥事。《韓非子‧説林上》云:

> 有獻不死之藥於荆(楚)王者,謁者操之以入。中射之士問曰:「可食乎?」曰:「可。」因奪而食之。王大怒,使人殺中射之士。中射之士使人説(勸解)王曰:「……罪在謁者也。且……臣食之而王殺臣,是死藥也,是客欺王也。……」 ❾

這詭辯成功有兩理由。首先,謁者不應説「可食」,導致聽者誤會「無毒」為「准你吃」;其次,倘若吃後招惹殺身之禍,不死藥宜改稱促死藥或奪命藥。其實不死藥絕非保證抵禦武器毒蟲,充其量「保證」生活正常而不死於「非命」者長壽。公元前三世紀已有方士,宋玉《高唐賦》云:「有方之士,羨門、高谿(溪)、上成、鬱林、公樂、聚谷,進純犧,禱璇室,醮鬼神,禮太一。」❿《史記‧封禪書》説:「宋毋忌、正伯僑、〔充尚〕(元谷)、羨門〔子〕高、〔最后〕(聚谷)皆燕人,為方仙道,形解銷化,依於鬼神之事。」❹《史記集解》引服虔曰:「尸解也。」又引張晏曰:「人老如解去故骨則變化也。今山中有龍骨,世人謂之龍解骨化去。」龍骨是遠古恐龍及犀象等巨獸遺骸,使人聯想仙

人的尸解，將靈魂從形軀的束縛解放出來。這像畢達哥拉斯和柏拉圖學派的靈魂永生說。巫師與方士有術無學，鄒衍的陰陽五行學說剛巧補充他們的缺陷❷。《史記‧封禪書》又云：「鄒衍以陰陽主運顯於諸侯，而燕、齊海上之方士傳其術不能通，然則怪迂、阿諛、苟合之徒自此興，不可勝數也。」陰陽主運，乃以德為體，以運為用，即以德運推測自然和社會的命運。據說秦始皇時有烏鴉銜草蓋於死屍面上使人復活，始皇命齎草以問楚人鬼谷先生。鬼谷說東海中「祖洲」有不死之草在「瓊田」生長，亦稱「養神芝」，其藥似菰，不叢生，一株可活千人。始皇派徐福（字君房）及童男女各三千人乘樓船出海覓「祖洲」❸。

漢初最特異的神仙是黃石公❹。一度謀殺秦始皇的張良與其師黃石公合葬一冢，張良後來成為實踐導引（近似氣功及柔軟體操）和辟穀的道家。秦漢仙人尚有贈藥給扁鵲（秦越人）的長桑君，和教導安期生的河上丈人。葛洪《神仙傳》說漢文帝親身到草菴向河上丈人討教《老子》義理，接受《素書》兩卷。漢武帝最寵愛的方士李少君說丹砂可變作黃金，製成的飲食器皿用了便可延年益壽，並且親睹「蓬萊仙者」的風采，以此封禪就能長生不老。李少君自稱遨遊海洋，看見吃巨棗的仙人安期生。武帝遂親赴祠社，遣派方士找尋蓬萊的安期生之流。李少君病逝，武帝深信他「化去不死」，命令黃錘、史寬舒傳承少君藥方。葛洪說董仲舒曾撰《李少君家錄》云：「少君有不死之方，而家貧無以市（購買）其藥物，故出於漢，以假涂（途）求其財，道成而去。」❺又說李少君從安期生得神仙爐火之方。方士齊人少翁曾替武帝召回李（一作王）夫人的靈魂，並且顯現灶鬼的面貌。葛洪謂

《神仙集》載召神劾鬼之法及令人見鬼之術❷❻。《史記‧封禪書》云：

> 欒大，膠東宮人，……為人長美（英俊），言多方略，而敢為大言，處之不疑。大言曰：「臣常往來海中，見安期、羨門之屬。顧以臣為賤，不信臣。……臣之師曰：『黃金可成，而河決可塞，不死之藥可得，仙人可致也。……』……」於是上（武帝）使驗小方，鬥棋，棋自相觸擊。……大見數月，佩六印，貴震天下，而海上燕、齊之間，莫不搤（握）捥（腕）而自言有禁方，能神仙矣。

原來漢武帝拜少翁為文成將軍，少翁以帛書餧牛噉君伏誅，武帝懊悔尚未用盡少翁的方技，少翁的舊同學欒大趁機進以煉金術和長生方，竟娶得公主，封為「五利將軍」，真可算財色兼收，不知羨煞幾許寒士。他似具備特異功能，能令棋子互撞，科學史家認為可能是磁鐵吸引❷❼。

儒生與神仙合流，始於董仲舒。他在《春秋繁露》以陰陽家的神秘觀附會儒學❷❽，並且創造祈雨止雨儀式，登壇禱告作法。武帝以後，有車子侯、東方朔、孔安國（孔子後裔）、周義山（紫陽真人）、王褒（清虛真人）、梅福、劉根、矯慎等。實證主義者王充在《論衡‧道虛篇》抨擊迷信云：

> 物無不死，人安能仙？鳥有毛羽，能飛不能升天；人無毛羽，何用飛升？……好道學仙，中生毛羽，終以飛升。使

（倘若）物性可變，金木水火可革更也。蝦蟆化為鶉，雀入水為蜃蛤，稟自然之性，非學道所能為也。……今無小升之兆，卒有大飛之驗，何方術之學成無浸漸也。……吞藥養性，茲令人無病，不能壽之為仙。

王充否定人類出翅升天的可能性，運用近似微積分學的原理，指出「大飛」僅能由無限的「小升」累積成功。《山海經》的羽民天賦羽翼，非神話的凡民必須修煉方生翅翼❷。可憐王充觀察欠精，輕信蛙變鶉及雀變蛤❸。幸而他繼續點出歷史事實：淮南王劉安謀反被逼自盡，迥異於方士儒生常傳「得道仙去，雞犬升天」。李少君病亡，人見其尸而知他只是個長壽的人；倘若他死於絕迹的山林岩穴，世俗便要誤猜他升仙了。王充再訶斥「尸解」云：

如謂身死精神去乎？是與死無異，人亦仙人也。如謂不死免去皮膚乎？諸學道死者骨肉具（俱）在，與恒死之尸無以異也。夫蟬之去復育（未蛻之蟬幼蟲），龜之解甲，蛇之脫皮，鹿之墮角，殼皮之物解殼皮，持骨肉去，可謂尸解矣。今學道而死者，尸與復育相似，尚未可謂尸解。

成熟的蟬不比幼蟲奧妙，正如修道者死後不比其屍奧妙。此非嚴謹論證，所用類比（analogy）十分隨便。如果信仰靈魂不滅，靈魂當然比肉體奧妙；靈肉之間有形而上和形而下之別，不能用昆蟲的長幼作譬。王充否定靈魂不滅，總括尸解的兩個兩能性：精神離形軀而消散，或者皮肉腐爛而骨骼獨存。此兩可能性相容

而不相斥，實可合為一可能性。王充忽略一點：動植物的脫殼不
關涉精神或意識，低等生物無意識，佛教所謂「有情」（高等動
物）始具意識、精神。問題在於：人的靈魂是否獨能不朽？人死
能否像金蟬蛻殼使靈魂擺脫牢獄？退一步想：是否愈寡欲則愈長
壽？王充否定說：

> 世或以老子之道為可以度世，恬淡無欲，養精愛氣。夫人
> 以精神為壽命，精神不傷，則壽命長而不死。成事（既成
> 事實）：老子行之，逾百度世，為真人矣。夫恬淡少欲，
> 孰與鳥獸？鳥獸亦老而死。……草木之生何情欲，而春生
> 秋死乎？……老子之術……復虛也。……夫人之不食也，
> 猶身之不衣也。……拔草木之根，使之離土，則枯而蚤
> （早）死；閉人之口，使之不食，則餓而不壽矣❸。

王充強調人從食品獲得營養，好比植物根部由泥土汲取養料，豈
能妄想餐風飲露就活下去永遠不死！至於服藥以輕身增壽，王充
肯定「輕身益氣」而否定「延年度世」，相信「有血脈之類」的
生與死互為效驗，人必死如冰必釋，惟獨無終始的「天地」「陰
陽」因不生故不死。老莊眼中的天地陰陽，正如現代天文學所言
恆星太陽，是可朽壞的；只有最根本的「道」方無始終生死。可
見王充並未接受先秦道家的形上學要旨。

　　尊崇荀子與王充的章太炎說：

> 及燕齊怪迂之士興於東海，說經者多以巫、道相糅。故

《洪範》舊志之一耳，猶相與抵掌樹頗，廣為抽繹。伏生開
其源，（董）仲舒衍其流。是時適用少君、文成、五利
（欒大）之徒，而仲舒亦以推驗火災，救旱止雨，與之校
（較）勝；以經典為巫師豫記之流，而更曲傅（附）《春秋》，
云為漢氏制法，以亂人主而棼（紛）政紀。昏主不達，以
為孔子果玄帝之子，真人尸解之倫。讖緯蜂起，怪說布彰，
……則仲舒為之前導也。……一夫仲舒之托（託）於孔子，
猶宮崇、張道陵之托於老聃❷。

章太炎雖多偏見，上引一段卻屬正見。緯書和道教關係密切，例
如《易緯・乾坤鑿度》有老子的「希」「夷」，《春秋緯・元命
苞》有老子的「長生久視」，《詩緯・含神霧》及《孝經緯・援
神契》謂太華山上有仙宰、少室山上有靈藥，《河圖・記命符》
談到能夠增削人壽的鬼神，《河圖・括地象》有三神山、昆侖山
等靈境，都受道教探納。讖緯書神化孔子，啟導方士神化老子，
飾以佛教神話，方術方士升爲道教道士❸。

## 四　《參同契》附會《周易》談長生術

原始道教的第一部要典是魏伯陽《參同契》。方士分爲注重
內修煉丹的丹鼎派，和側重冥通符咒的符籙派。換句話說，兩派
分別偏於仙術與神術。附會《周易》的《參同契》，當然隸屬丹
鼎派。魏翱字伯陽，自號雲牙子❹。葛洪《神仙傳》云：「魏伯
陽，上虞人。貫通詩律，文辭贍博，修真養志。約《周易》作

《參同契》。桓帝時，以授同郡淳于叔通。」五代後蜀彭曉《周易參同契分章通眞義序》亦云：「魏伯陽者，會稽上虞人也。世襲簪裾，惟公不仕，修眞潛默，養志虛無，博瞻文詞，通諸緯候，恬淡守素，唯道是從，每視軒裳，如糠粃焉。不知師授誰氏，得古文《龍虎經》，盡獲妙旨。……所述多以寓言借事，隱顯異文，密示青州徐從事，徐乃隱名而注之。」朱熹《周易參同契考異》說：「參，雜也；同，通也；契，合也；謂與《周易》理通而義合也。」魏氏雜糅「太易」、「黃老」、「爐火」三道，主張煉服金丹兼調和陰陽，即兼倡外丹說與內丹說。「外」指身外藥物，「內」謂身內二氣。東漢京房首創「納甲」法，以月亮的晦朔望象徵卦體。魏氏借它談坎離水火龍虎鉛汞，以陰陽五行昏旦時刻爲進退持行之候，旨在飛仙。他相信人體是含蘊陰陽八卦的小宇宙，如要長生則須依宇宙陰陽消長之理，鍛煉本身的精氣。《參同契》兩警句「委志歸虛無，無念以爲常」影響新道家和禪宗倡無念。此書又謂：「亘勝（胡麻）尙延年，還丹可入口。金性不敗朽，故爲萬物寶。術士服食之，壽命得長久❸❺。……金砂入五內（臟腑），霧散若風雨。熏烝達四肢，顏色悅澤好。髮白更生黑，齒落出舊所。老翁返丁壯，耆嫗成姹女。改形免世厄，號之曰眞人。」此非莊子理想的眞人，終於「御白鶴兮駕龍鱗，游太虛兮謁仙君。」事實適得其反，金丹常含砒霜（三氧化二砷），難怪古詩《驅車上東門》揭露：「服食求神仙，多爲藥所誤。」外丹術害人不淺；內丹術近似印度瑜伽，開創中國氣功雜技及醫學，但非受印度啟發❸❻。《莊子‧刻意》所言「吹呴呼吸，吐故納新，熊經鳥申」的「道（導）引之士，養形之人」以柔軟體操「爲壽」。

馬王堆西漢墓中帛書《導引圖》乃氣功或內丹先河 ❸。李約瑟說：

> 「丹」似可譯為 elixir，elixir 是一種使人長生不老的藥，
> 「丹」字本身就有長生不老的函義。根據製備的原料不同，
> 丹可分為外丹和內丹兩種：外丹由無機物構成，……內丹
> ……指由有機體本身的體液、分泌物或組織成分所形成的
> 長生不老藥 。……長壽術（macrobiotics）、贗金術
> （aurifiction）和藥金術（aurifaction）……與煉丹術和
> 煉金術十分接近。……郤衍時期的中國社會尚無……「倫
> 理極化」 ❸此觀念，……在適當的瓶裡尋獲適當的藥丸，
> 你就能免入黃泉 ❸而升到極樂世界，觀賞四季更迭，……
> 美國費城的席文（Nathan Sivin）……把煉丹家想製備的
> 藥物高明地概括為「控時物質」，……達致盡善盡美的境
> 界，即希臘人所謂「混融」（krasis）境界，便可不再受
> 那周期性變化的影響，……若能獲得絕對完善的陰陽物質
> 組合成分，他就會極度長壽，甚至達到「肉體永存」之境，
> ……永遠活在人間……。 ❹

丹字原指丹砂，即辰砂，俗名朱砂，化學結構乃硫化汞，紅色，
可加熱還原出銀色的汞（水銀）。《尚書・禹貢》有「礦砥砮丹」
句。既為煉藥主要原料，丹便引申為依方精製的藥，又因呈粉紅
色而再引申指粉紅。（如以朱紅塗漆，可用「丹」作動詞。）另
一引申義「長生」植根於迷信。藥金術由於古人謬信用其他物質
可造黃金，贗金術純屬欺詐 ❹。李約瑟察覺：希臘或西方的傳統

僅有贗金和藥金概念，惟獨中國始創在現實世界永恒青春的概念。中國金丹術早於希臘，但是鄒衍、李少君、劉向、魏翱、葛洪、孫思邈以後創造性躍降。李氏提出「比較長壽法」，肯定希臘的永生藥只是隱喻，「中國人卻是極其唯物的，他們並不是隱喻」❷。儘管低估了中國的唯心論，李氏供給寶貴的資料，例如阿拉伯是首先接受中國影響的民族。公元 700 年阿拉伯人提及長生藥，唐宣宗大中二年（ 848 ）紇干棻出版神秘的解毒藥集《懸解錄》。鑑於丹藥含多量汞、砷、鉍、銻等劇毒，紇干棻以植物充解藥。李氏又指出：術士的「飲用金」或「金液」就是硫化高錫的懸浮液，比美古希臘的硫化鈣，同為古代化學的最高成就。我贊成他的結論：整個醫藥化學源於中國。十五世紀末葉霍痕海姆的巴拉塞爾修斯（ Paracelsus of Hohenheim ）說：「金丹術的宗旨不是治煉黃金，而在於為人類疾病研製藥品。」可惜一般道士缺乏如此高貴的情操，縱使不淪落為騙徒，也僅關懷私人的長生；謬信煉金術既可促進金銀的緩慢生長，亦能延緩人生歷程。 1280 年，傾向自然科學的英國哲人羅杰・培根（ Roger Bacon ）間接受道教濡染後云：「如果我們能更多了解化學，那麼就會有許多方法免除或延遲衰老。」作為天主教徒，他絕不奢望在人間永生。

# 五　《太平經》融會黃老學派精氣說

傳說醫師帛和傳授《太平經》給于吉（一作干吉）。葛洪《神仙傳》模仿黃石公贈兵書予張良故事，講述北海（一作琅邪）人干吉病癩數十年，向帛和求醫，獲素書二卷，「內以治身，外

以消災救病，無不差愈。在民間三百年，道成仙去也」❹。唐代王松年《仙苑編珠》卷中引《神仙傳》佚文始言素書二卷乃《太平經》。另一說是于吉作此經，門徒宮崇（宮嵩、容嵩）把它獻給漢順帝。《神仙傳》謂「嵩服雲母，數百歲有童子之色，入紵嶼山仙去」。這符合仙字函義「山人」。但是「仙」原作「僊」，指上遷的天仙而非地仙。原始道教虛構神仙世界，將世界二重化❹。

非一人一時創作的《太平經》繼承墨家尊天的宗教思想❹，提倡有神論和因果報應，又發揮齊國稷下學派的精氣說，武斷人壽與氣都與氣相應，甚至由氣決定。其中《解承負訣》說：「獲罪於天，令人夭死。」❹《不用大言無效訣》云：「死亡，天下大凶事也，……非小事也。壹死，終古不得復見天地日月也，脈骨成塗土。死命，重事也。人居天地之間，人人得壹生，不得重生也。重生者，獨得道人。死而復生，尸解者耳。是者，天地所私，萬萬未有一人也。故凡人壹死，不得復生也。」❹此戀生哲學是發揮老莊的。

湯用彤早已提出《太平經》反對佛教而抄襲其理論❹，任繼愈、郭朋二氏先後修正湯說❹。老子倡守一，張陵《老子想爾注》主張「守真一」❺，《太平經》誇張「守一」為長生手段云：

古今要道，皆言守一，可長存而不老。……人有一身，與精神（氣）常合并也。形者乃主死，精神者乃主生。常合則吉，去則凶。無精神則死，有精神則生。……念而不休，精神自來，莫不相應，百病自除，此即長生久視之符也。

陽者守一，陰者守二，故名殺也。故晝為陽，人魂常弁居；
冥為陰，魂神爭行為夢，想失其形，分為兩，至於死
亡。❺

守一復久，自生光明。昭爾見四方，隨明而遠行，盡見身
形容。群神將集，故能形化為神。……老而更少(變年青)，
髮白更黑，齒落更生。守之一月，增壽一年；……神藥❺
自來。……凡害不害，人各有「一」不相須(不必爭「一」)。
虎狼不視，蛟龍不升，有毒之物皆逃形。……百神千鬼，
不得相尤（怨恚）。守而常專，災害不還。……謹閉其門，
……外闇內明；……喜怒為疾，不喜不怒，「一」乃可睹。
……當念本無形，湊液相合，「一」乃從生。去老反稚，
可得長生。子若守一，無使多知；守一不退，無一不知；
所求皆得，端坐致之。……不食而飽，不得（則）衰老。
……安貧樂賤，……內使常樂。……為善，效驗可睹。…
…始如螢火，久似電光。……外則行仁施惠為功，不望其
報，忠孝亦同。……元氣之首，萬物樞機。天不守一失其
清，地不守一失其寧，日不守一失其明，月不守一失其精，
星不守一失其行，山不守一不免崩，水不守一塵土生，神
不守一不生成，人不守一不活生。❺

老莊的反智主義和孔孟的本務倫理躍然紙上。作者改《老子》所
言「得一」為「守一」。然而《老子》的「一」是元氣或精氣，
《太平經》的「一」卻比道更為根本：「夫一者，乃道之根也，氣
之始也，命之所繫屬，眾心之主也。」❺一又是生之道、元氣所

起、天之綱紀❺，又爲至道之喉襟❻，元氣純純之時❼。一可指
首要部分，例如頭之頂、七正（竅）之目、腹之臍、脈之氣、五
臟之心、四肢之「手足心」、骨之脊，肉之腸胃❽。但是一亦爲
心、意、志，一身中之神（主宰）❾。總之，一乃物質兼精神之
根本，涵義比老莊及禪籍的一更廣泛。湯用彤發覺《法句經》、
《菩薩內習亡波羅密經》及《阿那律八念經》皆倡守一，遂信
《太平經》之守一源於印度禪觀。可惜他未留意諸教的「一」略異。
《太平經》之守一可指維持形神統一——身體和精神的不可分性。
「人有氣則有神，有神則有氣。神去則氣絕，氣亡則神去。故無
神則死，無氣亦死。」❻ 「失氣則死，有氣則生。」❻ 「神精有
氣，如魚有水。氣絕神精散，〔如〕水絕魚亡。」❻ 精神和物質
互相倚賴，物質比精神更爲根本：「夫人本生混沌之氣。氣生精，
精生神，神生明。本於陰陽之氣，氣轉爲精，精轉爲神，神轉爲
明。」❻ 這可溯源於《莊子‧知北遊》：「人之生，氣之聚也；」
及《莊子‧刻意》「精神四達並流，無所不極，上際於天，下蟠
於地，化育萬物，不可爲象，其名爲同帝。純素之道，唯神是守。
守而勿失，與神爲一。一之精通，合於天倫。」然而《刻意》以
「精神」作同義複詞，精與神無相生關係。《管子‧心術》下篇
及類似的《內業》篇同以「執一」指專注❻，「一」非元氣。馬
王堆帛書《老子》乙本卷前古佚書《成法》亦倡守一云：「一者，
道其（之）本也，胡爲而無長？□□所失，莫能守一。一之解，
察於天地；一之理，施於四海。……夫唯一不失，一以騶（趨）
化，少以知多。……萬物之多，皆閱一空❻。……羅（彼）必正
人也，乃能操正以正奇，握一以知多，除民之所害，而寺（持）

民之所宜。絆（總）凡守一，與天地同極，乃可以知天地之禍福。」❻❻守一乃循道，「少以知多」即是《太平經》所謂「守一之法，可以知萬端；萬端者，不能知一」❻❼。中國哲學常倡以簡御繁。

《太平經》誤以形神統一及物質不滅推斷形神能夠永生。我們可用此經典水絕魚亡之喻反駁永生說：水僅維持魚類有限的壽命，不能令魚永生；有水不能保證有魚，何況許多星球無水！《太平經》謬倡守住精神便可長生，恰似愚人相信魚守**水**就不會死。該書又臆斷人醒時精神指揮正當言行，睡時精神擅自離開：「人不臥之時，行坐言語，分明白黑，正行住立，文辭以為法度，此人神在也。……及其定臥，精神去游，身不能動，口不能言，耳不能聞，與衆邪合，獨氣在，即明證也。故精神不可不常守之，守之即長壽，失之即命窮。」❻❽精神的獨立性，由莊子及黃老兩學派提出，盛發於《管子》、《呂氏春秋》和《淮南子》。既倡形神相依，又謂神可獨遊，《太平經》的心物二元論只露根芽，尚未成熟。粗略看來，它倡雜糅鬼神天志的素樸唯物論。因為不懂大腦產生意識、思維、精神，古人比今人更傾向信仰獨立不依物質形軀的靈魂和鬼神。

樸素自然主義以外，《太平經》發揮先秦諸子的粗淺辯證法，如承接《老子》云：「陰氣、陽氣更相摩（磨）礪，乃能相生。」❻❾「天法皆使三合乃成。」❼❶三合當指陰陽及和，即天地人、父母子之類。陰陽被形象化為兩手，合作方可辦事❼❶。物極必反，「極即還反，……極上者當反下，極外者當反內；故陽極當反陰，極於下者當反上；故陰極反陽，極於末者當反本」❼❷。陰陽的首要特例是男女：「陰陽所以多隔絕者，本由男女不和。男女者，

乃陰陽之和也。夫治事乃失其本，安得吉哉！」❼❸《太平經》正確地以飲食、男女爲兩項「大急」，衣服爲一項「小急」或「半急」❼❹。它的理想世界頗似《禮運・大同》。財物生於天地和氣，乃「中和之有」❼❺或「天地中和所有，以共養人也」❼❻。智者與中和爲友，若果「與中和爲仇，其罪當死明矣」❼❼。仁道包含平等主義，生存權利應該均等，連神仙境界也是平等公正的：「諸神相愛，有知相敎，有奇文異策相與見，空缺相薦相保。有小有異言相諫正，有珍奇相遺（餽贈）。」❼❽此烏託邦突破了墨子那半宗敎式孤寡的天志境界。《太平經》作者願以宗敎獲致太平，撰《永久和平》的康德卻望憑哲學導致和平。「康德的政治學旣爲其形上學之一型，亦爲其蓋頂（capstone）。」❼❾《太平經》的政治學亦然，以天地和氣作形上學與政治論的接簡。英國詹姆士・希爾頓（James Hilton）用亞洲小國不丹爲藍本，撰小說《迷失的境界》（Lost Horizon），虛構喇嘛敎國度香格里拉（Shangrila），熏陶不少西人。那「西藏桃源」小國寡民，無恨無死，酷似道敎《太平經》裡相愛相敬的神仙，然而香格里拉居民一離國境即刻老死。作爲佛敎旁支的喇嘛敎，提倡出家且不信神仙，所以香格里拉反像道敎烏托邦。

醫學方面，《太平經》與張仲景《傷寒論》都顯揚《內經》。前者主張草木禽獸亦貴「中和陰陽」：

> 治事立愈（癒）者，天上神草木也，下居地而生也；立延
> 年者，天上仙草木也，下居地而生也。……此草木有精神，
> 能相驅使，有官位之草木也；十十相應愈者，帝王草也；

十九相應者，大臣草也；十八相應者，人民草也；過此而下者，不可用也，誤人之草也。……一日而治愈者方，使天神治之；二日而治愈者方，使地神治之；三日而治愈者方，使人鬼治之。不若此者，非天神方，但自草滋治之，或愈或不愈，名為待死方。慎之慎之。此救死命之術，不可易（改變），事不可不詳審也。

生物行精，謂飛步禽獸跂行之屬，能立治病。禽者，天上神藥在其身中，天使其圓方而行。十十治愈者，天神方在其身中；十九治愈者，地精方在其身中；十八治愈者，人精中和神藥在其身中。……治十傷一者，不得天心意；十傷二者，不得地意；十傷三者，不得人意；十傷六七以下，皆為亂治。陰陽為其乖逆，神靈為其戰鬥。是故古者聖王帝主，雖居幽室，深惟思天心意，令人自全，自得長壽命。……夫天道惡殺而好生，蠕動之屬皆有知，無輕殺傷用之也；……不得已乃後用之也。故萬物芸芸，命繫天，根在地，用而安之者在人；得天意者壽，失天意者亡。❽

儒家以天地人為三才；老子以天地王（領袖）為域中三大，與「道」合成四大；墨子信仰天神、地祇、人鬼；佛家珍惜動物。《太平經》糅合此四支派，由醫療談到政治，旨在活命長壽而非長生不老。「神草木」立刻消疾，「仙草木」延壽❽。《抱朴子·仙藥》引可能早於《太平經》的《神農本草經》云：「上藥令人身安命延，昇為天神，遨遊上下，使役萬靈，體生羽毛，行廚立

至，……飛行長生。……中藥養性，下藥除病，能令毒蟲不加，猛獸不犯，惡氣不行，衆妖併辟。」❽此經已分藥爲上中下——君、臣、佐使三級，「輕身」的藥價高昂，貴族方能購服。太平道比較平民化，帝臣民三等草藥以醫療實效爲標準。藥物以外，太平道又倡針灸和內養功，裨益張角等人的傳道。

　　太平道的人格層級觀獨樹一幟：「夫人愚學而成賢，賢學不止成聖，聖學不止成道，道學不止成仙，仙學不止成眞，眞學不止成神，皆積學不止所致也。」❽對荀子的積學精神，太平道披上宗敎外衣。莊子以眞人爲至尊，太平道以神眞仙道四級起越於聖。簡言之，仙可包括神眞道三等。相應的官舍可分五類：「天上官舍，舍（動詞）神仙人；地上官舍，舍聖賢人；地下官舍，舍太陰陽善神善鬼；八表遠近名山大川官舍，以舍天地間精神人仙未能上天者；雲中風中以舍北極崑崙；官舍郵亭以候聖賢善神有功者。道爲首，德爲腹，仁爲足而行之。天設官舍郵亭，得而居之。欲得天力者行道，欲得地力者行德，欲得人力者行仁（原誤作人）。」❽五種官舍可簡化爲三，分別供給天上之仙，地上之聖賢，地下之善良鬼神。太平道又從樂道德與畏鬼神兩方面將人分爲上士、中士、下士三等❽，把老子的三士觀高度宗敎化。下士的氣同於禽獸，即行屍走肉、衣冠禽獸或人面獸心。積極的樂道德和消極的畏鬼神，分別指涉康德所稱自律道德與他律道德。在太平道立場，卓越的啓蒙思想家伏爾泰近似「中士」❽；在現代常識，敬畏鬼神絕非智慧的開端，敬畏眞理纔是，對超自然事物的懷疑永遠是健康的❽。

# 六　葛洪修改原始道敎以融攝儒法之學

三國時代魏國隱士孫登以「重玄」（老子「玄之又玄」）爲宗，後來《抱朴子·暢玄》屢用「玄道」作同義複詞，同書《道意》篇云：

> 道者，函乾括坤，其本無名。論其無，則影響猶爲有焉；論其有，則萬物尚爲無焉。……以言乎邇，則周流秋毫而有餘焉；以言乎遠，則彌綸太虛而不足焉。爲聲之聲，爲響之響，爲形之形，爲影之影；方者得之而靜，員（圓）者得之而動，降者得之而俯，昇者得之以仰。❸❽

玄道乃超離時空物質的絕對理念，人類長生的超越根據。葛洪等同了老子的道、玄兩概念，仿效揚雄《太玄》以「玄」爲形上實體。柏拉圖貶抑實物爲「理型」的影，實物的影子便是理型的影之影；葛洪卻褒讚玄道爲影之影——不可見聞感知的本體，然而以可由人心虛構：「夫道也者，逍遙虹霓，翱翔丹霄，鴻崖六虛，唯意所造。」❸❾如果「造」指適至，道便非虛構，而是精神實體。《地眞》篇云：「道起於一（元氣），其貴無偶。……一能成陰生陽，推步寒暑。……其大不可以六合階，其小不可以毫芒比也。……夫長生仙方，則唯有金丹；守形卻惡，則獨有眞一；……守一存眞，乃能通神；少欲約食，一乃留息；白刃臨頸，思一得生。……守玄一復易於守眞一……守玄一，幷思其身，……隱之顯之，

皆自有口訣，此所謂分形之道。……師言守一兼修明鏡（一種方
術），其鏡道成則能分形爲數十人，衣服面貌，皆如一（複製）
也。……師言欲長生，當勤服大藥；欲得通神，當金水分形。形
分則自見其身中之三魂七魄；而天靈地祇，皆可接見；山川之神，
皆可使役也。」❾這遠比原始道教神奇，分身術比印度宗教的神
通更不可思議，單憑口訣便可使身顯隱，《仙藥》篇說隱形術可
賴茯苓：「任子季服茯苓十八年，仙人玉女往從之，能隱能彰，
不復食穀，灸瘢皆滅，面體玉光。」❾儒家以玉象徵溫潤，道教
以玉代表青春常駐或生命不朽。

葛洪不能建立「有仙論」，僅可懷疑「無仙論」。《抱朴子・
論仙》云：

> 雖有至明（極優視力），而有形者不可畢見焉；雖稟極聰，
> 而有聲者不可盡聞焉。……夫言始者必有終者多矣，混而
> 齊之，非通理矣。……謂始必終，而天地無窮焉；謂生必
> 死，而龜鶴長存焉。……坤道至靜，而或震動而崩弛；…
> …有生最靈，莫過乎人。貴性之物，宜必鈞（均）一。而
> 其賢愚邪正，好醜脩（修）短，清濁貞淫，緩急遲速，趨
> 舍（捨）所尚，耳目所欲，其為不同，已有天壤之覺、冰
> 炭之乖矣。何獨怪仙者之異，不與凡人皆死乎？……若夫
> 仙人，以藥物養身，以術數延命，使內疾不生，外患不入，
> 雖久視不死，而舊身不改。苟有其道，無以為難也。而淺
> 識之徒，拘俗守常（常識成見），咸曰世間不見仙人，便云
> 天下必無此事。夫目之所曾見，當何足言哉！天地之間，

無外之大，其中殊奇，豈遽有限？詣老戴天，而無知其上；終身履地，而莫識其下。形骸己所自有也，而莫知其心志之所以然焉；壽命在我者也，而莫知其脩短之能至焉。況乎神仙之遠理，道德之幽玄，仗其短淺之耳目，以斷微妙之有無，豈不悲哉！……乃知天下之事，不可盡知，而以臆斷之，不可任也。但恨不能絕聲色，專心以學長生之道耳。……劉向……所撰《列仙傳》，仙人七十有餘。誠無其事，妄造何為乎？邈古之事，何可親見，皆賴記籍傳聞於往耳。……世人以劉向作金不成，便謂索隱行怪，好傳虛無，所撰《列仙》，皆復妄作。悲夫！此所謂以分寸之瑕，棄盈尺之夜光（美玉）；……（劉）向本不解道術，……是以作金不成耳。❷

對於過度自信而輕率作結論的學者，葛洪作出當頭棒喝。人生短促，視野狹隘，切勿隨便否定邏輯上可能事物的存在。邏輯上自相矛盾的事物，例如方的圓，當然不可能存在。然而葛洪抹殺質量的區別，不料美醜善惡的差別可以量化，而生死之間質的歧異不可量化，儘管質量兩範疇歸根究柢委實難分。可喜的是葛洪若果活在今天，不會像美國首席分析哲學家蒯因（Quine），僅因未見飛碟和外星人，便一口咬定外星人乃地球人虛構❸。人可驗證外星人及其飛碟的存在，而不可能驗證神仙存在及永生。自然物或物理物皆可驗證，超自然的鬼神不可驗證。虛構鬼神的動機複雜，反問「妄造何為」無力擢升小說為歷史。東漢應劭云：「俗說淮南王（劉）安招致賓客方術之士數千人，作《鴻寶》、

《苑秘》、枕中之書，鑄成黃（金）白（銀），白日升天。」❸劉
歆、吳質或葛洪的《西京雜記》更怪誕：「淮南王好方士，方士
皆以術見。遂有畫地成江河，撮土爲山岩，噓吸爲寒暑，噴嗽爲
雨霧。王亦卒與諸方士俱去。」王逸《天問注》引劉向《列仙傳》
佚文也屬神話：「有巨靈之龜，背負蓬萊之山，而抃舞戲滄海之
中。」《列仙傳》和《神仙傳》成就在文學而非哲學❸。《晉書》
葛洪本傳載他作《神仙》《良吏》《隱逸》《集異》等傳各十卷，
我想《集異傳》較《神仙傳》更超自然。

　　葛洪分神仙爲三等，引不知作者的《仙經》云：「上士舉形
昇虛，謂之天仙；中士遊於名山，謂之地仙；下士先死後蛻，謂
之尸解仙。」❸又云：「上士得道於三軍，中士得道於都市，下
士得道於山林。此皆爲仙藥已成，未欲昇天。雖在三軍，而鋒刃
不能傷；雖在都市，而人禍不能加，而下士未及於此，故止山林耳。」
❸上士「劉安昇天見上帝，而箕坐大言，自稱寡人，遂見謫守天
廚三年」❸。天仙與地仙的差異，不同佛和菩薩之別。菩薩「留
惑潤生」，爲了入世拯拔衆生，暫時不進涅槃；地仙不昇天，卻
因留戀人世歡樂。尸解仙囿於郊野，相當於小乘和隱士。《勤求》
篇謂「上士先營長生之事，長生定可以任意。若未昇玄去(離開)
世，可且地仙人間。若彭祖、老子，止人中數百歲，不失人理之
懽（歡），然後徐徐登遐，亦盛事也。然決須好師，師不足奉，
亦無由成也。……夫人生先受精神於天地，後禀血氣於父母。然
不得明師，告之以度世之道，則無由免死。……明師之恩，誠爲
過於天地、重於父母爲矣」❸。這誇張師訓的價值，遠離儒家親
重於師的倫理觀。《神仙傳》有一段神話：「馬鳴生受《太陽神

丹經》三卷歸，入山合藥服之，不樂昇天，但服半劑為地仙。」
他放棄升天權利，非因老師欠佳而使他欲升不能。葛洪迷信山精
水毒、惡鬼強邪致命，惟獨金丹乃不死藥。他套用韓非子說君主
「不可欺」的口吻說：「祭禱之事無益也，當恃我之不可侵也，
無恃鬼神不侵我也。」⑩對鬼神的恐懼，他比儒墨兩家嚴厲而較
《太平經》輕鬆。可憐他堅信神明所授禁呪符劍足以卻鬼辟邪，
時人用符失效只因傳抄舛訛或「信心不篤」❶。

　　儒法兩家哲學成分，《抱朴子‧外篇》濃於其他道教典籍。
他攝取儒家仁義觀云：「家有《五嶽真形圖》，能辟兵凶逆。人
欲害之者，皆還反受其殃。道士有得之者，若不能行仁義慈心，
而不精不正，即禍至滅家，不可輕也。」⑩《外篇‧用刑》批評
老莊思想迂闊，主張申、韓的嚴刑峻法，不再介意傷破仁義，而
鼓吹以刑輔仁。原來《內篇‧明本》似佛家判教依次排列道儒法
墨名五家，強調「黃老執其本，儒墨治其末耳；……疾疫起而巫
醫貴矣，道德喪而儒墨重矣」⑩。此道家本位觀，必定潛移默化
了清末民初的江瑔，在《讀子卮言》⑩以道家為其他諸派的共同
根源。與其說道家哲學是其餘中國哲學的根源，不如說道家文學
是中國文學藝術的共同根源⑩。《明本》雖然誤解儒家偏愛財勢
名利，老子兼綜禮教；葛洪仍倡兼修儒道：「長才者兼而修之
（指問者所言藝文之業、憂樂之務、君臣之道），何難之有？內寶
養生之道，外則和光於世。……以《六經》訓俗士，以方術授知
音。欲少留，則且止而佐時；欲昇騰，則凌霄而輕舉者；上士也。
自持才力，不能並成，則棄置人間，專修道德者，亦其次也。」
⑩上士兼顧內聖與外王，中士僅能內聖。兼綜禮教的道家，非老

子而是新道家郭象、葛洪 ⑩。

## 七　寇謙之、陸修靜、陶弘景援儒佛入道

　　北魏寇謙之初信五斗米道，爲了成爲帝王老師，自稱獲得太
上老君的聖諭啓示，授以「天師」地位及《雲中音誦新科之誡 》
二十卷，命令他改革三張的五斗米道，以「禮度」爲主要內容、
禮拜煉丹爲主要形式，並且採納儒家「佐國扶民」的積極入世思
想。他詐稱太上老君的玄孫李譜文赴嵩嶽，當面授以《錄圖眞經》
六十卷，敎他輔助北方泰平眞君──北魏世祖太武帝，對他宣示：
「能興造克就，則起眞仙矣。⋯⋯但令男女立壇宇，朝夕禮拜。
若家有嚴君，功及上世。其中能修身煉藥，學長生之術，即爲眞
君種民。」 ⑩新道敎注重齋醮科儀，模仿佛敎求功德。寇氏貶抑
張陵爲「翼從」，自稱「牧士之子」；企圖憑藉政敎合一，統領
「人鬼之政」。太武帝接受道敎爲不成文的國敎，曾建五層重壇，
聚合百多道士，每日新禱六次，甚於回敎徒每日五次的本務 ⑩。
《魏書・釋老志》記載傑出的道士事迹：

　　河東羅崇之，常餌松脂，不食五穀，自稱受道於中條山。
　　世祖令崇還鄉里，立壇祈請。崇云：「條山有穴，與昆侖、
　　蓬萊相屬。入穴中見仙人，與之往來。」詔令河東郡給所
　　須。崇入穴，行百餘步，遂窮。後召至，有司以崇罔不道，
　　奏治之。世祖曰：「崇修道之人，豈至欺妄以詐於世！或
　　傳聞不審而至於此。古之君子進人以禮，退人以禮。今治

之，是傷朕待賢之意。」遂赦之。

又有東萊人王道翼，少有絕俗之志，隱韓信山四十餘年，斷粟食菱，通達經章，書符籙。常隱居深山，不交世務，年六十餘。顯祖（獻文帝拓跋弘）聞而召焉。青州刺史韓頹遣使就山徵之，翼乃赴都。顯祖以其仍守本操，遂令僧曹給衣食，以終其身。

道士的身份漸似西方教士，祭酒似西方主教。天師道的祭酒等官原為世襲，似日本近代寺院住持。寇氏大刀闊斧地改成選拔，實踐葛洪的尚賢理想。他撰《老君音誦誡經》，借取佛教的輪迴報應觀，假託老君說：「此等之人，盡在地獄。若有罪重之者，轉生蟲畜。」又謂：「死入地獄，若輪轉精魂蟲畜猪羊而生，償罪難畢。」❿這是援佛入道的關鍵。葛洪的因果報應觀本可代替輪迴報應觀，但是難以通俗化。寇氏遷就盛行民間的現成信念，不惜向佛教讓步，雖學辟穀術而不講飛仙。葛洪認定房中術採陰補陽以延年益壽，寇氏欲刪除此術，因為公元五世紀時它淪落為猥褻的秘戲。《續高僧傳·僧朗傳》記載寇謙之兩度成功勸阻太武帝拓跋燾屠殺守城的三千佛徒，以及後來的國內佛徒。金元之際佛教徒耶律楚材，可能曾經說服成吉思汗打消屠城主意⓫。諷刺地，拓跋燾父子死於丹藥。北周武帝斷佛道二教時，佛徒慧遠以最殘酷的「阿鼻地獄」恫嚇武帝死後將無間斷地（「阿鼻」）痛苦，未能訴諸辯論以免流血。寇氏對異端寬容，異於佛徒的排他性。

三國時代吳國宰相陸凱的後裔陸修靜（南朝宋人）亦精辟穀，

然而違背葛洪的反出家論，拋棄妻女，入雲夢山修道。一日下山尋藥，回家幾天。女兒急症垂危，他竟嘆道：「我本委絕妻子，托身玄極。今之過家，事同逆旅，豈復有愛著之心？」⑩他拂袖而去後一日，女兒痊癒。由於遍遊華南名山訪尋道書和仙踪，他成為南天師道首領，與北天師道寇謙之分庭抗禮。在廬山東南瀑布巖下，他修建道觀名「簡寂」，死後謚為簡寂先生，廿八種著作幾乎盡佚。他的高足孫游嶽（字玄達）亦為吳國後裔，比他早生七年，宋齊之際隱居縉雲山四十七年，曾隨師奉召至京整理道經。孫氏也辟穀，數百門徒包括沈約。

陶弘景是孫游嶽最賞識的弟子，十歲已愛讀葛洪《神仙傳》，三十六歲隱居茅山。《南史》本傳云：

> 始從東陽孫游嶽受符圖經法，遍歷名山，尋訪仙藥。身既輕捷，性愛山水，每經澗谷，必坐臥其間，吟詠盤桓，不能已已。謂門人曰：「吾見朱門廣廈，雖識其華樂，而無欲往之心。望高巖，瞰大澤，知此難立止，自恒欲就之。且永明（齊武帝年號）中求祿，得輒差舛；若不爾，豈得為今日之事。豈惟身有仙相，亦緣勢使之然。

作為天生道家（born Taoist），他鑑於政治形勢險惡，遂急流勇退，寄情於名山大川，不畏地理形勢險惡。依據其侄陶詡《本起錄》，陶氏祖孫三代均多才多藝且善解藥性。曾祖已多才藝，祖父和父親同善騎射及草隸書。其父以抄經餬口，竟遭妾侍害死。由於對婦女強烈反感，他終生不娶。氣質方面他似法國的百科全

書派，深以無知爲恥，堪稱最重智的道士，針對着先秦道家的反智主義，難怪躍爲梁武帝的「山中宰相」。清初李顒唱重智的反調：「格物窮理，貴有補於修、齊、治、平。否則誇多鬥富，徒雄見聞。若張茂先之該（賅）博，陶弘景之以一事不知爲恥，是名玩物。如是則喪志愈甚，去道愈遠矣。」⓮程伊川視讀史爲玩物喪志，李二曲以探討自然界爲玩物喪志，比小程子更迂腐，不悟智和志必須互相補足扶持。梁代蕭綸《陶隱居碑銘序》讚揚道：「張華（茂先）之博物，馬鈞之巧思，劉向之知微，葛洪之養性：兼此數賢，一人而已。」此非誇張⓯。陶氏《養性延命錄》注重導引。他曾替梁武帝煉丹，曉得用凹銅鏡「陽燧」⓰向太陽取火。對於修仙，他不及葛洪那樣樂觀，甚至在潛意識懷疑成仙的可能，夢裡彷彿有人告訴他對煉丹「不須試，試亦不得。」「世中豈有白日升天人？」結果放棄修仙⓱。他對宇宙的興趣，結晶於製作「渾天象」；對軍事的興趣，表現於鑄刀劍及撰《刀劍錄》、《太公孫吳書略注》、《真人水鏡》及《握鏡》等書；對醫藥的造詣，凝聚於《神農本草經集注》、《陶氏效驗方》、《補闕肘後百一方》及《藥總訣》等。除卻散文詩賦、琴棋書畫，他還有一套經學。科技工識的廣博，他媲美北宋《夢溪筆談》作者沈括⓲；才華的豐盛，也媲美意大利的達芬奇（Leonardo da Vinci, 1452-1519），宗教氣味卻濃烈得多。

像葛洪的形上學，陶弘景《真誥》認爲「道」依次產生元氣、太極、天地、萬物⓳。在《真靈位業圖》，他虛構等級森嚴的七階神仙世界，包括天神、地祇、人鬼及諸仙真；他又把朝廷官制投射於道教神話：「三清九宮，並有僚屬，列左勝於右（春秋時

代遺風）。其高總稱曰道君，次眞人、眞公、眞卿。其中有御史、玉郎諸小號，官位甚多也。女眞則稱元君、夫人，其名仙夫人之秩比仙公也。……凡稱太上者，皆一宮之所尊。又太清右仙公、蓬萊左仙公、太極仙侯、眞伯、仙監、仙郎、仙賓。」⓲既似葛洪熱心「匡時佐世」，對官階念念不忘；他又努力融會三教，《眞誥》敍述眞人大批門徒學佛。此書援引輪迴說，書名表示眞人口授，假託神仙扶乩降筆，由他搜集編注。篇名皆用三個字，頗類讖緯學的七緯。內容乃神仙故事、修煉方法、地獄轉生及近似佛教的清規戒律。朱子察覺《眞誥・甄命授》竊取佛家《四十二章經》⓳。此篇記黃觀子奉佛道事，說教云：「人爲道亦苦，不爲道亦苦；惟人自生至老，自老至病，護身至死，其苦無量。」強調生老病死的苦。《運題象》透露華嚴宗痕迹：「芥子忽萬頃，中有須彌山。」《協昌期》和《闡幽微》述酆都及鬼官故事，取材於佛教地獄說。《梁書》本傳載陶弘景晚年「曾夢佛授其菩提記，名爲勝力菩薩；乃詣鄮縣阿育王塔自誓，受五大戒。」可知他皈依佛門。《陶貞白（弘景）謚號集》附錄《瘞劍履石室磚銘》亦云：「華陽隱居幽館，勝力菩薩舍（捨）身。釋迦佛陀弟子，太上道君之臣。行大乘之六度（波羅密多），修上清之三眞。憩靈岳以委迹，游太空而栖神。」他在茅山興建代表道教的青壇和佛教的素塔，顯示道佛雙修⓴。對於門人陸敬游，他宣稱不必偏執一種宗教，只要宗教善良便可信奉。梁武帝《述三教詩》反省一生三階段云：

少時學周孔，弱冠窮《六經》；孝義連方冊，仁恕滿丹青；

踐言貴去伐，為善在好生。中復觀道書，有名與無名；妙
術鏤金版，真言隱上清；密行貴陰德，顯證表長齡。晚年
開釋卷，猶月影眾星；「苦」「集」始覺知，因果方昭明；
示教惟平等，至理歸「無生」。❷

蕭衍請求陶弘景為他煉丹，便非純正佛徒。佛教「無生法忍」指
真如心或佛性不朽，道教「無死」觀卻求身心兩不朽。葛洪相信
黃老學派的形神觀，以神比形更為根本。陶弘景論形神關係說：
「形神合時，則是人是物；形神若離，則是靈是鬼；其非離非合，
佛法所攝；亦離亦合；仙道所依。」❸此思想模式由印度空宗龍
樹始創。人生必須結合形神，否則淪為鬼魂。非離非合的形神極
難想象，應指涅槃四德之一那永恆超驗的真我。神仙的形神隨時
可離可合，較易理解。肉身成仙的信念，乃中國土產宗教的至上
特色，不免地理因素❹。倘若佛教不曾傳入，道教極可能升為長
期的國教。

釋道交涉產生違背本教宗旨的典型作品。道教《西升經‧邪
正章》云：「道別於是，言有真偽。偽道養形，真道養神。真神
通道，能亡能存。神能飛形，並能移山。形為灰土，其何識焉？」
❺以養形為偽，非回歸老莊哲學，而是逼近佛學。相反地，天臺
宗二祖南岳慧思《誓願文》云：「我今入山修習苦行，……為護
法故，求長壽命，不願生『天』及餘諸趣（六道眾生）。願借外
丹力修內丹。」佛徒心中，異教藥物權充俗諦方便。慧思求長壽
而非升仙長生。晉代王該《日燭》早已譏笑不死飛升之術道：
「貴乎能飛，則蛾蝶高翬；奇乎難老，則龜蛇修考。」❻唐僧寒山

甚至謂饒你得仙人，恰似守屍鬼」[127]！歐陽修《唐萬回神迹記碑》
云：

> 世傳道士罵老子云：「佛以神怪禍福恐動世人，俾皆信嚮，
> 故僧尼得享豐饒。而爾徒談清淨，遂使我曹寂寞！」此雖
> 鄙語，有足采也。[128]

老莊不肯定生前死後的人生狀態，道教始補以永生的宗教魅力，
援引佛教的「神怪禍福」，使道士不致寂寞，甚至得享豐饒。庸
陋的享樂派道士雖怨恨老子，而能看透佛教對平民的吸引力，倚
賴因果報應觀。宋代羅泌云：「禽陽而獸陰，老陽而釋陰。是故
釋誤多毛，老誤多羽。」[129]這類比淺薄無聊，但是透露兩事實：
僧侶不能留髮，正始道士不應耽溺於羽化成仙的幻想。元朝全眞
教道士丘處機向成吉思汗說：「有衞生之道，而無長生之藥。」
[130]屢次革新的道教深受禪宗啓迪，傾向融合儒釋道，放棄苛求形
軀永生，減殺葛洪的浪漫幻想，勇敢面對「生函蘊死」的自然鐵
律。正因不講服食以長生，全眞派慘受明代帝王冷落，方士乘機
與佞臣狼狽爲奸[131]。君子吳承恩發揮道教的優秀想像力，在《西
遊記》第七回，讓太上老君說因爲孫悟空吃了他煉的「九轉金丹」，
「所以渾做金剛之軀」[132]。此小說的魅力正在道佛神話。北宋醞
釀「八仙」神話[133]，明代林兆恩卻創立否定鬼神仙佛的三一教[134]。
清朝乾嘉時期劉一明代表的全眞道龍門派充滿儒佛色彩[135]，充分
彰顯北宋張伯端的三教合一觀[136]。

　　總之，道教的特色是民族性、融攝性和浪漫性。浪漫非指好

色，而指繁富的文藝想象。縱使不喜歡文史哲及宗教，亦可欣賞道教的副產品醫藥化學。

# 註　釋

❶ 英國科學哲學家波普爾《客觀知識》一書指出現實世界的生物未必會死，例如進行分裂生殖的單細胞動物。自身分裂爲兩個生物，當然不算死亡。「生物遲早必死」此傳統的全稱命題遂被否定。詳見 (Karl Popper, Objective Knowledge: An Evolutionary Approach (Oxford: Clarendon, 1972)

❷ 清代陸次雲《八紘釋史》（《龍威秘書》本）敍述此神話說：「弗思尼鳥(phoenix)，壽數百歲，自覺將盡，則聚香木一堆，立於其上，搖尾然（燃）火自焚而死。其所遺灰，變成一蟲，蟲又變成前鳥。天下上有一鳥，故西土言物奇無兩者爲弗思尼。」詳閱蕭兵《楚辭與神話》(江蘇古籍出版社，1987) 第五章《「鳳凰涅槃」故事的來源》。這神話可能源於電磁等自然力量有時使鳥類像旅鼠、海豚和鯨集體自殺。鳥類投火，旅鼠蹈海，而海豚與鯨登陸。茅盾（沈雁冰）《神話研究》(天津：百花文藝出版社,1981) 未注意鳳凰。

❸ 可讀王大有《龍鳳文化源流》（北京工藝美術出版社,1988）；何新《龍：神話與眞相》(上海人民出版社,1990) 及《諸神的起源》（北京：三聯，1986）第四章《龍鳳新說》。何新《藝術現象的符號──文化學闡釋》（北京：人民文學出版社，1987）有一篇《一組古典神話的深層結構》，提及「甘水」（頁281）而未研究「甘木」。順便指出：蕭兵和何新二氏著作及龔維英等《神話、仙話、佛話》（石家莊：河北人民出版社，1987）同如馮友蘭等誤《淮南子》篇名爲加上高誘所用「訓」字。

❹ 《山海經》原文，依次見於袁珂《山海經校注》（北京：中華，1980），頁196，301，370，444。袁珂《山海經寫作的時地及篇目考》，刊於《中華文史論叢》復刊第七輯（北京：中華，1978），頁147─171。此文強調楚人作《山海經》，可從。

❺ 至於《天問》諸篇，可參考蘇雪林《天問正簡》（臺北：廣東出版版，1974);湖北省社會科學院文學研究所編《屈原研究論集》（長

江文藝出版社,1984);游國恩《天問纂箋》（北京：中華,1982）；《胡小石論文集》(上海古籍出版社,1982)首篇《屈原與古神話》；黃中模《屈原問題論爭史稿》(北京：十月文藝出版社,1987）；羅漫《戰國宇宙本體大討論與＜天問＞的產生》，刊於《文學遺產》1988年第一期；郭世謙《天問錯簡試探》,刊於《文史》第18輯（1983）；孫作雲《楚辭＜天問＞與楚宗廟壁畫》,刊於河南省考古學會《楚文化研究論文集》（鄭州：中州書畫社,1983）。

❻ 王逸乃東漢時代南郡宜城（今屬湖北）人，亦生於楚地。他的《楚辭章句》是對楚辭最先的完整注解。《河圖•括地象》作者未明。唐代蕭德言等合撰地理書名《括地志》。參閱臺靜農《楚辭天問新箋》（臺北：藝文印書館,1972），頁18；于字飛《屈賦正義》（臺北：中華,1969）；姜亮夫《屈原賦校注》（北京：中華,1958）及《楚辭學論文集》（上海古籍出版社,1984）；劉永濟《屈賦音注詳解》（上海古籍出版社,1984）。朱熹《楚辭辯證》認為《山海經》乃緣（依據）《天問》而作。這不可信,也許兩者同據民間傳說。兼閱林徐典《中國古代神話傳說的起源與演變》（見新加坡國立大學中文系《學術論文集刊》一集,1986）及潘明茲《略論中國古代神話觀》（見袁珂主編《中國神話》第一集,北京：中國民間文藝出版社,1987）；蔣天樞《楚辭論文集》（西安：陝西人民出版社,1982）；姜亮夫《楚辭通故》(齊魯書社,1985）；蘇雪林《楚辭新詁》（臺北：國立編譯館中華叢書編審委員會,1978）；譚戒甫《屈賦新編》（北京：中華,1978）。

❼ 陳奇猷《呂氏春秋校釋》（上海：學林出版社,1984）以「不死」為專有名詞之國名。

❽ 近代以「靈長類」譯英語 primates，指涉最高級的動物——猴、猩猩、猿、人。「靈長」意謂大腦發達,絕非陶潛所取長壽意。

❾ 詳見顧頡剛《莊子和楚辭中崑崙和蓬萊兩個神話系統的融合》,刊於《中華文史論叢》（北京：中華）,1979年第二輯,頁31—57。進一步讀劉起釪《顧頡剛先生學述》（北京：中華,1986)。

❿ 秦始皇坑儒的導火線,是姓侯、盧兩個儒生厭憎始皇的暴行,不願

替他尋覓仙藥，開了小差。參考顧頡剛《秦漢的方士與儒生》（北京：中華，1955），頁11─12。

⓫　許地山《道教史》（臺北：牧童出版社，1976）頁150引此段，反對劉文典等前人以「下地」或「下池」爲句。許氏誤加「山」字於「崑崙」下，且未指出「虛」古通「墟」（《莊子》已有數例）。

⓬　同上，頁150誤「琁」（璇、璿）爲「琔」。

⓭　可能近似傳說巴比倫古國的空中花園。巴比倫和埃及兩古國同有悲壯的衰落或衰亡，金觀濤、王軍銜《悲壯的衰落──古代埃及社會的興衰》（成都；四川人民出版社，1986）可觀。道敎的衰落也有悲壯性，請看王煜＜埃及・廣西・海南＞上篇，在香港中文大學《新亞生活》第18卷第6期，1991年2月。

⓮　關於《淮南子》，宜閱于大成《淮南子論文三種》（臺北：文史哲出版社，1975）；车鐘鑒《＜呂氏春秋＞與＜淮南子＞思想研究》（齊魯書社，1987）；金春峰《漢代思想史》（北京：中國社會科學出版社，1987）頁215─268；段秋關《淮南子與劉安的法律思想》（北京：群衆出版社，1986）；至於《淮南子》之濡染西漢末期隱士嚴遵（字君平），參看王德有《老子指歸＞自然觀初探》，刊於《哲學研究》1984年第二期。嚴遵把《管子》的「精氣」描述爲「神」、「神氣」或「神明」。

⓯　以「忘言」著名的陶潛應該喜歡「忘川」神話。參考陳怡良《陶淵明「不解音聲」與「無絃琴」析疑》，刊於《中華文化復興月刊》第21卷第3期（1988年3月）。

⓰　司馬相如《大人賦》云：「西望昆侖……，目睹西王母，暠然白首載（戴）勝而穴處兮，亦幸有三鳥爲之使。必長生若此而不死兮，雖濟萬世不足以喜！」司馬相如混淆了神話中太陽裡的三足鳥與西王母的奴僕三靑鳥。《淮南子・精神篇》云:「日中有踆(蹲)鳥」。這是三腳畸鳥，現實世界也曾出現三足禽獸或嬰兒。參考袁珂《略論山海經的神話》，刊於《中華文史論叢》1979年第二輯，頁59─74；袁珂《古神話選釋》（北京：中華，1979），頁278─288。

⓱　見古添洪《希拉克力斯和后羿的比較研究》，刊於古添洪、陳慧樺

編著≪從比較神話到文學≫（臺北：東大圖書公司，1977），頁
252－276。按蘇味尼安乃居住幼發於底河(Euphrates)流域的前
閃族（Pre-Semite）。至於神箭手羿，可閱張元汴的曾孫晚明張岱
（1597－1679？）≪夜航船≫：「烏最難射。一日而落九烏，言
羿之善射也。後以羿射落九日，非是。」（浙江古籍出版社，1987，
頁148。頁144誤列袁崇煥爲奸臣）亦可讀劉城淮≪羿與后羿≫，
見袁珂主編≪中國神話≫第一集；何新≪諸神的起源≫第十一章
≪后羿射日與曆法改革≫。幾乎無人響應張岱對后羿神跡的解除神話
（demythologization）。另讀潘年英≪中國南方神話的結構原則
及其文化精神≫，刊於≪西北師院學報≫。張岱是浙江山陰（今紹
興）人，比較欣賞南方神話及道教，曾著≪琅嬛文集≫。琅嬛即嫏
嬛，乃道教天帝藏書處。明亡後他隱居剡溪山。

⓲ 莊萬壽≪新譯列子讀本≫（臺北：三民，1979），頁161謬譯成
「三隻爲一組」，然則根本無休息，僅可輪流換位。原文似倡近代
三八制，只非八小時而爲六萬年一更。現代計程汽車的換班或交更
時刻，市民常嘆無車可乘。古人可曾考慮：三批巨龜的換班，難免
引致五神山震蕩片刻？

⓳ 依照≪戰國策•楚策≫此王乃頃襄王，公元前298－263年在位。

⓴ 馬積高≪賦史≫（上海古籍出版社，1987）頁40引似是而非的反
調：「據≪史記•封禪書≫、≪漢書•郊祀志≫，漢始祀太一是武
帝元朔六年或五年之事，況且≪高唐賦≫中所說神仙、祈禱等語，
與≪封禪書≫、≪郊祀志≫中的迷信氣味相同，而篇中草木鳥獸之
鋪陳，奇文怪字之引用，又無一不與≪子虛≫≪上林≫相類，足見
作者是摹仿司馬相如的無名氏。」次頁駁云≪史記≫的「≪始皇本
紀≫有秦始皇使燕人盧生『求羨門、高誓』事，高誓當卽高溪。羨門、
高溪在鄒衍後，然在始皇時已被看作仙人，……當時七國間往來頻
繁，宋玉在作品中提到他們是可能的。至於太一，則≪九歌≫中本
有東皇太一，爲楚人所祀之神，爲甚麼一定要與漢武帝始祀太一聯
繫起來呢？若說羅列名物，多用奇字，則屈賦中已微露其端……」
馬說可靠。

㉑ 卿希泰≪中國道教思想史綱≫第一卷（成都：四川人民出版社，1980；以後簡稱≪卿Ａ≫，1985年第二卷簡稱≪卿Ｂ≫），頁38 引作「充尚、羨門高最後皆燕人」，未明「充尚」即≪漢書・郊祀志≫之「元尚」及劉向≪列仙傳≫之「元俗」，又錯拼合羨門、高溪爲一人「羨門高」。沈濤≪銅熨斗齋隨筆≫指出「谷」乃「俗」之省文，篆書「谷」「尚」相近。王念孫≪讀書雜志≫卷3之二指出「最後」乃宋玉≪高唐賦≫之「聚穀」，「聚」「最」古通，「穀」有「觳」聲，與「後」聲近。許地山≪道教史≫頁155更誤印「充尚」爲「克尚」。

㉒ 參考1982年1月21日香港大學中文系講座教授何丙郁博士的就職演詞≪契合自然鎔鑄各科的學說≫（P. Y. Ho, "In Harmony with Nature: Principles spanning the Sciences and the Humanities," as Supplement to the Gazette, Vol. 29, No. 4; April, 1982）；齊思和≪五行說之起源≫，在其≪中國史探源≫（北京：中華，1981）；饒宗頤≪中國史學上之正統論≫（香港：龍門書店，1977）第三章≪五德終始說新探≫；龐朴≪帛書五行篇研究≫（齊魯書社，1980）。

㉓ 衛挺生、朱維德等多人先後考證徐福成爲日本神武天皇。我起碼相信六千中國青少年在日本遺裔。秦始皇的長生妄想，居然引起中日兩民族首次通婚混血；滑稽之處堪比他信盧生讖語「亡秦者胡也」，遂築長城及派兵對付匈奴，不料「胡」字應驗於親兒胡亥。

㉔ 宜讀許保林≪黃石公三略淺說≫（北京：解放軍出版社，1986）及魏汝霖≪黃石公三略今註今譯≫（臺北：商務，1975）。此書承≪孫子≫≪六韜≫等，參考孔德騏≪六韜淺說≫（北京：解放軍出版社，1987）。

㉕ ≪抱朴子・內篇・論仙≫。參閱伍偉民≪黃老之學與抱樸子≫，刊於≪中國哲學史研究≫1988年第一期。伍氏結語中肯：「≪抱朴子≫是黃老之學的殿軍，葛洪的思想乃是黃老之學的餘暉。」陳飛龍≪葛洪之文論及其生平≫（臺北：文史哲出版社，1980）頗佳。

㉖ 同上。

❷ 現代人始知人體常有奇異功能，尤其是六、七歲女童，往往能用耳、牙、腋、臀、四肢辨認嚴密遮蔽的字，或者感覺隔牆的人物，甚至凝聚精神驅策外物移動，彷彿玩弄魔術。變大移棋，正如扁鵲透視牆外人相貌及病人內臟病癥。此非宗教神話，因爲腦電波的物理作用，非但能夠移動物體，而且足以扭曲瓶內金屬。奧妙的是個別父子兄弟之間互通記憶，日本某少年奮勉將腦中東京鐵塔形象投射於寶麗來(Polaroid)牌即影即顯的照片。「神醫」卻非表演特異功能，而用眼、手及腦電波激勵病人，甚至徒手挖出病體毒物。1988 年 4 月 17 日香港《明報》載：英國達勒姆 (Durham) 大學的蘇聯專家史尼高夫以電腦分析蘇聯工程師卡爾安拉所拍攝人體超感官能力之輝光。

❷ 參考周乾溁《董仲舒的天道觀辨析——與王永祥同志商權》，刊於《中國哲學史研究》1988 年第一期。

❷ 《論衡‧無形篇》云：「圖仙人之形，體生毛，臂變爲翼，行於雲。」山東省嘉祥縣漢代武梁祠石刻畫像中，伏羲與女媧交尾圖內飛翔雲間的小仙皆有翼。六朝時代殷芸《小說》云：「漢王瑗遇鬼物，言蔡邕作仙人，飛去飛來，其快樂也。」其實劉安和蔡邕的悽慘收場酷似，饒於想像力的文人不會錯過對蔡邕的神仙化。嚴可均輯《全後漢文》卷106《仙人唐公房碑》記述王莽居攝二年，漢中郡吏唐公房得道，勸服戀家的妻子一同登天，「須臾有大風玄雲，來迎公房妻子；屋宅六畜，儵然與之俱去。」《莊子》所言列子御風及莊周夢蝶，提供靈感給道教，然而意大利維柯《新科學》185 節云：「推理力愈薄弱，想象力也就成比例地愈旺盛。」（朱光潛譯本。北京：人民文學出版社，1986，頁 98）我認爲推理力和想像力不至於成反比例，部分數理家的想像力豐盛，電機工程教授張系國出版科幻小說。作家也未必弱於推理。參考勃克《維柯》(Peter Burke, Vico. Oxford University Press, 1985)。

❸ 高亨《文史述林》（北京：中華，1980）頁 515 箋證《莊子‧天下》奇說「馬有卵」云：「疑馬原作辰。蓋讀者不知辰字之義，因辰馬形近，而改爲馬也。辰古蜃字，……古說均謂蜃爲雉所化，雉

與屬亦一實而變狀，……名家通而一之，是雖卽屬矣。雖有卵，是屬有卵矣。」可惜歐陽景賢、歐陽超《莊子釋譯》（湖北人民出版社，1986）尙引譚戒甫、楊榮國二氏的笨拙闡釋，而不採高說。

㉛ 參閱北京大學歷史系《論衡注釋》（北京：中華，1979）第二册，頁 403 — 434 。

㉜ 《章氏叢書・太炎文錄二・駁建立孔教議》，浙江圖書館刊本。

㉝ 《卿Ａ》，頁 53 — 55 云：

道人的稱呼，起於西漢。《漢書・五行志》說：「道人始去，茲爲傷。」方士又稱道士，在西漢末年王莽時候就已經有了。《漢書・王莽傳》說：「先是衞將軍王涉，素養道士西門君惠。君惠好天文讖記，爲涉言星孛掃宮室，劉氏當復興，國師公姓名是也。涉信其言。……君惠，在桓譚《新論・辨惑》裡，尙稱方士。……鼓動涿郡張豐造漢光武的反的，也是道士。……第五倫並不是敎徒方士，但因其隱姓埋名……熱心……服務，……道士之名……已爲……尊稱……經漢桓帝承認，便由民間的秘密活動，開始變成公開的宗敎了。《莊子・天地》有「德人」而無「道人」「道士」，《秋水》《天下》兩篇各有「道人」一次。葛兆光《道敎與中國文化》（上海人民出版社，1987）忽略道敎與讖緯的關係。（頁325錯簡《般若波羅密多心經》（《心經》）爲《多心經》，不知《多》乃音譯梵文有音節。）「道士」「道人」可指佛徒，見周一良《魏晉南北朝史札記》（北京：中華，1985），頁 118 — 119 。 兼閱萬繩楠《魏晉南北朝史論稿》（合肥：安徽敎育出版社，1983）第一章《「黃天太平」和「羽化飛天」》；王家祐《道敎論稿》（成都：巴蜀書社，1987 ）。

㉞ 宋代曾慥《道樞》卷 34 《參同契下篇》云：「雲牙子游於長白之山，而眞人告以鉛汞之理、龍虎之機焉。遂著書十有八章，言大道也。」自注云：「魏翺，字伯陽，漢人，自號雲牙子。」

㉟ 現代日本極昻貴食品或含甚薄金箔，這有虛實兩重意義：炫耀富貴與淸潔腸胃，但是難以延壽。縱使高麗人參，延命的功能亦微弱。

㊱ 近人章乃器偶見《續孽海花》對於《參同契》的高度評價，遂結合

中醫和陰陽家學說，懂得許多隱語遁辭，想到《莊子·養生主》
「緣督以爲經」與《大宗師》「眞人之息以踵（誤刊爲重）」，再閱
道書《易筋經》和《胎息經》，1966 年「文革」遇難時體驗氣功
並嘗試絕食，撰《氣功歌》與《臥功歌》。詳見章乃器在1967 年
撰《七十自述》（下），刊於香港《中報月刊》第 19 期（ 1981 年
8 月）。參考同期刊載咏鳳、吟龍《探索人體生命未知的領域——
中外氣功科學研究近況》。

㊲ 參考沈壽《西漢帛畫導引圖解析》，刊於《文物》1980 年第9期，
頁70 — 76。氣功靈感得自梟、犬、狼、蟾、雁、燕、猿、鵬、鶴、
猨（似狸）、鶴、熊諸禽獸及幻想的龍。王大有《龍鳳文化源流》
（北京工藝美術出版社，1988）及張榮名《中國古代氣功與先秦
哲學——兼論宋代理學「靜、敬」的思想歷程》（上海人民出版社，
1987）亦可觀。

㊳ 指天堂地獄兩極觀。參考胡適中年論文《中國思想裡的不朽概念》
(Hu Shih, "The Concept of Immortality in Chinese
Thought," Harvard Divinity School Bulletin, 1945/46)
及其晚年見解（在《胡適手稿》第八集上。臺北，1970）；余英
時三文：《漢代中國心靈裡的生命和不朽》（Ying Shih Yu,
"Life and Immortality in the Mind of Han China,"
Harvard Journal of Asiatic Studies,Vol. 25,1964-65);
《中國古代死後世界觀的演變》［原載香港《明報月刊》第 18 卷
第 9 期（ 1983年 9 月），收入《中國思想傳統的現代詮釋》(臺北:
聯經，1987 ）］；《「魂兮歸來！」》——佛教傳入以前中國對靈魂
與再生的概念演變研究》（"'O Soul, Come Back!'--A Study
in the Changing Conceptions of the Soul and After-
life in Pre-Buddhist China," Harvard Jouinal of
Asiatic Studies Vol. 47, No. 2, 1987).

㊴ 公元前八世紀中國已有「黃泉」一詞。《左傳》隱公元年（ 721
B、C、）引鄭莊公語「不及黃泉，無相見也。」前註《中國古代死
後世界觀的演變》頁132云：「無從確定『黃泉』兩字是否出自鄭

莊公之口，也不知道其涵義是否與漢代以來的『黃泉』相同。」余英時教授審愼可嘉。但是這態度可用於任何書刊及其概念。縱使當年已發明了錄音機和攝影機，今日也無從證實所錄聲、像果屬鄭莊公呢。我認爲初民容易幻想死後進入密佈黃色泉流的冥府，中古時代黃泉觀念僅增佛教色彩；近世民智漸開，黃泉落實爲地下河流，在地殼而非冥府。非宗教信徒只肯定黃泉、冥府諸詞的文學或美學價值。

㊵ Joseph Needham《中國古代金丹術的醫藥化學特徵及其方術的西傳》，刊於《中華文史論叢》（北京：中華）1979 年第三輯，頁 99—110;原題<中國的金丹術與古代化學>(Alchemy and Early Chemistry in China)，乃 1978 年李約瑟在瑞典烏普塞拉(Uppsala) 大學建校五百週年紀念會上講演，刊於該大學學報丙類「人類知識的前沿第 38 號」（1978）。中文本由韓怡凡譯、曹天欽校。我稍作修飾。參考李少白主編《科學技術史》（武漢：華中工學院，1984）；自然科學史研究所主編《中國古代科技成就》（北京：中國青年出版社，1978）;郭正昭、陳勝崑、蔡仁堅合編《中國科技文明論集》（臺北：牧童出版社，1978）。

㊶ 現代尙有愚婦相信騙子的種金術。1981 年 7 月 2 日香港《華僑日報》載路透社吐克桑（美國阿利桑那州 Theson 市）6 月 30 日電訊：異教徒錯信白日飛仙，因爲擁有五十名的「燈塔主義」邪教創辦者，預言數百萬人於 1981 年 6 月 28 日似氣球升天，誇稱「全球所有墳墓將賦予生命，得救者將在天堂居住六至七年始返地球。」信徒竟變賣房產，拋棄職業。可知贋仙術比贋金術更富於魅力。

㊷ 註㊵引文頁 109。次頁又說：公元 1070 年前後，有些非常古怪的拜占庭僧侶，曾借助化學物質，向一位女皇，大概是希奧德拉斯朝的女皇，提供長生不老之道。公元 1275 年，馬可·波羅 (Marco Polo) 曾敍述婆門教的含有硫和汞的仙丹。」此丹可能由中國傳至天竺（印度）。蘇雪林《<天問>裡的印度諸天攪海故事》（見深圳大學比較文學研究所主編《中印文學關係源流》（長沙：湖南文藝出版社，1987，頁 74）云：「『不死甘露』屢見佛經」。

❹ 唐代王懸河《三洞珠囊》卷1《救導品》引《神仙傳》佚文。

❹ 參考韓養民《秦漢文化史》（西安：陝西人民教育出版社，1986）第四章《宗教》；王孝廉《中國的神話世界》（臺北：時報出版公司，1987）；高大鵬主編《造化的鑰匙——神仙傳》（臺北：聯經，1981）。

❹ 葛瑞漢《後期墨家理則學、倫理學與科學》(A.C. Graham, Later Mohist Logic, Ethic and Science) 香港中文大學與倫敦大學聯合出版，1978）論及天志、天常等觀念。（頁536趙紀彬《困知錄》誤作困智錄）

❹ 王明《太平經合校》（北京：中華，1980；以下簡稱《王A》），頁24。參考高敏《漢末張魯政權史實考辨》，在其《秦漢史論集》（中州書畫社1982）。

❹ 《王A》，頁297—298。

❹ 見湯用彤《往日雜稿》（北京：中華，1962），頁63—68。按《讀太平經書所見》原刊北京大學《國學季刊》5卷1號（1935年3月）；湯用彤之子湯一介對比道佛的生死觀，見其《略論早期道教關於生死、神形問題的理論》，刊於《哲學研究》1981年第1期。

❹ 參考任繼愈《中國佛教史》第一卷（北京：中國社會科學出版社，1981）第三章，頁137；郭朋《漢魏兩晉南北朝佛教》（濟南：齊魯書社，1986）第一章第三節《早期道教的產生》指出《太平經》承接老莊外，亦沿襲儒家奉天、尊君、尚賢、崇儒、爲（做）官、忠孝仁愛、講道德╱說仁義貴賤有命╱尊卑有序此八方面。郭著頁33❹ 正確指出：

> 某些學者認爲：《參同契》是「丹鼎」派經典，《太平經》是「符籙」派經典。前說固是，後說不確。因爲，《太平經》裡雖有不少神鬼之說，但卻很少有講「符籙」的內容。

50　讀饒宗頤師《老子想爾注校箋》（香港：TONG NAM, 1956 ）。

51　《王A》，頁 716 。

52　現代中國迷信較少，尊廣東省德慶縣特產何首烏爲妙藥而非神藥。
何首烏爲主釀造的首烏汁和首烏酒使禿頭逐漸生髮，白髮逐漸復烏。
未知漢朝曾否發現何首烏的藥用。

53　《王A》，頁 739 — 743 。

54　《王A》，頁 12 — 13 。

55　《王A》，頁 60 。

56　《王A》，頁 410 。

57　《王A》，頁 392 。

58　《王A》，頁 13 。

59　《王A》，頁 369 。

60　《王A》，頁 96 。

61　《王A》，頁 309 。

62　《王A》，頁 727 。

63　《王A》，頁 739 錄佚文《太平經聖君秘旨》。

64　見趙守正《管子注譯》（南寧：廣西人民出版社，1987），頁12，
78 。頁 79 錯植「搏」爲「搏」。參閱淄博社會科學聯合會趙守正、
王德敏編《管子研究》第一輯（濟南：山東人民出版社，1987 ）。

65　《淮南子・原道》也說：「萬物之總，皆閱（經歷）一孔；百事之
根，皆出一門。」《文子・道原》同樣語句絕非抄襲《淮南子》，
很可能被《淮南子》抄襲。空或孔象徵虛空的道，《太平經》已解：
「夫道迺（乃）洞，無上無下，無表無裡。守其和氣，名爲神。」
（王A，頁258 。）

66　《馬王堆漢墓帛書》〔壹〕（北京：中華，1980 ），頁 72 。

67　《王A》，頁 743 。

68　《王A》，頁 731 。

69　《王A》，頁 727 。

70　《王A》，頁 150 。

71　《王A》，頁 518 — 519 。

⑫ ≪王Ａ≫，頁 94 — 96 。

⑬ ≪王Ａ≫，頁 38 。

⑭ ≪王Ａ≫，頁 43 — 44 。

⑮ ≪王Ａ≫，頁 246 。

⑯ ≪王Ａ≫，頁 247 。

⑰ ≪王Ａ≫，頁 242 — 243 。

⑱ ≪王Ａ≫，頁 539 。

⑲ Hans Sauer, Kant's Political Thought: Its Origin and Development (Chicago and London: Chicago University Press, 1973), pp. 312-313.

⑳ ≪王Ａ≫，頁 172 — 174 。

㉑ 參考魏啓鵬≪太平經與東漢醫學≫，刊於≪世界宗教研究≫1981 年第一集（總第三集），頁 101 — 1090 頁 104 引 ≪太平經≫「心者，神聖純陽，火之行也，……位屬天；脾者純陰， 位屬地。 」（≪王Ａ≫，頁 426 — 427 ）其中「純陽」錯成「純陰」。≪太平經•三合相通訣≫的陰陽及中和「三合」宇宙圖式（schema），可羅列如下：

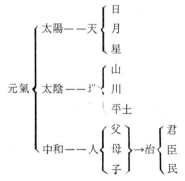

參考李家彥≪太平經的「三合相通」說≫，刊於四川大學≪宗教學研究≫第 1 期（ 1985 ）。 此期可算道教特輯，尚載另外八篇道教論文：

王明《道教基本理論的幾個來源》

鍾肇鵬《讖緯神學與宗教及自然科學的關係》

孟乃昌《張果考》

陳耀庭《茅山道教現狀》

趙宗誠《道教尚黃老探源》

曾召南《道教學者陶弘景評介》

羊華榮《道教與巫教之爭》

林國平《試釋林兆恩的「九序」氣功理論》

　　至於道教前驅，可讀鍾肇鵬《論黃老之學》，刊於《世界宗教研究》1981年第2期；吳光《黃老之學通論》（浙江人民出版社，1985）；熊鐵基《秦漢新道家略論稿》（上海人民出版社，1984）。中國《山海經》學術討論會編輯《山海經新探》（成都：四川省社會科學院出版社，1986)甚佳，如李遠國《試論＜山海經＞中的鬼族──兼及蜀族的起源》肯定道教符籙派直接源於氐羌鬼族的原始巫教──鬼道。

⑧② 王明《抱朴子內篇校釋》（北京：中華，1980，以下簡稱《王B》），頁177。楊明照《＜抱朴子內篇校釋＞補正》刊於《文史》第16，17兩輯（北京：中華，1982，83）。參考趙璞珊《中國古代醫學》（北京：中華，1983）第三章第四節《神農本草經》。此書忽略《太平經》。

⑧③ 《王A》，頁725。

⑧④ 《王A》，頁698。

⑧⑤ 《王A》，頁423—424，697，724—725。

⑧⑥ 參考阿爾狄里治《伏爾泰與光之世紀》（A. Owen Aldridge, Voltaire and the Century of Light. Princeton University Press, 1975, pp. 38-39, 149, 294. 伏爾泰早期的詩已煩於渴望不朽，晚年亦不敢公開質問靈魂是否不滅。他非無神論者，而是不可知論者，相信宇宙有比人心強勁的智慧力量。正如一般百科全書派，他又為自然神論者，相信上帝創世後不管它

的發展。但是他欲信靈魂不朽而終於拒絕了。自然科學上，他也僅
屬「中士」，錯信自然界始終如一，偏喜秩序以致排斥進化觀。須
知激烈無神論者亦不信進化論,參閱侯維《海德格與雅斯培論尼采》
(R. L. Howey, Heidegger and Jaspers on Nietzsche:
A Critical Examination of Heidegger's and Jaspers'
Interpretation of Nietzsche. Dordrecht, Holland:
Martinus Nijhoff, 1973); 戴維《尼采的範疇》(Nicholas
Davey, Nietzsche's Categories: A Study of the
Principal Categories of Nietzsche's Philosophy
and the Arguments they Circumscribe. Ph. D. thesis,
University of Sussex, 1980; Surrey, England: Brits,
1981);懷士《尼采的視野：他的革新神話計劃》(P.M. Weiss,
Nietzsche's Horizon:His Project of Mythical Renewal.
Ph. D. thesis, State University of New York at
Stony Brook, 1985; UMI, 1987).

❽ 參考何洛韋茲《懷疑主義之不可駁倒》(Nancy A. Horovitz,
The Irrefutability of Scepticism. Ph. D. thesis,
Brandeis University; UMI, 1977) 。對佛道的反懷疑態度，
可以焦竑為代表，《焦氏澹園集㈠》卷 12 《答友人問》云:「昔
人云：黃老悲世人貪着，故以長生之說漸次引之入道，知黃老則知
佛矣。蓋佛因人之畏死也，故以出離生死引之，既聞道，則知我本
無死。老因人之貪生也，故以長生久視引之；既聞道，則知我自長
生。初非以軀殼論也。（臺北：偉文圖書公司，1977 ，頁 399 —
400 ）

❽❽ 《王B》，頁 155 。

❽❾ 《王B》，頁 172 。《明本》篇同段受《莊子·秋水》啓廸云：
「蓋登旋(璇)璣之眇邈，則知井谷之至卑；睹大明之麗天，乃知鶬
金（鶬明鳥羽之亮光）之可陋。」

❾⓪ 《王B》，頁 296 — 299 。

❾❶ 《王B》，頁 189 。 參閱趙璞珊《中國古代醫學》第三章第一節

《馬王堆出土的醫學帛書》之⑸《卻穀食氣篇》，篇名即關穀服氣，如《史記・留侯列傳》記張良「性多疾，即導引不食穀。」宜讀李少雍《司馬遷傳記文學論稿》（重慶出版社，1987）及郁龍余編《中印文學關係源流》（長沙：湖南文藝出版社，1987）。

⑳ 《王Ｂ》，頁11—21。

㉓ 1985年11月我在哈佛大學愛默生堂訪問蒯因一小時，知他甚尊科學，只在外星人問題甚反科學。友人馮戩雲教授曾在加州研究物理，因奇異的電波而深信外星人存在。1988年佛羅里達州漁民網獲一個外星人。

㉔ 吳樹平《風俗通義校釋》（北京：中華，1980）卷2《正失》，頁87。王利器《風俗通義校注》（北京：中華，1981）頁116 疑《萬畢術》即《苑秘書》。類似《風俗通義》的《西京雜記》極可能由葛洪創作，見《洪業論學集》（北京：中華，1980），頁393—403，《再說西京雜記》一文。

㉕ 參考李劍國《唐前志怪小說史》（天津：南開大學出版社，1984），頁187—198，316—321。干寶《搜神記》，汪紹楹校注本（北京：中華，1979）。

㉖ 《王Ｂ》《論仙》篇，頁18。

㉗ 《王Ｂ》《明本》篇，頁170。

㉘ 《王Ｂ》《袪惑》篇，頁321。明末張岱《夜航船》（劉耀林校注本。杭州，浙江古籍出版社，1987）卷14《九流部・道教》頁535云：「淮南王安見太清仙伯，以坐起不恭，謫守天厠。」依《史記・天官書》，天厠是四星共名，主要性質乃渾濁。茅厠混濁而庖廚未必。相反地，日本「天廚味精」以天廚代表美味。

㉙ 《王Ｂ》，頁231—232。

⑩ 《王Ｂ》，《道意》篇，頁162。

⑩ 《王Ｂ》，《退覽》篇，頁307。

⑩ 同上，頁309。《外篇》的儒家思想。可讀林麗雪《抱朴子內外篇思想析論》（臺北：學生書局，1980）第三章，頁177《結論》重申葛洪三十五歲作此書。

⑩ ≪王B≫，頁 168 — 169 。

⑩ 1917 年文海出版社初版。江璵易受誤爲汪璵（ 1828 — 91 ）。

⑩ 參考陳伯君≪阮籍集校注≫（北京：中華，1987 ）；徐震堮≪世
說新語校箋≫（同上，1984 ）；孔繁≪魏晉玄學，佛學和詩≫，
刊於≪世界宗教研究≫1986 年第 3 期；王葆玹≪正始玄學≫（齊
魯書社，1987 ），頁 350 — 362 。

⑩ ≪王B≫，≪釋滯≫篇，頁 135 。四川大學卿希泰教授≪從葛洪論
儒道關係看神仙道教理論特點≫（刊於≪世界宗教研究≫1987 年
第 1 期）甚佳。頁 110 引≪明本≫「動合無形」及頁 115 提≪淮南
子・俶眞≫，「形」「眞」錯成「爲」「貞」。楊偉立＜簡論葛洪
神仙道理論的虛弱性＞（見≪社會科學研究≫1990 年第 6 期）亦可觀。

⑩ 詳閱湯用彤≪理學・佛學・玄學≫（北京大學出版社，1991）；湯
一介≪郭象與魏晉玄學≫（湖北人民出版社，1983）及≪魏晉南北
朝的道教≫（西安：陝西師範大學出版社，1988）；許抗生≪魏晉
玄學史≫（同上，1990）；沈善洪、王鳳賢≪中國倫理學史≫（杭
州：浙江人民出版社，1985）第 21，25，26，28 章。至於疏解
≪莊子≫的成玄英，可讀≪卿B≫第六章第三節≪成玄英「重玄之
道」的唯心主義哲學≫及詹石窗≪「老學重玄宗」簡論≫（刊於≪
世界宗教研究≫1987 年 第 3 期）。

⑩ 見≪魏書・釋老志≫，≪冊府元龜≫卷 53 ，≪廣弘明集≫卷 2 ，
或≪資治通鑑≫卷 119 。

⑩ 道教刺激明代伊斯蘭教徒王岱輿≪正教眞詮仙神篇≫云：「天仙之
本體，造以明光；純陽而無陰，長住於天，無老幼，無男女，無好
欲，無孳生，無盹睡，無食飲，無違犯，無倦怠，……其性靈常在
不滅……。鬼祟屬於純陰，長居於地，所以邪而不正。惟人則陰陽
兼全，神則清濁各半，人神之善而死者，其靈升天，與天仙相契，
非天仙也；人神之惡而死者，其魂降地，與鬼祟爲鄰，非鬼祟也。
天仙乃萬滙中無形之最靈，偏於輕清；人極乃萬滙中有形之最靈，
全而兼備。人有九品，天仙亦有九品。……人之得正者爲聖爲賢，
去世上升天國；人之失正者，爲迷爲逆，死後下貶 地禁（冥府），

與鬼祟共囚於暗獄。……今之愚昧（道士），妄言人類可以爲仙爲神，長生住世，玆又惑之甚者，何也？或言採陰補陽，養砂煉藥，得之不死；或言存神養氣，吸露呼風，可以履虛闕穀，使人忘卻死生之約，歸眞審制之公，其罪彌深。倘果能長生住世，何異亡子不歸，叛卻原本！在臣則爲不忠，在子則爲不孝。況此自用（剛愎）之徒，叛違天地萬物之眞主，而不欲歸原者，其罪爲何如？且天仙乃光所造，神鬼乃火所造，人極乃土所造。因不明造化之本來，妄自錯亂在其定位。殊不知人之尊貴，超越萬品，豈自屑居於仙神之列而已哉！」（王岱輿≪正教眞詮　淸眞大學　希眞正答≫，余振貴點校。銀川、寧夏人民出版社，1987，頁 69－72，標點稍改。）王氏對人類明褒揚而暗眨抑，表現「高級宗教」不許人升爲仙神。難怪意大利國寶但丁將聖賢置於≪神曲≫之地獄，請看格拉西西≪地獄裏的馬基亞維里≫（Sebastian de Grazia, Princeton: Princeton University Press, 1989）

⓾　≪道藏≫力字號上。彭文勤等≪道藏輯要≫張集二≪太上老君戒經≫頁 24 亦言「地獄」及「生死輪轉」。卿 A 第三章第四節專論寇氏，竟不提他攝取佛教輪迴說，頁 300 始言陶弘景引輪迴說入道教，使人誤解陶氏首先如此。相反地，日本窪德忠≪道教≫一文詳講寇氏而不提陶氏。該文乃宇野精一主編、邱棨鐊譯≪中國思想之研究≫二≪道家與道教思想≫（臺北：幼獅文化事業公司，1977）第五章。窪德忠≪道教史≫（北京：山川出版社，1977）甚簡陋。

⓫　此傳說不見於正史：參考謝方點校≪湛然居士文集≫（北京：中華，1986）；樸庵≪長春眞人丘處機≫，刊於≪中華文化復興月刊≫第 14 卷第 12 期（1981 年 12 月）。

⓬　≪三洞珠囊≫卷1≪救導品≫引≪道學傳≫。

⓭　李顒≪二曲集≫卷 5≪錫山語要≫。余英時≪中國思想傳統的現代詮釋≫（臺北：聯經，1987）有 82 頁長文≪淸代學術思想史重要觀念通釋≫，雖未引二曲此言而可參閱。

⓮　王明≪論陶弘景≫（刊於≪世界宗教研究≫1981 年第一期收入≪道家和道教思想研究≫（北京：中國社會科學出版社，1984）彈

訶蕭綸此言爲誇張，我不同意，而較欣賞牟鍾鑒《論陶弘景的道教思想》，刊於《世界宗教研究》1988 年第 1 期。

⑪ 參考錢臨照《陽燧》，刊於《文物參考資料》第95期（1958 年 7 月）；李約瑟著，吳大猷、李熙謀、張俊彥譯《中國之科學與文明》第七冊《物理學》（臺灣商務，1976），頁 148 — 165。頁148。「點火鏡」（burning mirror）末字母錯成 W。陶弘景未研究秦漢流行向月取水的「陰燧」，即「月鏡」或「方諸」。杜石然等《中國科學技術史稿》（北京：科學出版社，1982）上冊頁119 指出墨家稱焦點爲「中燧」(頁146「岐伯」，頁340「朱彝尊」首字誤作「歧」「米」)。下冊頁281 引詹天佑《告青年工學家》：「行遠自邇，登高自卑；一蹴而就，非可永久。工程事業，必學術經驗相輔而行；徒恃空談，斷難任事。」反諷（ironic）的是鐵路權威援引反智的《老子》64 章「九層之臺，起於累土；千里之行，始於足下；」證成重智的經驗主義。進一步可讀韋士替福《物理學，神秘主義與數學的社會關係》（Sal Restivo, The Social Relations of Physics, Mysticism, and Mathematics. Dordrecht: D. Reidel, 1983).

⑯ 詳見宋代賈嵩《華陽陶隱居內傳》卷中，梁武帝普通六年（525）他究竟作丹成功。

⑰ 參考杭州大學歷史系編《沈括研究》（杭州：浙江人民出版社，1985）；《元刊夢溪筆談》（北京：文物出版社，1975）；胡道靜《新校正夢溪筆談》（北京：中華，1975)及《夢溪筆談校證》（上海人民出版社，1987）。初學宜閱胡道靜、金良年《夢溪筆談導讀》（成都：巴蜀書社，1988）

⑱ 參考海蘭《真誥卷一研究》（Elizabeth Watts Hyland Oracles of the True Ones: Scroll One. Ph. D. thesis, University of California, Berkeley, 1983: UMI,1984).

⑲ 《太平御覽》卷662道部四引陶氏《登真隱訣》。

⑳ 《朱子語類》卷126但是朱子，錯在彈訶《四十二章經》像老莊列諸子意。

⑫ 劉大彬《茅山志》卷8《稽古篇・青壇素塔》條云:「按舊館壇碑東位青壇,西表素塔。今塔已廢,壇亦非舊。初皆隱居(陶氏)所建,表兩教雙修之義。」陶氏的茅山門徒以隋唐之際的王遠知(智)爲最優秀。

⑫ 四部叢刊本《廣弘明集》30 上,它本文字略異。「無生」或「無生法」意謂涅槃、法性、實相、眞如之類免於生滅變異的本體。明代中葉正德年間,山東即墨人羅淸創立的羅教(羅道教、無爲教、悟空教)似南派禪仙,否定廟宇及佛像,以「眞空」爲宇宙本源,「眞空家鄉」爲天宮,「無生」爲上帝;將佛教加以道教化。淸廷貶爲邪教,晚淸傳入朝鮮及東南亞。同治年間江西尋鄔人廖帝聘硏究羅淸所著五部六冊,另創眞空教,以靜坐法教人戒鴉片烟,對付減壽的「福壽膏」。然而佛教形態的一切民間宗教,不敢奢望成仙,故不煉丹。羅香林教授有專著探討羅教及眞空教,早於喩求靑《羅教初探》(在《中國哲學》第2輯。北京:三聯,1982)。

⑫ 《陶隱居集・答朝士訪仙佛兩法體相書》。東漢始以「仙」代表道教。《金明館論叢》初編(上海古籍出版社,1980) 及《陳寅恪先生論文集(上)》(臺北:時報出版公司,1982)。

⑫ 參考陳寅恪《天師道與濱海地域之關係》。胡孚深《齊學和道教》見《世界宗教研究》1987年第2期;湯一介《從張湛列子注和郭象莊子注的比較看魏晉玄學的發展》,刊於《中國哲學史研究》1981年第1期。

⑫ 彭定求(謚號文勤)等《道藏輯要》又尾集五《西昇經》頁12 ,《道藏》慕字號上。

⑫ 錢鍾書《管錐編》(北京:中華,1979) 第四冊,頁1295 引嚴可均輯《全上古秦漢三國六朝文・全晉文》卷143 。

⑫ 讀華茲生《唐代詩人寒山詩一百首》 (Burton Watson, Cold Mountain: 100 poems by the Tang poet Han-shan. New York: Grove Press, 1962).

⑫ 錢鍾書《管錐編》第四冊,頁1514 引《全北齊文》卷9 。

⑫ 同上,頁1537引《全後周文》卷23 ; 羅泌《路史・前紀》卷3 。

⑬ 李志常≪長春眞人西遊記≫卷上，頁27a；見≪道藏≫卷1056。
參考王民信≪丘處機≫頁55，刊於王壽南主編≪中國歷代思想家≫
（臺灣商務，1978）第六冊。≪元史・釋老志≫不載丘氏此言，
但述他向元太祖云：「雷，天威也。人罪莫大於不孝，不孝則不順
乎天，故天威震動以譬之。」雷被人格化兼神格化，然則無雷表示
無人不孝，此乃寂靜之宗教神話意義，可補充哲學側重的存有論義
蘊，如道因侯塞≪寂靜及其本體意義≫（Bernard P. Dauenhau-
ser, Silence and Its Ontological Significance
(Bloomington: Indiana University Press, 1980)。

⑬ 楊啓樵≪明代諸帝之崇尚方術及其影響≫，刊於≪明代宗教≫（臺
北：學生書局，1968），頁203—297。

⑬ 蘇興≪吳承恩年譜≫（北京：人民文學出版社，1980），頁40。
參考鍾嬰≪論＜西遊記＞與宗教的關係≫，刊於≪世界宗教研究≫
1987年第3期；蘇興≪吳承恩小傳≫（天津：百花文藝出版社，
1981）；柳存仁≪全眞教和小說西遊記（五）≫（刊於≪明報月
刊≫第20卷第9期，1985年9月）肯定≪西遊記≫和全眞教的關係。
明清之際談遷≪北游錄≫（北京：中華，1960）≪紀聞上仙人島≫
（頁344—345）云：

　　崇禎甲申春三月，長安失守。戶部郎中孟津陳惟芝……挈家以
海舡南奔。甫出港，颶風大作。舟搖搖靡從，……抵暮折入一
島，隱隱見燈。……夜分復開機杆聲。……以二三蒼頭登訪。
遇女子數軰，俱妍皙，長襦廣袖，滿插山花，見客而避。忽失
之，意其仙也。行里許，稍進平疇，望牛羊在牧，雞犬相聞。
……有叟出揖，……貌似紅玉，……年百二十有五。此地長春，
不甚暑祁。稔而不饑，壽而不夭，俗稱仙人島云。……其子亦
百歲餘人也。……土人多壽，有二百八十餘歲者惟日飲潼乳，
啖薄糜，不出戶。耕人俟穫，婦人不黛而妍。無禽鳥馬驢，衣
俱木棉，其布纖潤勝於紈綺。設食潔甘而無酒。……久之，舟
人思歸。……贈叟白金。笑卻之，曰：「山中無需此也。」…

島人群送，……陳再宿返永平，恍然自失者累日。

談遷把陶淵明的桃花源放在海島，但是島民似仍會死。宋初詩哲王
禹偁（ 954─ 1001）≪小畜集≫卷 16 ≪錄海人書≫最先改造桃花
園成爲「海人國」，南宋康與之（ 1161 卒）≪昨夢錄≫虛構「西
京隱鄉」。參考陳正炎、林其錟≪中國古代大同思想研究≫（上
海人民出版社， 1986）第四章。

⑬ 參閱馬曉宏≪呂洞賓神仙信仰溯源≫，刊於≪世界宗教研究≫
1986 年 3 期；徐道等≪神仙鑑≫（臺北：廣文書局， 1975）。

⑭ 參考布爾令≪林兆恩的綜合宗教≫ (Judith A. Berling, The
Syncretic Religion of Lin Chao-en. Columbia Univer-
sity Press, 1980)；柳存仁≪和風堂讀書記≫（香港：龍門
書店， 1977）及≪和風堂文選≫ (Liu Ts'un-yan, Selected
Papers from the Hall of Harmonious Wind. Leiden,
Holland: E. J. Brill, 1976)。後者載 "Lin Chao-ên
(1517-1598), the Master of the Three Teachings";
；韓秉方、馬西沙≪林兆恩三教合一思想與三一教≫，刊於≪世界
宗教研究≫1984 年第 3 期； 林國平≪論三一教的形成和演變──
兼與韓秉方、馬西沙先生商榷≫，同上， 1987 年第 2 期。任繼愈
主編≪宗教詞典≫（上海辭書出版社， 1981）欠林兆恩及三一教
兩條。任繼愈主編≪中國道教史≫（上海人民出版社， 1990）也不
重視三一教。三一教又名三教或夏教，教主林兆恩是福建莆田人，
恰巧道教海神媽祖林默娘原籍福建莆田。明末三一教漸多宗教特徵。

⑮ 參考馬序、盛國倫≪劉一明道教哲學思想初探≫，刊於≪世界宗教
研究≫1984 年第 3 期。

⑯ 可讀≪卿B≫，第六章第十一節。及頁859─ 861。近人劉思永等
編≪三教探驪≫，包含≪三教合一論≫≪醒世歌≫≪咏風≫（說
「空空空，嘆人生水面風，隨波逐浪有何功！」）諸短篇，強調三教
同源。唐玄宗提倡三教合一，等於鼓勵道觀兼奉老子、孔子和釋迦。
中國民族的融攝心態，源於巫祝祭禮。若與外教比較，可閱臺灣輔

仁大學中國文學研究所 1968 年趙振靖碩士論文《世界宗教祭祀比較觀》。中國獨創的十二生肖與道教有關，參見張秉倫《再論十二生肖起源於動物崇拜》（刊於方勵之主編《科學史論集》。合肥：中國科學技術大學出版社，1987 ）。

# 乙部　文豪的哲理

# 范仲淹及其門徒對佛道兩教的態度

篤守先秦儒學的范仲淹也曾引用道家哲學以解儒學：

老子曰：「我無為而民自化，我好靜而民自正，我無欲而民自富，我無事而民自朴。」此則述古之風，以警多事之時也。三代以還，異於太古。王天下者，身先教化，使民從善。故《禮》曰：「人君謹其所好惡，君好之則民從之。」……使桀紂好諫諍，秦好仁義，隋煬帝好恭儉，豈有喪亂之禍哉！❶

或引老莊語充當反面教材：

老子曰：「名與身孰親？」莊子曰：「為善無近名。」（范注：言為善近名，人將嫉之，非全身之道也。）此皆道家之訓，使人薄於名而保其真。斯人之徒，非爵祿可加，賞罰可動，豈為國家之用哉！我先王以名為教，使天下自勸。湯解網，文王葬枯骨，天下諸侯聞而歸之，是三代人君因名而重也。太公直釣以邀文王，夷、齊餓死於西山，仲尼聘七十國（按：七十此數目乃誇張）以求行道。是聖賢之流，無不涉乎名也。孔子作《春秋》，即名教之書也。……後之諸侯，逆天暴物，殺人盜國，不復愛其名者也。……

人不愛名，則雖有刑法干戈，不可止其惡也。武王克商，式（軾，指尊敬）商容之閭，釋箕子之囚，封比干之墓。是聖人敦獎名教，以激勸天下。如取道家之言，不使近名，則豈復有忠臣烈士為國家之用哉！❷某患好之（名）未至爾。若以某邀名為過，則聖人崇名教而天下始勸。莊叟（周）云：「為善無近名」，乃道家自全之說，豈治天下者之意乎！名教不崇，則為人君者謂堯舜不足慕、桀紂不足畏；為人臣者謂八元不足尚、四凶不足恥；天下豈復有善人乎！人不愛名，則聖人之權去矣。……教化之道，無先於名。

莊子悲觀地視名譽為不祥凶器，唯恐成名招惹殺身甚至滅門奇禍。老莊「無為」函蘊「無名」。然而統治者利用名聲吸引壯士殉國殉道或殉教，訴諸康德所貶的他律道德❸，違反孟子倡導的自律道德。只因一般人難以自律，他律道德永遠是實用的權宜。「他」指良心以外的名利財勢。范仲淹高度務實，未嘗闡發孟子的精粹，僅能褒揚聖王及孔子的「名」教，自嘆愛名未夠深切。

范仲淹對道教冷淡，從一趣事可見：

公與南郡朱某相善。朱且病，公視之，謂公曰：「某常遇異人，得變水銀為白金術。吾子幼不足傳，今以傳君。」遂以其方并藥贈公。公不納，強之乃受。未嘗啟封。後其子宋長，公教之，義均子弟。及宋登第，（范氏）乃以所封藥并其術還之。❹

他不像邵雍、朱熹、王守仁等對道教深感興趣，更無朱子式百科全書派的廣泛探討；而是典型儒將。汪藻描寫得透澈：

> 文正范公未第時，已慨然有天下之志，不以死生禍福動其心。逮遭明天子有為於時，其立朝如史魚（鰌）、汲直（黯），其憂國如賈誼、劉向，其守邊如馬伏波（援）、羊叔子（祜）。❺

倘若范氏的終極關懷非國家民族而為個人安危壽夭，他必易寄情於仙佛。陳榮捷教授撰專文《朱子固窮》，樓鑰早已盛讚范仲淹如此：

> 一馬微矣，居則鬻以養士，去又鬻之，徒步而歸。其跋《乞米帖》云：「顏魯公（真卿）唐朝第一等人，而饘粥不繼，非（孔子）所謂『君子固窮』者歟？又有家書云：「老夫平生，屢經風波；惟能忍窮，故能免禍。」……此其所以大過人者。故曰：志士不忘在溝壑，勇士不忘喪其元。公之自處，直欲追古人而及之。❻

唐代起兵抵抗安祿山的儒將顏真卿，果然是范希文的模範。文豪韓愈猶作《送窮文》，仲淹卻不計較窮達。因為恰如江浙等處儒學副提舉李祁云：「夫子之道，與天地為無窮；而公之功，則與夫子之道為無窮也。」❼既能立德、立功、立言，便不必嚮往狹義宗教的永生信仰❽。然而范氏非懷疑主義者❾。他對國族的愛，

宗教成素不濃。正宗儒家的愛，不像西方柏拉圖式愛情太重精神或弗洛依德式愛欲過重肉體❿。理性主義祖師笛卡兒說：「我思，故我在。」（COGITO, ERGO SUM）存在主義者說：「我抉擇，故我在。」（OPTO, EPGO SUM）唯情論者說：「我愛，故我在。」（AMO, ERGO SUM）熱烈教徒說：「我信仰，故我在。」（FIDE, ERGO SUM）淑世主義者說：「我服務，故我在。」（SERVIO, ERGO SUM）⓫范仲淹不熱心於思索、扶擇、戀愛、信仰，只衷誠於服務，專注於現實世界，未想「來生」「彼岸」，遂讚門人尹洙云：「人皆有死，子死特異，神不惑亂，言皆名理，能齊死生。」⓬尹師魯像莊周勘破生死，而且不用宗教神話安慰自己。我相信范氏臨終也如此安詳冷靜。清初朱彝尊在蘇州市郊懷緬仲淹云：

> 范公祠屋此山中，石笋抽萌萬笏同。
> 遺像依然窮塞主，義田不改舊家風。
> 歸來散絹三千匹，沒後題碑四五通。
> 近覯天書銀牓在，年年秋色照丹楓。

朱竹垞可能讀過范氏《遺表》所說：「當瞑目以無憾，尚貪生而有云。蓋念所惜者盛時，所眷者明主。雖性命之際，已能自通。然君臣之間，豈易忘報。但無怛化，以竭遺忘。」⓮《莊子·大宗師》「無怛化」意謂不要受死亡震驚。然而范氏一度鼓勵興建佛寺以繁榮經濟，沈括賞譽云：

皇祐二年，吳中大饑，殍殣枕路。是時范文正領浙西，發
粟及募民存餉，為術甚備。吳人喜競渡，好為佛事，希文
乃縱民競渡。太守日出宴於湖正，自春至夏，居民空巷出
遊。又召諸佛寺主首，諭之曰：「饑歲工價至賤，可以大
興土木之役。」於是諸寺工作鼎興。又新敖倉吏舍，日役
千夫。監司奏劾杭州不恤荒政，嬉游不節，及公私興造，
傷耗民力。文正乃自條敍所以宴游及興造，皆欲有以發有
餘之財，以惠貧者。……兩浙唯杭州晏然，民不流徙，皆
文正之惠也。……既已恤飢，因之以成就民利，此先王之
美澤也。❺

范氏採取功利主義對待一切佛事，這無可厚非。值得批評的是他
函告韓琦云：「莊老釋氏齊死生之說，（尹）師魯盡得之，奇異
哉！」❻其實尹洙非用道佛精神支持自我。仲淹《贈張先生》詩
卻有道教痕迹：「康寧福已大，清靜道自生。邈與神仙期，不犯
寵辱驚。讀《易》夢周公，大得天地情。養志學浮丘，久煉日月
精。」❼但是他無道教活動。

范門有三位文豪：歐陽修、梅堯臣、蘇舜欽。

歐陽修《思穎詩·偶書》云：「浮屠（佛教）老子流，營營
盈市廛；二物（佛道教徒）尚如此，仕宦不待言。」他認爲道教
怪妄云：

世說有仙草，得之能隱身。仙書已怪妄，此事况無文。嗟
爾得從誰，不辨僞與真。持行入都市，自謂術通神。白日

攫黃金，磊落揀奇珍。旁人掩口笑，縱汝暫歡欣。汝方矜所得，謂世盡盲昏。非人不見汝，乃汝不見人。**❶❽**

吾聞有道之士，游心太虛，消遙出入，常與道俱。故能入火不熱，入水不濡。嘗聞其語，而未見其人也。**❶❾**

長生既無藥，濁酒且盈觴。

空山一道士，辛苦學延齡。一旦隨物化，反言仙已成。開墳見空棺，謂已超青冥。尸解如蛇蟬，換骨蛻其形。既云須變化，何不任死生？

仙境不可到，誰知仙有無。……神仙人不見，魑魅與為徒。人生不免死，魂魄入幽都。仙者得長生，又云超太虛。等為不在世，與鬼亦何殊？得仙猶若此，何況不得乎！寄謝山中人，辛勤一何愚！莫笑學仙人，山中苦岑寂。試看朱門客，朱門炙手熱。來者無時息，何嘗問寒暑。豈暇謀寢食，強顏悅憎怨。擇語防仇敵，眾欲苦無厭。有求期必獲，敢辭一身勞。豈塞天下責，風波卒（猝）然起。禍患藏不測。神仙雖杳茫，富貴竟何得。**❷⓪**

青牛西出關，老聃始著五千言。白鹿去昇天，爾來忽已三千年。當時遺迹至今在，隱起蒼檜猶依然。惟能乘變化，所以為神仙。驅鸞駕鶴須臾間，飄忽不見如雲煙。奈何此鹿起平地，更假草木相攀緣。乃知神仙事茫昧，真偽究竟徒自傳。雪霜不改終古色，風雨有聲當夏寒。境清物老自可愛，何必詭怪窮根源！**❷❶**

永叔不信隱身、長生諸術，將《莊子·逍遙遊》「物莫之傷」等

句視作神話。他非哲學家，當然無「窮根源」的形上學興趣。作為純儒，他感悟聖賢比「神仙」切實和幸福；不會像宗教英雄懸起家庭和國家的責任，甘受緊張、畏懼和怖慄的折騰。黑格爾《歷史哲學》中肯道：「對國家的善意乃最高貴神聖。」❷淑世儒家皆對國族懷抱自律善意。

　　歐陽永叔《刪正＜黃庭經＞序》假托自身為神秘的反道教徒云：

　　　　無仙子者，不知為何人也。……其自號為無仙子者，以警世人之學仙者也。其為言曰：「自古有道無仙，而後世之人，知有道而不得其道，不知無仙而妄學（一作求）仙。此我之所哀也。……生而必死，亦自然之理也。……不自戕賊天閼（遏）而盡其天年，此自古聖智之所同也。……後世貪生之徒，為養生之術者，無所不至。至茹草木，吸日月之精光，又有以謂此外物不足恃而反求諸內者。於是息慮絕欲，煉精氣，勤吐納，專於內守以養其神，……尚或可以全形而卻疾，猶愈於肆欲稱情以害其生者，是謂養內之術。故上智任之自然，其次養內以卻疾，最下妄意（臆）而貪生。」世傳《黃庭經》者，魏晉間道士養生之書也。其說專於養內，多奇怪。……無仙子既甚好古，家多集錄古書文字，以為玩好之娛，……嘆曰：「……拯世人之謬惑，何惜而不為？」❷

他贈餘杭名僧慧勤云：「佛廟仙宮，耀空山兮鬱穹隆。彼之人兮，

固亦目明而耳聰。寵辱不干其慮兮，仁義不被其躬。蔭長（一作喬）松之蓊蔚兮，藉纖草之豐茸。苟其中以自足兮，忘其服胡而顛童（愚蠢）。自古智能魁傑之士兮，固亦絕世而逃蹤。惜天材之甚良兮，而自棄於無庸（用）。……山中之樂不可久，遲子之返兮誰同？」[24]歐陽修痛惜慧勤拒絕發揮潛能而耽溺山林寂靜，希望他回歸儒門。甚至曾直指「夫釋老，惑者之所為；雕刻文章，薄者之所為」[25]。他主張以禮義為勝佛之本，喟嘆道：「及見世人之歸佛者，然後知荀卿之說謬焉。甚矣人之性善也。……今佛之法，可謂姦且邪矣。……」[26]他未倡禮義為克服道教之本，因為道教徒比較尊重先秦儒道兩家，不像佛教盛倡出家。從《六一詩話》可知他少年時代熟讀流行的《九僧詩》，但是惠崇等詩僧感染他的文學而非哲思。他對佛寺僅有遊覽興趣，如寫詩云：「春岩瀑泉響，夜久山已寂；明月淨松林，千峰同一色。」[27]寂淨兩字屬於美學，絕非佛教的涅槃寂淨。

　　歐陽修樂意為僧友交集作序，如向惟儼說：「遺世自守，古人之所易；若奮身逢時，欲必就功業，此雖聖賢難之，周（公）、孔（子）所以窮達異也。今子老於浮屠（寺院），不見用於世，而幸不踐窮亨之涂（途），乃以古事之已然而責今人之必然耶？」[28]他又惋惜秘演不為世用云：「浮屠秘演者，與曼卿（石延年）交最久，亦能遺外世俗，以氣節自高。曼卿隱於酒，秘演隱於浮屠，皆奇男子也……。秘演狀貌雄傑，其胸中浩然，既習於佛無所用。」[29]歐陽永叔未能在哲學駁倒佛道，只能譴責宗教不實用。劉子健教授指出他「反對《繫辭》與筮占，想要破除迷信，……並沒有為當時思想界所普遍接受」[30]。永叔貶筮占為迷信，但曾

在《新五代史·司天考第一》描述而不批評道：「謹察其變者以
為占。占者，非常之兆也，以驗吉凶，以求天意，以覺人事。」

梅堯臣《和方叔岸旁古廟》詩云：

> 樹老垂纓亂，祠荒向水開。
> 偶人經雨踣，古屋為風催。
> 野鳥栖塵坐，漁郎奠竹杯。（按竹杯用以占卜）
> 欲傳《山鬼》曲，無奈《楚辭》哀！**❸**

梅聖俞無宗教信仰，似諷刺古廟神佛自身難保。他屢提莊周、阮
籍，對道家頗感興趣。

蘇舜欽雖不信宗教，對佛寺亦無反感**❷**，在《藍田悟真寺
作》云：

> 偷閑得至玉峯下，為聞悟真之寺之嘉名。……寺門高開朝日
> 輝，丹青黯澹唐時屋；老僧引我周遊看，且云白氏子（居
> 易）詩乃實錄。此詩疇昔予所聞，殷殷更向碑前讀，按言
> 索像今無復，惟有流泉數道如車輻。我嫌世累欲暫居，又
> 云此地無留宿；殿宇之後林莽中，日暮嘗有虎豹伏。鑿石
> 龕邊崖至深，近有浮屠（僧）於此相根觸；悁心宿忿兩不
> 解，一乃顛擠死其谷。我聞為之久嘽嘽，此向期將避煩辱，
> 不為傷生事更多，爭如平地隨流俗；歎息回頭急出山，始
> 覺全軀已為福。**❸**

僧侶的誤殺慘劇，掃除蘇子美在寺廟考古的雅興。「事更多」三字，啓迪南宗楊萬里警句「披上袈裟事更多」。僧侶的高山面臨深谷，令遊客神魂瑟縮；索性返回流俗平地，隱喻珍惜儒家人文主義。他曾自稱儒家㉞，像孟子信上帝存在，渴望上帝罰惡云：「我欲叫上帝，願帝下明罰；早令黠虜亡，無爲生民孽。」㉟耶教神話中，上帝摧毀傲慢人群所築巴比塔；蘇舜欽不喜佛塔，卻因它危險不切實用云：「踊甓冠舊丘，下鎮地脈絕，上與烟雲俱。……俄思一失足，立見糜體軀（粉身碎骨）；……舉動強自持，恐爲衆揶揄。一身雖暫高，爭（怎）如且平居。君子不倖險，吾將監諸書。」㊱尖長的宗教建築，究竟違反儒家美學。音樂方面，儒家亦無極高音調。

蘇子美諷刺僧侶對世事冷漠云：「清泉絕無一塵染，長松自是拔俗姿；二邊羌胡日鬪格（即格鬪），釋子宴坐殊不知。」㊲他對釋老的興趣局限於審美，如詠水月佳景說：

> 月晃長江上下同，畫橋橫絕冷光中；
> 雲頭艷艷開金餅，水面沈沈臥綵虹。
> 佛氏解為銀色界，仙家多住玉華宮；
> 地雄景勝言不盡，但欲追隨乘曉風。㊳

子美對莊子和佛學作同情的理解云：「我爲名驅苦俗塵，師知法喜自怡神；未知歡戚兩忘者，始是人間出世人。」㊴法喜的特殊情況是憚悅。他形容「清軒」道：「誰鑿幽軒刮眼清，湖中嘉處更禪扃（寺門）；……水月澄明應作觀，雲山濃淡自開屏。」㊵

禪扃代表寂靜神秘的禪境。蘇舜欽批評佛教器物說：

> 佛氏之教入中國，當其無制之世，其宮室服用之作，隘者
> 猶能上至者一等，後世奉之益熾。今民遠於三代，而但見
> 隋唐之事，以為古可法，奔於夸勝之境，莫知其紀。❹

佛教「大悲殿」不如儒門「浩然堂」❷取孟子語命名，換句話說，
平實超過夸勝。

范仲淹門下另有三哲——李覯、孫復、石介。

李覯既反迷信又讚佛教云：「佛以大智慧，獨見情性之本，
將甌群迷，納之正覺。其道深至，固非悠悠者可了（理解）。若
夫有為之法，曰因與果，謂可變苦而樂，自人而天，誠孝子慈孫
所不能免也。」❸李泰伯欣賞孝子的善意，甚至不擬廢除荒謬的
五通神❹，儘管說過「鬼事無形尚可疑，人倫有驗眾皆知」❺。
在功利主義立場，他對佛教有某程度的容忍和肯定：

> 浮屠法其有功於茲乎？……古之教者曰：「天道福善禍
> 淫。」今夫大猾陰賊，恤其謫之及，乃美僧飯，大佛屋，
> 謂之懺悔，因施施無復色憂。是有功於惡也。……惟宅浮
> 屠，無藝不憚，窮山裂石必致之，淫巧日富焉。是有功於
> 末作且寵奇貨也。苟去浮屠氏，是使惰者苦、惡者懼、末
> 作窮、奇貨賤。是天下不可一日而無浮屠也。宜乎其排之
> 而不見聽也！……昔之排浮屠者，蓋猶有過：徒非其非，
> 而弗及是是。雖柳宗元尚不聽（韓）退之，況其（痲）痺

　　者乎？胡不窮之曰：「爾之道以慈悲普濟，率民講報應以
　　戚之，使不敢放於惡。……不以禮節之，六畜蠢動壹意，
　　是不知父子之可親而他人之可疏也。親疏不別，是夷狄也。
　　爾之報應而不以信守之，一（光緒本作輕）財媚佛，則反
　　禍為福，是招權鬻獄，汙吏事也。……」❹❻

李覯以儒門「禮」「信」補救佛教，唯恐匪徒以施賑為贖罪券。
「誰將今日財，願易來世福？休論身善惡，佛眼重金玉。」❹❼此
詩辛辣諷刺丐僧賜「福」時滯迹離心。「佛迹空在茲，佛心無處
所；尋迹以求之（心），似學邯鄲步。」❹❽可憐「梵教一來東，
群心日歸向；土石至無情，也作披緇（袈裟）狀」❹❾。至於愚不
可及的梁武帝，泰伯詩云：「凝旒南面總虛名，廟祀何曾暫割牲？
但學禪心能忍辱，莫羞侯景陷台城。」❺⓿李氏自稱「排浮屠固
久」❺❶，因為「今也釋老用事，率吾民而事之，為緇焉，為黃焉，
籍而未度者，民之為役者，無慮幾百幾。廣占良田利宅，媺衣飽
食，坐談空虛以誑曜愚俗。此不在四民(士農工商)之列者也」❺❷。
「緇黃（佛道）存則其害有十，緇黃去則其利有十。」❺❸此十
害皆屬政治經濟、社會倫理方面，缺乏純哲學的批駁。他提出發
展農業生產以削減佛老流弊，輔以崇禮敬天；用董仲舒口氣講災
異：

　　禮職於儒，儒微而禮不宗（崇），故釋老奪之。孝子念親
　　必歸於寺觀，而宗廟不跡矣。夫祭祀，豈徒自盡其心以交
　　神明而已！蓋有君臣……爵賞、政事之義，……儒之強則

禮可復。❺❹

畏天者昌，習天者亡。……明主……德修而災異消，……
闇主……任數而不修德。……惟天之仁又出災異以申勅之。
……然而上帝之怒，不足獨當，下延眾庶，上累廟社，甚
可痛也。……人不可玩，況天乎？❺❺

他不但肯定上帝功能，而且相信神仙存在云：「豈非仙可得而不
可求，道可悟而不可學？」❺❻「儒者不言仙，蓋患乎傷財捨生以
學之者也。苟異於彼（傷財捨生），宜無害。……仙人若在金銀
宮，歸去來兮誰阻隔？」❺❼葛洪《神仙傳》謂東漢神仙壺公每夜
躍入空壺，費長房隨他學懂畫符、趕鬼、治病。李直講詩云：
「壺中若逐仙翁去，待看年華幾許長。」❺❽他可能讀過宋初張君
房《雲笈七籤》所載：「壺中有日月如世間，有老翁夜宿其內，
自號壺天❺❾，人稱爲壺公。」李覯希望追隨壺裡仙翁，免致嗟嘆
歲月蹉跎。但是葫蘆瓜怎比得上金銀宮？

　孫復勇猛辟異端云：「聖人不生，怪亂不平。故楊、墨起而
孟子辟之，申、韓出而揚雄距之，佛老盛而韓文公排之。」❻❶他
承接孟軻、韓愈的神聖使命道：

儒者之辱，始於戰國。楊朱、墨翟亂之於前，申不害、韓
非雜之於後。漢魏而下則又甚焉。佛老之徒，橫於中國。
彼以死生、禍福、虛無、報應為事；千萬其端，紿（詒，
指欺詐）、我生民，絕滅仁義以塞天下之耳，屏（摒）棄
禮樂以涂（掩蔽）天下之目。❻❶

自夫子歿，諸儒學其道，得其門而入者鮮矣。惟孟軻氏、
荀卿氏、揚雄氏、王通氏、韓愈氏而已。彼五賢者，天俾
夾輔於夫子者也。天又以代有空闊、誕謾、奇險、淫麗、
譎怪說，亂我夫子之道，故不幷生之。一賢歿，一賢出，
羽之翼之，垂諸儒無窮，此天之意也，亦甚明矣。不然則戰
國迄於李唐，空闊誕謾奇險淫麗譎怪之說，亂我夫子之道
者數矣。❻❷

遺憾的是孫復不在哲理上分辨孔子讚顏回「屢空」的空和道佛兩
家的「空」，而僅貶抑佛老的「虛無」。朱子《宋名臣言行錄》
對宋初胡瑗、孫復、石介三先生的言行，抄錄得太簡陋，完全不
關涉異端❻❸。群佛老最凌厲的是石介，他先後師事范仲淹和孫復。
二程欽敬石介，尤其是伊川。葉六桐說：「明道不廢觀釋老書，
與學者言，有時偶舉示佛語；伊川一切屏除，雖《莊》《列》亦
不看。其實儒、釋之根本懸殊，下種既異，即偶資其灌漑，終不
能變桃爲李，亦不必有意深絕也。孔子於老子，亦嘆其猶龍，何
曾染得孔子？」❻❹黃宗羲子百家按云：「更有妄子，瞎摘盲取二
程語錄中之微近高渾者，並誣兩先生盡屬瞿曇（佛）之異學。」
❻❺朱子頌揚石介比孫復剛健說：「本朝孫（復）、石（介）輩忽
然出來，發明一個平正底道理，自好。前代亦無此等人，如韓退
之已自天分來，只是說文章。若非後來關、洛諸公來，孫、石便
是第一等人。孫較弱；石健，甚硬做。」❻❻張、程乃第一等，孫、
石屬第二等。何以不提胡瑗？我懷疑朱子受影響於所憶邵博《邵
氏聞見後錄》一段：「（孫泰山）先生惡胡瑗之爲人，在太學常

相避。瑗治經不如先生，而教養過之。」❻ 看來胡安定不厭惡孫明復。孫氏陶冶石介顯揚韓愈遺志說：

> 臣嘗愛慕大儒韓愈為博士日作《元和聖德頌》千二百言，使憲宗功德赫奕煒燁，昭於千古。……陛下（仁宗）今日功德，無讓憲宗。臣文學雖不逮韓愈，而亦官於太學，領博士職。歌詩讚頌，乃其職業。竊擬於愈，輒作《慶曆聖德頌》一首，四言，凡九百六十字。文辭鄙俚，固不足以發揚臣子之心。❻

宋仁宗雖昏庸而稍勝佞佛的唐憲宗，石守道對他寄予厚望。對奕棋的態度，充分表現石介的務實主義（realism），迥異於一般士大夫兼愛琴棋書畫：「人皆稱善弈，伊我獨不能。試坐觀勝敗，白黑何分明。運智奇復詐，用心險且傾。嗟哉一枰上，奚足勞經營。安得百萬騎，鐵甲相磨鳴。……盡使四夷臣，歸來告太平。誰能憑文楸，兩人終日爭！」❻ 除卻在太平盛世，我們不宜譴責他迂腐。因為他的終極關懷在維護道統：「道病非一日，善醫惟孔、韓。賞罰絕於周，孔筆誅其姦。《春秋》十二經，王道復全完。佛老熾於唐，韓刀斷其根。《原道》千餘言，生民復眠餐。道病由有弊，邪僞容其間；身病由有隙，風邪來相干。子欲治斯道，絕弊道乃存；子欲治子身，杜隙身乃安。此理近古繁，吾言有本原。」❼ 守道過度推崇退之《原道》了。李白說得妙：「抽刀斷水水更流。」韓文公孤掌難鳴❼，未能對社會疾病斷根、絕弊、杜隙。然而石介早於尼采、杜威主張哲人診斷社會病，已屬

難能可貴。韓昌黎確曾診治潮州社會病，石徂徠誇張云：「揭揭韓先生，雄雄周、孔姿；披榛啓其塗（途），與古相追馳。……楊、墨乃淪胥，曠然彰其媸（醜惡）；佛老亦顛隮，茫然復於夷。……淩淩逐鱷文（《祭鱷魚文》），潮民蒙其禧；心將元化合，功與天地齊。」❼❷佛老至今未嘗顛仆，步登南嶽衡山求神拜佛者逐年劇增❼❸。我贊同石介以韓愈比荀子云：「裴度樽前坐韓愈，趙成帳下立荀卿。」荀韓同不廢事天而不鼓勵迷信❼❺。石介習慣以楊墨佛老代表異端云：「今之爲榛塞者，其害何啻黿鼉蛟璃、虎豹豺狼。夫欲聖人之道通四海、上下流行而無阻礙，必也先闢去其榛塞者。距退楊墨，然後孟子之功勝也；排去佛老，然後吏部之道行也。」❼❻他尊周孔孟韓甚於尊荀揚（雄）王（通），遑論董仲舒了。《尊韓》❼❼篇列舉伏羲、神農、黃帝、少昊、顓頊、高辛、堯舜禹湯文武周孔十四聖、孟荀揚王韓五賢，竟欠董子。《二大典》❼❽並列董仲舒與王仲淹。《讀原道》❼❾補頌聖賢箕子；又在楊墨佛老四項以外，增添莊周、韓非兩「患」。

　　韓退之《柳子厚墓志銘》痛斥酒肉朋友，石守道也慨嘆云：「今夫人之趨權利，熱則蜂來，寒得鳥去，平生握手把酒欵歡欣，肝膽吐在地。一旦忽難危患，則掉臂緩趨而過，若越人視秦人之疾，不獨不一顧，又從而排陷之。朋友之道薄如此。有人反其薄而就於厚，則以爲罪。」❽⓪儒家主張溫柔敦厚，道家反對澆淳散朴。所以在石介立場，老莊自然主義非主要禍患，三惑分屬道教、方士、和佛教：

　　吾謂天地間必然無者有三：無神仙，無黃金術，無佛。然

此三者，擧世人皆惑之，以為必有，故甘心樂死而求之。
……大凡窮天下而奉之者，一人也。莫崇於一人，莫貴於
一人，無求不得其欲，無取不得其志。天地兩間，苟所有
者，惟不索焉，索之莫不獲也。秦始皇之求仙，漢武帝之
求為黃金，梁武帝之求為佛，勤已至矣。而秦始皇遠遊死，
梁武帝饑餓死，漢武帝鑄黃金不成。㉛

嚴格看來，方士黃金術成於東漢道教之前，可以歸屬道教前身。
但是切勿推廣黃金術爲道教形態的煉金術，此金泛指金屬。石介
曉得丹藥可煉而黃金不可煉。對仙術的否定更加實證：「今不食
以求長生，惑之甚矣。……聖人之至（極端）也，猶皆死；彼匹
夫，乃欲求長生！」㉜可憐：

蜀人生而偏，不得天地中正之氣，多信鬼迂妖誕之說。有
灌口祠，其俗事之甚謹。春秋常祀，供設之盛，所用萬計，
則皆取編戶人也。然官為之聚斂，蓋公私受其利焉。民苦
是役，過於急征暴賦。公（永康軍老人）曰：「聰明正直
之謂神。彼果能神，則是旣聰明且正直也。豈有聰明正直
之神，椎剝萬靈之膚血以為己奉哉！果不能神，又何祀焉？」
遂止也。……夫嚴先師廟，尊聖人也；斥灌口祠，罷淫祀
也。……蕃人性獷悍難服，頑梗不化，公能懷之。……他
日送於史官，請書《循吏傳》首。㉝

石介似在懷念秦昭王時代李冰父子及西漢文翁等循吏，這三賢務

實而不迷信。石守道又頌揚循使李堯俞撤佛宇、毀淫祠、尊聖師
❸。對於佛教，他極嚴厲訶斥：「今之嗜爲佛者，日一食；……
病瘠。」❺「夫中國，道德之所治也；……而汗漫不經之教行焉，
妖誕幻惑之說滿焉，……去事夷狄之鬼，可怪也。……既不禳除
之，又崇奉焉。」❻他抱民族主義排拒西域和印度傳入的宗教：

> 閏乃有巨人名曰佛，自西來入我中國；有龐眉名曰聃，自
> 胡來入我中國。……以其道易中國之道，……以其祭祀易
> 中國之祭祀。……其佛者乃說曰：「天有堂，地有獄。從
> 我遊則升天堂矣，否則擠地獄。」其老者亦說曰：「我長
> 生之道，不死之藥。從我遊者則長生矣，否則夭死。」……
> 於是人或懼之，或悅之，始有從之者。……則曰：「莫尊
> 乎君父，與之伉禮，無兄以事也，無長以順也，無妻子以
> 養也，無賓師以奉也，無髮以束也，無帶以繩也，無縗麻
> 喪泣以為哀也，無裸祀祭享以為孝也。中國所為士與農、
> 工與商者，我皆坐而衣食之，我貴也如此。」……肯中國
> 而趨佛老者幾人？❼

此段的敗筆在混淆老聃與張陵，況且老莊和道士皆非來自西域。
幸虧石介指出：不少人出家以逃避責任和義務，妄想用現世苦行
換取來生福樂。道佛兩教加上楊億，石介貶爲三怪❽。但是他曾
並斥楊墨老莊申韓鬼（非仙）佛八項而未提楊億❾，因爲文學勢
力不如宗教。

柳宗元強調天不能福善禍淫，石介開倒車地訴諸權威說：

「天感應不感應，吾則不知。《六經》，夫子所親經手。……子厚之說是耶？聖人之言是耶？」下文甚至舉出愚蠢例證：

> 天久不雨，則暴尪者，面鄉（向）天，覬天哀而雨之。天至高明也，至嚴畏也，作其旱以咎殃於物，百物草木皆焦枯，五穀瘁欲死，民無以為食。尪者，至愚而疾不成人者也。面鄉天，天猶憐之而雨。天之仁於物，其至矣。❾⓿

鼻孔朝天的殘廢者竟能感動人格神，說服力弱似韓文公感化鱷魚。劉棨云：「潮陽之湫，鱷魚為害。潮人患之。吏部至，投文以逐之，一夕盡去。鱷魚，厥性暴戾無識，猶感其化而去焉。使吏部立巖廊、輔元首，施其道而化天下之暴戾無識；復有如鱷魚者乎？必無也。鱷魚可化，況於人乎！」❾❶ 如此類推，當謂「人可化，何況天乎」！天既降旱災，便是暴戾有識。石介的天觀，不及荀子和柳宗元高明。然而柳氏傾向佞佛，石介只對佛寺懷觀賞興趣：「寺遠離朝市，同遊並結軨。……地勝松篔眾，山名草藥靈。洞門深數里，檜樹壽千齡。疑有神仙聚，寗容魑魅停。年多養龍虎，早已蟄雷霆。石上生苔蘚，岩阿長伏苓。……露滴茶芽潤，烟蒸竹汗青。餐霞充道味，探尤驗丹經。……遐觀際寥廓，下視何羶腥。自被利名染，無因肺腑醒。晨興看梆牘，夜坐守窗螢。……沉冥若籠鳥，囚摯似拘囹。有願棲雲壑，相隨步翠坰。平生山野性，暫喜據梧瞑。」❾❷ 「疑有神仙聚」是文學形象語言，不能證明石介曾信神仙存在；正如口頭禪「天曉得」（Only God knows）不代表講者信上帝。此詩表示石介對道家和道教的輕微好感。

《莊子‧齊物論》「惠子(施)之據梧也」，據梧即憑依梧几而辯論；
石守道據梧瞑，卻是憑几午睡，忘掉羶腥利名。

　　朱子的論敵葉適說：「(范)仲淹但言石介作頌爲怪，不知我
爲其形，彼張其影，何足怪也！」❾❸「石介以其忿嫉不忍之意，
發於偏宕太過之辭。激猶可與爲善者之心，堅已陷於邪者之蔽，
莫不震動驚駭，群而攻之。故回挽無毫髮，而傷敗積丘陵矣，哀
哉！」❾❹紀昀評石介「名心過重，好爲詭激，不合中庸」❾❺。葉
紀二氏同責石介矯激。全祖望評得全面：「徂徠先生嚴氣正性，
允爲泰山第一高座。獨其析理有未精者。……以美揚雄，而不難
改竄《漢書》之言以諱其醜。……即南豐（曾鞏）……未若徂徠
之武斷。」❾❻紀昀亦抨擊石介「尊崇揚雄太過，至比之聖人，持
論殊謬」❾❼。我認爲他耿介如其名，不能苛求他像李約瑟推崇煉
丹術爲中國醫藥化學前驅，而應尊敬他爲二程先驅❾❽。

# 註　釋

❶ 《范文正公文集》（以下簡為《范》）卷3《帝王好尚論》。參考
《宋元學案》卷3《高平學案》；朱熹《宋名臣言行錄五集》（臺
北：文海出版社，1967 ）卷7。

❷ 《范》卷3《近名論》。

❸ 康德自律觀源於盧梭，參考鄧特《盧梭心理、社會與政治學說導論》
（N. J. H. Dent, *Rousseau: An Introduction to His
Psychological, Social and Political Theory*. Oxford:
Basil Blackwell, 1988).

❹ 《范》卷7附錄《言行拾遺事錄》。

❺ 《范》卷9《廣德軍范文正公祠堂記》。他不但禱於靈祠，而且約
在二十一歲時登淄州長白山醴泉寺修學。詳見申時方《范仲淹先生
年譜新編》（臺北：唯勤出版社）引《言行拾遺錄》卷1及《東軒
筆錄》。

❻ 《范》卷9《廣德軍重建范公祠記》。朱子《家禮》立祠堂制，始
稱家廟為祠堂，詳見丁宏偉《中國古代的祠堂建築》，在《文史知
識》1987年第11期。

❼ 《范》卷9《文正書院記》。

❽ 陳榮捷先生雖精研新儒學史，但是同其前輩摯友謝扶雅教授一般信
奉耶教。1988年12月廈門大學主辦國際朱子學會議，全體遊歷泉
州伊斯蘭教聖墓。福建少女導遊宣傳無神論，陳氏細聲責她傲慢。
假若范氏在場，不會如此譴責。

❾ 一般哲學家非懷疑論者（sceptic），除卻羅素之流。黑格爾貶抑懷
疑主義，參閱羅拔士《德國哲學引論》(Julian Roberts, German
*Philosophy: An Introduction*. Oxford: Polity Press in
association with Basil Blackwell, 1988, pp. 101-102.

❿ 參考山它士《柏拉圖與弗洛依德；愛之兩學說》(Gerasimos San-
tas, *Plato and Freud: Two Theories of Love*. Oxford:

Basil Blackwell, 1988).

⓫ 范氏不免抉擇先憂後樂的愛國主義。周懷宇主編≪廉吏傳≫（鄭州：河南人民出版社，1988）談春秋戰國至鴉片戰爭時期的 九十八位廉吏，包含宋三平≪范仲淹≫。他的遺產純屬精神而非物質的。頁350述「范忠獻公死，其子……送來其家珍藏的稀世書畫，范仲淹毫不動心，唯收取一本≪道德經≫作爲傳敎子孫的經典。」存在主義祖師祈克果說人生分感性、倫理、宗敎三階段。然則范氏乃第一流倫理人，不必躍至狹義宗敎信仰。參考韋士弗≪祈克果對理性與社會的批判≫(Merold Westphal, *Kierkegaard's Critique of Reason and Society* Macon, Georgia: Mercer University Press).

⓬ ≪范≫卷5≪祭尹師魯舍人文≫。

⓭ 王鎭遠≪朱彝尊詩詞選注≫（上海古籍出版社，1988），頁91～92。

⓮ ≪范≫卷2，兼看卷6≪范文正公年譜≫。參考申時方≪范仲淹先生年譜新編≫；羅敬之≪論范仲淹之功德與文學≫（臺北：文津出版社，1976）；陳榮照≪范仲淹研究≫（香港：三聯書店；1987）；程應鏐≪范仲淹新傳≫（上海人民出版社，1986）。

⓯ 沈括≪夢溪筆談≫（胡道靜新注本，上海古籍出版社，1988）卷11≪官政≫。北宋另一科學家蘇頌（1020～1101）兼爲政治家，由革新派變成保守派。詳見顧吉辰<略論蘇頌的政治傾向>，在上海≪學術月刊≫1989年第3期；≪蘇魏公文集≫（北京：中華書局，1988）。

⓰ 程應鏐書頁169引≪五朝名臣言行錄≫卷9之6引≪南豐雜識≫。

⓱ 詳見湯承業≪范仲淹的修養與作風≫（臺灣商務，1977）第四章第二項≪愛物與愛人≫。申時方≪年譜新編≫頁44引范氏≪蕭灑桐廬郡十絕≫亦具道敎情調：「降眞香一炷，欲老悟黃庭。」≪黃庭≫是道敎經典，參看王沐≪內丹養生功法指要≫（北京：東方出版社，1990），頁281。

⓲ ≪歐陽修全集≫（臺北：河洛圖書出版社，1975）以下簡爲≪歐≫。卷1≪仙草≫。

⑲　同上，《贈李士寧》。

⑳　同上，《感事四首》。

㉑　同上，《昇天檜》。

㉒　Hegel, *The Philosophy of History*, tr. J. Sibree. New York: Dover, 1956, p. 449.

㉓　《歐》卷3。無仙子就是歐陽修。

㉔　《歐》卷1《山中之樂》。

㉕　《歐》卷3《與石推官第二書》。清初金聖嘆欣賞歐陽修遠甚於范仲淹，見朱一清、程自信《金聖嘆選批才子必讀新注》（合肥：安徽文藝出版社，1988）。

㉖　《歐》卷1《本論》下篇。參考陳蒲清注釋《歐陽修文選讀》（長沙：岳麓書社，1984）。張健《歐陽修之詩文及文學評論》（臺灣商務，1973）及《宋金四家文學批評研究》（臺北：聯經出版事業公司，1975）；郭正忠《歐陽修》（上海古籍出版社，1982）；施培毅《歐陽修詩選》（合肥：安徽人民出版社，1982）；李栖《歐陽修詞研究及其校注》（臺北：文史哲出版社，1982）；裴普賢《歐陽修<詩本義>研究》（臺北：東大，1982）。

㉗　《歐》卷1《自菩提步月歸廣化寺》（按菩提亦寺名），見潘中心、房開江《宋人絕句三百首》（貴陽：貴州人民出版社，1984）。

㉘　《歐》卷2《釋惟儼文集序》。

㉙　《歐》卷2《釋秘演詩集序》。

㉚　劉子健《歐陽修的治學與從政》（香港：新亞研究所，1963），頁29。參考石訓等《北宋哲學史》（河南人民出版社，1987），第五章《歐陽修的哲學思想》。

㉛　吳孟復解此詩，見《宋詩鑒賞辭典》（上海辭典出版社，1987）；參考夏敬觀選注《梅堯臣詩》（上海：商務）；朱東潤《梅堯臣詩選》（北京：人民文學出版社，1980）和《梅堯臣傳》（北京：中華，1979）。

㉜　極端唯物論或激烈無神論必排斥宗教建築，如復旦大學哲學系蔡尚思教授拒絕在寺前照相。

㉝ 沈文倬校點《蘇舜欽集》（北京：中華，1961），以下簡爲《蘇》卷 1。參考楊重華《蘇舜欽詩詮注》（重慶：重慶出版社，1988）。

㉞ 《蘇》卷 2《吾聞》：「予生雖儒家，氣欲吞逆羯。」

㉟ 《蘇》卷 1《己卯冬大寒有感》卷 41《苦調》「驚呼徹上帝，洒血透九泉」之上帝卻似指太虛。

㊱ 《蘇》卷 3《和（江）鄰幾登繁臺塔》。

㊲ 《蘇》卷 7《無錫惠山寺》。

㊳ 《蘇》卷 7《中秋松江新橋對月和柳令之作》。

㊴ 《蘇》卷 8《題廣喜法師堂》。

㊵ 《蘇》卷 8《清軒》。「觀」指樓宇。

㊶ 《蘇》卷 13《東京寶相禪院新建大悲殿記》。

㊷ 同上，《浩然堂記》。

㊸ 《李覯集》以下簡爲《李》。（北京：中華，1981）卷 24《修梓山寺殿記》。 Shan-yüan Hsieh, The Life and Thought of Li Kou, 1009-1059 (San Francisco: Chinese Materials Center, Inc. 1979)及其中譯——謝善元《李覯之生平及思想》（北京：中華書局，1988）未留意辟佛問題。

㊹ 同上，《邵氏神祠記》。參考大陸兩書：宗力《中國民間諸神》及任繼愈主編《中國大百科全書》宗教卷。潘桂明《論宋代佛教的基本特點》（在《文化：中國與世界》第四輯（北京：三聯，1988)強調世俗化，五通神出於世俗化的道佛結合，亦可爲邪神。

㊺ 《李》卷 36《送周山人》。

㊻ 《李》卷 20《廣潛書十五篇》。

㊼ 《李》卷 35《丐僧》。

㊽ 同上，《佛迹峯》。

㊾ 同上，《袈裟石》。

㊿ 《李》卷 36《梁帝》。

(51) 《李》卷 28《答黃著作書》。同卷《答宋屯田書》提到范仲淹門人《易》學家劉牧《易圖》。石訓等《北宋哲學史》（河南人民出版社，1987）第六章第六節《李覯對劉牧<易數鈎隱圖>的批判》

兩次誤「陳摶」爲「陳搏」。

㊿ 《李》卷 16《富國策第四》。

㊿ 同上，《富國策第五。》。

㊿ 《李》卷 22《孝原》。

㊿ 同上，《天諭》。

㊿ 《李》卷 1《麻姑山賦》。

㊿ 同上，《疑仙賦幷序》。

㊿ 《李》卷 37《秋晚悲懷》。

㊿ 臺北禪學居士巴壼天晚年遷居美國賭城拉斯維加斯。他的名字屬道
教而非佛教。

㊿ 《孫明復小集・儒辱》。蔡仁厚《孫復》（在王壽南主編《中國歷
代思想家》第五冊。臺灣商務，1978）頁 11（總頁 2733）只提
「闢佛（兼含闢老）」六字，未免簡陋。佛不函老，否則孫復不必
言佛老。此冊載《孫復》《胡瑗》而欠《石介》、《李覯》、《蘇
軾》、《黃庭堅》、《楊萬里》、《葉適》。石訓等《北宋哲學史》
第四章第五節《故瑗與孫復的關係和歷史地位》將揚雄、王禹偁誤
成楊雄、王禹俑，我已列出全書勘誤表。見《香港中文大學中國文
化研究所學報》第 20 卷（1989）我的書評。

㊿ 同上。

㊿ 《孫明復小集・上孔給事書》。

㊿ 見朱熹等《宋名臣言行錄五集》（臺北:文海出版社）前集第十卷，
此卷述五哲，宋初三先生在陳摶與蘇洵之間。朱子不認爲三先生等
雜糅三教。劉子清《中國歷代人物評傳》（臺北：黎明文化事業股
份有限公司，1974）質量俱劣，下冊（八）《北宋中葉的名臣歐
陽修、范仲淹、韓琦、富弼》顛倒范歐師徒地位先後，（十二）
《以儒釋道雜揉(應作糅)而立說的道學家北宋五子》此題雖未寃枉
周敦頤、邵雍，而寃枉了張載和表姪二程。

㊿ 《宋元學案》卷 16《伊川學案下》附錄。「猶龍」乃《莊子》寓
言。

㊿ 同上。百家又對其父之按語按云二程「醇乎其醇」。

⑥ 明代《永樂大典》卷3001引《朱子語類續》。

⑥ 《宋名臣行錄》第十卷。參考邵博書（北京：中華，1983）。邵著卷19云：「（蘇）東坡《赤壁詞》『灰飛煙滅』之句，《圓覺經》中佛語也。」可知邵博注意佛教痕迹。元脫脫等《宋史》卷432《儒林列傳・孫復傳》云：「復與胡瑗不合，在太學常相避，瑗治經不如復，而教養諸生過之。」

⑥ 《徂徠石先生文集》（以下簡稱《石》。北京：中華，1984）卷1《慶曆聖德頌序》。侯外廬、邱漢生、張豈之《宋明理學史》上卷（北京：人民出版社，1984）頁39誤「頌」爲「詩」。劉蔚華、趙宗正主編《山東古代思想家》（濟南：山東人民出版社，1985）載趙宗正《石介》，頁601亦誤「頌」成「詩」。此錯始於蘇軾《經進東坡文集事略》卷56《范文正公文集序》，見《石》附錄四。

⑥ 《石》卷2《觀棋》。

⑦ 《石》卷3《送李堂病歸》。「十二經」指魯國十二公時事。

⑦ 禪宗喜倡以孤掌拍出聲，旅美社會學家許烺光教授認爲荒謬。參閱何國銓《中國禪學思想研究－－宗密禪教一致理論與判攝問題之探討》（臺北：文津出版社，1987）。

⑦ 《石》卷3《讀韓文》。

⑦ 1989年3月，北京清華大學社會系的科學哲學副教授寇世琪女士在新亞書院揭示。

⑦ 《石》卷4《寄元均》。同卷《讀魯晉二公傳》云：「忠如裴度亦遭讒」。

⑦ 參考陳大齊《荀子學說》（臺北：中華文化出版事業社，1956）第二章第三節《事天之故》。

⑦ 《石》卷16《與范思遠書》。

⑦ 《石》卷7。

⑦ 同上。

⑦ 同上。

⑧ 《石》卷8《朋友解》。

⑧ 《石》卷8《辨惑》。

⑧ 《石》卷7《可嗟貽趙姈》。《山東古代思想家》頁18 「姈」錯成「夊守」二字。

⑧ 《石》卷9《記永康軍老人說》。

⑧ 《石》卷19《宋城縣夫子廟記》。

⑧ 同⑧。石介此篇正確肯定「唯元氣不死」。

⑧ 《石》卷5《怪說上》。

⑧ 《石》卷10《中國論》。

⑧ 《石》卷5《怪說下》斥楊億西崑體文章「淫巧浮僞」。參考成復旺、黃保眞、蔡仲翔《中國文學理論史》（二）（北京出版社，1987）第四編第一章。奇怪的是石介不提劉筠。

⑧ 《石》卷18《送龔鼎臣序》。石介誤揚雄姓楊。

⑨ 《石》卷15《與范十三奉禮書》。

⑨ 《石》卷8《辨謗》引青州劉槩《韓吏部傳論》。「无」誤植成「无」。

⑨ 《石》卷4《遊靈泉山寺》。「苔」誤成「答」。

⑨ 《習學記言序目》卷48《皇朝文鑑》二，見《石》附錄四。

⑨ 《習學記言序目》卷50《皇朝文鑑》四，見《石》附錄四。

⑨ 《四庫全書總目》卷152《集部別集類》五，見《石》附錄四。

⑨ 北京大學圖書館藏清鈔本《徂徠文集》（二十卷）集前附《讀徂徠文集》，見《石》附錄三。

⑨ 同⑨。

⑨ 見《朱子語類》卷129。此卷評判北宋人物時，最尊范仲淹。詳見潘富恩＜重評朱熹的歷史觀＞，在《朱熹與中國文化》（上海：學林出版社，1989）。

# 葉適的智慧

　　現代新儒厭惡葉適（ 1150-1223 ，字正則）的哲學書《習學記言》。今試盡量從其《水心文集》及《別集》觀其智慧。他承接薛季宣、陳傅良的心血，創建與程朱理學、陸楊（楊簡）心學三足鼎立的體系，與陳亮（ 1143-1194 ，字同甫)並重事功，要旨有下列七點：

　　㈠原一成兩的素朴辯證觀：

> 道原於一而成於兩，古之言道者必以兩。凡物之形，陰陽、剛柔、逆順、向背、奇耦（偶）、離合、經緯、紀綱，皆兩也。夫豈惟此，凡天下之可言者，皆兩也，非一也。……交錯紛紜，若見若聞，是謂人文。雖然，天下不知其為兩也久矣，而各執一以自遂；奇譎祕怪，寒陋而不弘者，皆生於兩之不明。是以施於君者，失其父之所願；援乎上者，非其下之所欲。乖迕（忤）反逆，則天道窮而人文亂也。及其為兩也，則又形具而機不運，迹滯而神不化。……然則中庸者，所以濟物之兩明道之一者也，為兩之所能依而非兩之所能在者也。❶

張載《正蒙·太和》：「有反斯有仇，仇必和而解。」葉適以中庸為和解。《正蒙·參兩》：「一物兩體（陰陽），氣也；一故

神，兩故化。」水心改「神」「化」爲「原」「成」。《正蒙·動物》：「物無私立之理，非同異、屈伸、終始以發明之，則雖物非物也。」王夫之注云：「凡物，非相類則相反。」有些人說：「別人非友則敵。」人愛友恨敵，古希臘安帕多克里士（Empe-docles）認爲物因愛而合、恨而離，那末葉適所謂逆順、向背、離合可落實爲愛恨，深恨未必能和解，老子已悟「和大怨，必有餘怨；安可以爲善？」遺留怨恨便非最根本妥善的辦法了❷。

「人文」必定錯綜複雜，恰似天文、地文（理）。《正蒙·誠明》：「人之剛柔、緩急，有才與不才，氣之偏也。天本參和不偏。」用水心語氣，天就是融合剛柔、緩急的中庸，無所謂才不才、肖不肖。《正蒙·大心》「能以天體（動詞）身，則能體物也不疑；成心忘，然後可與〔進〕於道。化則無成心矣。」孟子界說「聖」爲大而化之，莊子倡消泯「成心」。張子＜大心＞界說「成心」爲「意」，「無成心」是「時中」，＜天道＞再强調「無心之妙，非有心所及也」；卽＜神化＞「大則不驕，化則不吝；無我（成心）而後大，大成性而後聖。」驕吝是水心所貶蹇陋不弘。張子＜至當＞描述大人「有容物，無去物；有愛物，無徇物。天之道然。」「去」卽老子所用「棄」，「徇（殉）」首先由莊子否定。王安石＜洪範傳＞也說：「道立於兩。……五行之爲物……皆各有耦。一柔一剛，一晦一明，故有正有邪，有善有惡，有醜有好（美），有凶有吉。……耦之中又有耦焉，而萬物之變遂至於無窮。」葉適未考慮耦中有耦，更未如朱子洞察陰陽各具陰陽。程顥看出「萬物莫不有對（陰陽善惡）」❸，程頤稍爲詳細：「天地萬物之理，無獨必有對。皆自然而然，非有安排（他然）也。」

❹葉適的創見在「可言者皆兩」，函蘊「不可道者皆一」，一卽道或太極。《正蒙‧大易》云：「一物而兩體，其太極之謂與（歟）！陰陽天道，象之成也；剛柔地道，法之效也；仁義人道，性之立也。三才兩（兼）之，莫不有乾坤之道。」可道者非道而是陰陽、剛柔、仁義、乾坤。

㈡中庸乃誠：

> 誠者，何也？曰：「此其所以為中庸也。」日月寒暑，風雨霜露，是雖遠也而可以候推，此天之中庸也。候至而不應（驗），是不誠也。藝（種植）之而生，鑿之而及泉，山嶽附之、人畜附之而不傾也，此地之中庸也。是故天誠覆而地誠載。惟人亦然。如是而生，如是而死；君臣父子，仁義敎化，有所謂誠然也。是心與物或起偽焉，則物不應矣。高者必危，卑者必庳（應作痺），不誠之患也。……使中和為我用，則天地自位，萬物自育，而吾順之者也。……中和足以養誠，誠足以為中庸；中庸足以濟物之兩而明道之一，此孔子之所謂至也。❺

葉正則發揮荀子、《禮記》和《易傳》的「誠」，將它等同《論語》的中庸。眞誠原是人類道德項目，水心推廣其義爲實在（real, reality）以描述自然規律，影響王船山主張：「太虛，一實也。故（《中庸》）曰：誠者天之道也。」❻「誠也者，實也。實有之，固有之也。無有弗然，而非他有耀也。」❼「夫誠者，實有者也。前有所始，後有所終也。實有者，天下之公有也；有目所

共見，有耳所共聞也。」❽「誠者，無對之詞也。……說到一個誠字，是極頂字，更無一字可以代釋，更無一語可以反形。」❾「天下之用，皆其有者也。吾從其用而知其體之有，豈待疑哉！用有以爲功效，體有以爲性情；體用胥有而相需以實，胡盈天下而皆持循之道。故（《中庸》）曰：誠者物之終始，不誠〔則〕無物。」❿極頂字表示至尊價值，葉、王二氏的「誠」近似柏拉圖的理型「至善」。我認爲應當將「誠」限於道德範疇，自然規律與社會規律均可改稱「實」。今人孫叔平批判：「葉適所承認的變化只是一個固定圈子裡的循環變化。自然界的質變，社會關係的質變，在葉適的視野裡，是根本不存在的。他用中庸狀態扼殺了辯證法是不足爲怪的。」⓫孫氏苛求水心具備北宋沈括、蘇頌⓬的科學頭腦。中庸狀態不會扼殺辯證法，而會是正負兩極的辯證融合。

㈢中庸必須上治（皇極）下教（大學）：

> 道不可見，而在唐、虞、三代之世者，上之治謂之皇極，下之教謂之大學，行之天下謂之中庸。……變周爲秦，上下皆失，而天下之道亡。漢興，而天下之人意其（道）有在於《六經》，……大合諸儒於石渠、白虎之殿，九卿承制難問，天子稱制臨決，莫不自以爲至矣，而道終不可明。故晉求之老莊，（蕭）梁求之佛。……南北離阻，道術湮滅，至唐起而一之，刺采百家衆說，祖述漢世經師之舊，而（孔穎達）名其書爲《正義》，使天下皆取中焉。……出於章句……度數……讖緯，或甘心於夷狄之學，豈不皆

以為道哉！……未嘗求之於心，而沿習於口耳之末流，幻妄於贅附之奇厖；則雖以二千餘年之久，欲挽而復於三代之上，固宜其有所不厭。……唐虞三代，內外無不合，故心不勞而道自存；……今之為道者，務出內以治外也；……然而於（五倫）……常患其不合也。……徒飾其說（空談）以自好，則何以為行道之功？故夫昔以不知道為患，而今以能明道為憂也。❸

令人遺憾的是，葉適不取陳亮的社會進化觀，反取像朱子等美化上古式的社會退化觀。讖緯迷信不足取，但是印度佛教部分哲理仍堪欣賞。「知道」與「明道」的界限模糊。大約知未必能明，而明必先知。漢唐經學家無創造性，凸顯出西魏蘇綽和隋代王通的尊貴。葉適評論道：

人無異性，……堯舜湯武之治可復見於今日。……諸子辯士之學起，始取皇帝王霸之道別異而言之，以惑亂世主。……後世又有所謂彊（彊，強）國之術者，其說復異於霸，……變常用巧以求功於天下。……秦之亡天下，後世雖知其禍原於鞅（商君），至於彊國之術、立見之效，則不能少貶而廢之也。……（宇文）泰之所有蓋鞅之故地，而蘇綽起而佐之，……猶用古人治國之常道，愛之如慈父，訓之如嚴師，作六條之詔以教守宰。始於清心以脩（修）身，崇教化而盡地力，然後擢任賢人，矜恤獄訟，均平賦役而已，未嘗有奇功過人之智也。……（北）周竟用其術以興，

辛并齊滅梁；益以強大，無敵於天下。……觀綽之所論，
朴直鈍弊，腐儒老生之所能談也。豈其更元魏大亂之後，
人之所不聞不知者；而綽驟用之，故反以為新奇而可喜歟？
……夫惟通達高明之至，聖智深遠之極，然後能力行熟爛
廢格之事而深信鈍弊朴直之言，此唐虞三代之所以為大治
而不可及也。❹

先秦儒家的仁治是必需的，法家形態的法治卻屬權宜方便。水心
未注意蘇綽的性善情惡說，但較仰慕王通續經的苦心孤詣云：

言仁義禮樂必歸於唐虞三代，儒者之功也；……至唐虞三
代而止，儒者之過也。……仁義禮樂未嘗亡也。儒者之述
道，至秦漢以下則闕（缺）焉。……道之所在，……不專
於一人也，不私於一姓也，豈斷是（此）經而遂已乎？……
後世之儒者，以為《六經》，孔氏之私書而已；仁義禮樂，
唐虞三代之所獨有而已。訓釋之，參究之，竭其終身之力
於此而不能至也，何暇及於當世之治亂乎？稽之於古，恍
焉其若存，凜乎其若追，浩浩然言之而弗離；驗之於今，
懣然而不能知，邈乎其不可繼而為也。豈其徇其名而執其
迹乎？世主必曰「儒者不足用以為天下」，是未必然也。
……順三才之理，因當世之宜，舉而措之而已矣！此王通
氏之所以獨得孔子之意也。夫通既退不用矣，於是續《書》
以存漢晉之實，續《詩》以辨六代（朝）之俗，脩《元經》
以斷南北之疑，贊《易》道，正《禮》《樂》。其能以聖

人之心處後世之變者乎！**⑮**

朱子彈訶文中子狂妄不自量力去續經**⑯**，唯獨葉氏最先勘破眞相：世俗過度敬仰孔子及古典，以致輕蔑王通的創造性。不宜滿足於考據訓詁，而應該運施嶄新概念突破古典限制**⑰**。王充《論衡·謝短》指出：「知今而不知古，謂之盲瞽；知古而不知今，謂之陸沉。」**⑱**王仲任熏染葉正則擺脫厚古薄今的歪風。迂儒陸沉，馬庫色所貶「單向度者」卻屬知今不知古的盲瞽**⑲**。葉適頌讚王通「知天下之志」「有能爲天下之心」**⑳**，幸未發展成爲近代唯意志論（voluntarism）**㉑**，僅注重仁義禮樂的普遍性和永恆性。

㈣道乃自然規律兼政治原則而非精神實體：

> 夫形於天地之間者，物也；皆一而有不同者，物之情也；因其不同而聽之，不失其所以一者，物之理也；堅凝紛錯，逃遁謫伏，無不釋然而解，油然而遇者，由其理之不可亂也。是故古之聖賢，養天下以中，發人心以和，使各由其正以自通於物。……王道（政治原理）始自盛而入衰，則天下之心始自親而入怨。**㉒**

周張程朱同倡形上實體太極（理）生陰陽（氣），比朱子晚生廿年的葉適卻譴責「盡遺萬事而特言道」**㉓**，否定物形之上因「轉相誇授、自貽蔽蒙」**㉔**而生的精神本體「皇極」之類云：

> 夫極非有物，而所以建是極者則有物也。君子必將即其所

以建者而言之，自有適無，而後皇極乃可得而論也。……
夫其所以為是車與室也，無不備也。有一不備，是不極也，
不極則不居矣。是故聖人順天之五行，……防患救變之術
無不有也。……苟為不然，得其中而忘其四隅，不知為有
而欲用之以無，是以無適無也，將使人君何從而建之（皇
極）？……（周公）建之最備，其極最大，……自出其智
力而不以眾建，則亢爽而不安；以眾建而不能大建，則其
極樸固鄙近，可以苟安而不足以有為。……〈洪範〉言天
人報應之際備矣，而不及於刑。然則刑者，以人治天而非
天之所以畀人也。而自秦漢相傳，皆以刑賞為治，則既失
建極之本意矣，況皇極乎！㉕

《尚書》記載箕子「皇極」乃政治最高原則，無形上學義蘊，非
《易傳》至周子的「太極」。葉水心回歸箕子原意，貶抑儒道兩
家的道、理或太極為虛構。「自有適無」意謂具體個人建立抽象
原則；「以無適無」指謂超離人心去建造形上實體，恰似缺乏物
資而夢想享受車室，徒具空間而欠牆壁零件！陳亮、葉適均信物
在則道在，反對離物談極（道理）。法家太重物質性賞罰，道家
似太輕視物質。水心察覺箕子和孔子對物質的態度最健康。孔門
的「道」不外政治原理，如為形上實體，人豈能弘道！周公是建
立皇極的至尊典範，第二、三流領袖脫離群眾而妄用私智，或者
採納眾智而不善組織。

　　㈤修養要內外交相成：

上古聖人之治天下，至矣。其道在於器數，其通變在於事
物；其紀綱、倫類、律度、曲折莫不有義。……治有異而
不相廢，道有同而不相襲。……周室既衰，……上下習為
鄙詐戾虐之行；……孔子哀先王之道將遂湮沒而不可考
……；迹其聖賢憂世之勤勞，而驗其成敗因革之故；知其
言語文字之存者猶足以為訓於天下也，於是定為《易》
《詩》《書》《春秋》之文，推明禮樂之器數……，以遺
後之人。……無驗於事者其言不合，無考於器者其道不化。
……世無聖人，而天下之所恃以為治者，是經之空言而已，
以其未能出於經也。❷⑥

如未驗事考器，古典僅屬空話。「有一不知，是吾不與物皆至。」
❷⑦我須遷就外物，非強求外物遷就我：「論立於此，若射之有的
也。或百步之外，或五十步之外。的必先立，然後挾弓注矢以從
之。故弓矢從的而的非從弓矢也。」❷⑧目標跟從弓矢，隱喻朱熹
推理於物及陸九淵窮理於心。主體努力須順客觀物勢：「今日存
亡之勢，在外而不在內；而今日隄防之策，乃在內而不在外。」
❷⑨道與勢關係密切❸⑩。知道明道之外，還要善用時機。葉適顯揚
荀子、王通❸①、柳宗元、劉禹錫的時勢觀說：「時自我為之，則
不可以有所待也；機自我發之，則不可以有所乘也。不為，則無
時矣，何待？不發，則無機矣，何乘？」❸②這啟廸王夫之「以人
造天」「與天爭權」等積極主動的人生觀❸③。水心主張首先獲取
感性知識──「自外入以成其內」，然後用「心之官」提煉理性
知識──「自內出以成其外」❸④。他的知識論略似康德兼重感性

基礎和理性分析：「非知道者不能該（賅）物，非知物者不能至道。」❸賅和至分指總括與抽象。像荀子和一般西哲，葉適提倡漸修而非頓悟：

> 昔孔子稱憤啓悱發，舉一而返三；而孟子亦言充其四端至於能保四海；往往近於今之所謂悟者。然仁必有方，道必有等，未有一造而盡獲也；一造而盡獲，莊、佛氏之妄也。❸

一蹴而「就」的惡果就是一知半解❸。既不仿孟、莊和禪宗倡神秘直覺，水心堅持盡觀盡考云：「觀眾器者為良匠，觀眾方者為良醫。盡觀而後自為之，故無泥古之失，而有合道之功。」❸「夫欲折衷天下之義理，必盡攷（考）詳天下之事物而後不謬。」❸他不像朱子期待豁然貫通，只強調運用心得自作主宰。倘若陸象山知曉此論，必定評為比朱學更支離了。容易理解葉正則＜題朱晦菴帖＞云：「方急迫了劇邑，乃不忘博學審問之功。他日聞其政，必異於今人也。」❹可惜「士多以意為善，鮮以力為善」❹。用力為善，包括博學審問，即內外交成。至於道、言、身三項關係，葉適說得精闢：「古之聞道，以身為言；開乾闔坤，圓方各旋。後之聞道，以言為身；因其已行，筆舌之陳。」❹言意筆舌怎比身體力行呢！葉適欣賞「學博而要（概括）」❹、「質靈氣邁，隨聞而思，遇見能述」❹；不妨像老子所述「若愚（頑）似（且）鄙」❹，最好像孔子理想「苗而秀、秀而實」❹的君子：「人之所以貴於君子者，以其存心也。心之所存，高出於道德，

卑溺（弱）於功名，旁達於技藝，而微極於幽遠。……以社稷生民爲主，而一身之利害不參焉。……隨世就功，因事用力。其存心有小大，故所成就有厚薄，不可掩也。」❹功厚者稱爲「社稷臣」❹；起碼是「豪傑」，對照着「棄才」：「以機變爲經常，以不遜爲坦蕩，以窺測隱度爲義理，以見人隱伏爲新奇，以跌蕩不可羈束爲通透，以多所疑忌爲先覺。此道德之棄才也。爲之必不成，行之必不遂。讀書之博，祇以長傲；見理之明，祇以遂非。」❹葉適似預見王學末流弊病，遂訴諸《書》《詩》兩經「學修而後道積」「學明而後德顯」的主旨，即「以學致道而不以道致學」❺。換句話說，他傾向歸納甚於演繹。

㈥老莊哲學及道教害多於利：

（老）聃之書，憂天下而思有以救之。其捄一世之溺，蓋有急於孔子焉。使聃而及於文、武、周公之盛也，則何以發其思慮而見之於辭？不幸而當天下之衰，治道之闕也。其意以爲天地之初未始有君臣、父子、仁義、禮樂也，故天下不治而不亂，不安而不危。自結繩以來，聖人繼起；則文化日盛，庶事日脩，其極於不可復加矣。而今也天下大亂，則何術以善其後？……今者之華而昔者之樸也，是以立於其末而欲反（返）其初。……閔然欲舉……法度之美，一切而盡廢之，以爲不如是則天下不能速安……，則其意之可哀者也。……聃之爲書，是事之機而道之始也，聖人於《易》已著之矣。……聖人以是爲微而難見也，於是爲之君臣、父子以聯其大分，飲食、宮室、衣服以相其

居處，仁義、禮樂、刑政以化以革，為之學校以勸以率。
蓋所以伏其機巧，消其詐偽，而全其素樸。……（人）安
於君臣……禮樂之際而莫見其機，是以默然不喻而自從。
今老聃將遂與之並用其機，則是亂愈激而民愈不可治也。
……孔子修廢以俟其定，老子盡廢以速其安。……（聃）
欲以速治天下而卒不免於亂也。❺❼

老聃確以拯溺救弊為終極關懷，可惜過度心急，竟要廢除禮樂刑
政，未悟此舉後果嚴重。葉適鞭撻老學，比較清代魏源中肯❺❷。
魏默深「以實事程實功」的功利主義，可溯源於南宋浙東功利派
及北宋李覯、王安石。不管在功利論或本務論立場，道家形態的
無為政治必定導致天下大亂。默深從程朱哲學轉販佛教，水心反
程朱而與佛教保持距離。魏氏以《老》《易》為兵書❺❸，葉氏不
如此偏頗。然而默深指出：「執古以繩今，是為誣今；執今以律
古，是為誣古。」❺❹「用人之制三代私而後世公。」❺❺「不能使
甲兵之世復還於無甲兵。」❺❻於是他又倡「以事功銷禍亂，以道
德銷事功」❺❼，「無三代以上之心則必俗，不知三代以下之情勢
則必迂」❺❽。銷鑠事功的道德屬道家而非儒家形態。友人唐力權
教授強調儒家務實地富於監護人（司牧）意識，道家沖虛地超脫
仁者意識，西方哲人（包括海德格）則展露工藝匠意識❺❾；西方、
印度（特別指佛教）、中國文化傳統依次是動印文明、寂印文明、
易（變化）印文明❻⓿；此三哲學傳統順次突顯有隔無融、無隔無
融、有隔有融的心態❻❶。然則儒釋道三教既隔且融──互相滲透。
葉適既仿道家說「廣欲莫如少取，多貪莫如寡願，有得莫如無爭」

**❻❷**；又謂「每憐莊周＜齊物論＞，遣詞曠蕩違經律」**❻❸**。經律即「禮復而敬（嚴肅）立」**❻❹**。水心並列老莊云：

> 老子稱「淵兮似萬物之宗」，老氏之學以自下為高，淵兮所以似物宗也。……莊周「聞在宥天下，不聞治天下」。善矣！然未究其義。宥者，寬以待人也；在者，嚴以察己也。**❻❺**

曠蕩不可取，而寬宥可嘉。葉適鄙薄「以機變為經常，以不遜為坦蕩，以窺測隱度為義理，以見人隱伏為新奇，以跌蕩不可覊束為通透。」對新道家他隱倡自律，而感道教徒自虐：

> 往時陸惟忠學內外丹法，東坡先生謂之曰：「子神清而骨寒，其清可以仙，其寒亦可以死。」惟清學之，每幾乎成，物輒有以害之，則嘆曰：「吾真坐寒而死矣。」今……不但寒耳。古之至人……必疲筋骨，極精神，甘賤役；甚至侮蛟龍，冒鋒鏑，竟其死而不知倦。然猶有不聞，聞之而不行者。吾料足下是數者皆不能盡。平時揀求美便，斥棄醜鹹；尊夫人賢兄佳愛，故曲徇其所欲耳。步行至十里外，足弱不能前而反，非身車不能越鄉。將遽舍之而去，道里甚遠，荆、襄、江、淮，土俗嗜好不同東浙。即不幸一日有飢寒勞苦之間，風雨露霧之氣從而乘之，疾病且作，旁無親黨。藥物不至，則為之奈何？無乃賊其所愛之身，先天生賢之意，廢於賢母兄之望乎？……列仙者，必用心於

寂寞，篤學於無為，已而道充其中，大發乎外，是以旦暮
於吳、越之區，飛翔乎秦、漢之郊，縱意所如，無留焉者。
足下猶未能足也，遂肆然發之，攫取其名而不思其難；恐
力窮氣盡，⋯⋯當杜門端居，危坐深念，時用《參同契》、
《九籥》之書、老氏《道德言（經）》，以增益其所未定，
道（導）引關節，屏（摒）閑思慮，以遠去少年之習，高
人長者當襲武而至矣。僕舊讀柳子厚文，獨愛其序送婁圖
南極有理，使世之君子、畔（叛）其道以從異學、勞而無
成者，可以自鏡（引為警惕）。❻

溫州陳傅良（1137-1203）告訴葉適：戴少望決定旅行天下，
探索世外之道。水心徵引北宋陸惟忠事例作殷鑑，勸勉戴君勿離
經叛道，免致徒勞無功。切勿誤會他羨慕不勞而獲，因為他說：
「不勞而成，固與龜蛇木石無以異耳。」❼事實上，生物界有形
態紛紜的勞碌。「無為」旨在消滅非必需的勞碌。葉適雖不信道
教，但是遷就戴少望，竟描繪神仙「道充」則能翱翔，如近今飛
機注滿汽油。水心也曾謂：「何必種桃園，始入仙者圖！」❽又
曾想像「群帝胥命游，眾仙儼相趨；⋯⋯妙香徹真境，態色疑虛
無」❾。然而他不贊成棄儒從道：「方老昔為儒，仁義自愁煎；
決策從道士，擺落科場緣。神仙事茫昧，良得日高眠。徐生（洞
清）嗣其風，永謝負郭田；⋯⋯書籍棄塵案，笙磬來鈞天；⋯⋯
親交生離絕，空嘆真游杳。」❿入道如棄斷六親，比佛教居士更
趨苦行。

㈦佛經乃異邦誕言：

舊傳程正叔（頤）見秦少游（觀），問：「『天知否？天還知道，和天也瘦。』是學士作耶？上穹尊嚴，安得易而侮之！」薄徒舉以為笑。如此等風致，流播世間，可謂厄矣。且《華嚴》諸書，乃異域之故言。婆須密女豈有聲色之實好，而遍以此裁量友朋乎？志意想識，盡墮虛假。然則元祐之學，雖不為群邪所攻，其所操存亦不足賴矣。此蘇（軾）、黃（庭堅）之流弊，當戒而不當法也。❼

伊川對「天」太認真，混淆文學意象與宗教偶像。但是譏誚小程子者多淺薄。秦觀活用李賀詩「天若有情天亦老，月如無憾月常圓」。李長吉深受《楞伽經》薰染，善用象徵手法。秦氏同門黃庭堅及共同師長蘇軾皆信佛，偏愛《華嚴經》的神話象徵。水心「每嘆《六經》、孔孟，舉世共習。其魁俊偉特者，乃或去而從老、佛、莊、列之說；怪神虛霍，相與眩亂；甚至山棲絕俗，木食澗飲，以守其言，異哉」❼！縱使懷抱「高退之節」，「山林之樹，倚幽樹，激寒流，放飯永日，為惰而已」❼。與儒家比較，道佛教徒都太懶了。甚至勤讀佛典，異域放言無益於政治經濟。葉正則駁斥輪迴說云：「生固無所來，而死亦焉有往哉！然自怪奇誕謾之說行於中國，聰明豪傑之士畔而從之；以彼分別影事之心，醉夢沈酣於其間。至於生死之際，變壞逼迫；其不顛沛失據而能全其守，千百而不一見也。」人性非但偏喜新奇，而且欺善怕惡。水心慕悅戴木的詩純正，樂意引其言：「人未有不漁獵貧弱以求富強者，怨謗近而易感，故業不永，命不長；雖暫永長，眾不謂是也。」❼鄉里頌讚戴木為佛。葉適闡釋「佛」為里人尊

敬之極稱，順便揭示理想：「我不誑彼，彼故誠我，雖不漁獵而富强之道存焉。」遺憾的是「人力爲彼（漁獵）不爲此（相敬愛）」，遠遜於慈悲的佛和菩薩。鄉民以「仙」或「佛」而非「聖」或「眞」爲尊稱，由於仙佛具備「保祐」功能。南宋禪宗極盛，故稱佛不稱仙。水心雖曾用「佛叉手」❼⓹、「淨空界」❼⓺、「妙闍黎」❼⓻、「增上慢」❼⓼及「正因（佛性）」❼⓽等佛語，仍忠於儒門肯定「臞儒道義深」，批判佛教云：

> 異端之說至於中國，上不盡乎性命，下不達乎世俗；舉以聰明爲障、思慮爲賊，顛倒漫汙而謂之破巢窟，頹弛放散而謂之得本心；以愚求眞，以粗合妙；而卒歸之於無有，是又大異矣。然其知是也，其覺是也，亦必穎然獨悟，亦必眇然特見；耳目之聰明，心志之思慮，亦必有出於見聞覺知而後可。士徒厭夫雜揉紛汩之爲己累也，遂捨而求之者十〔其〕八九矣。❽⓪

輕蔑形軀的感性知識，仰賴神秘直覺，便易墮陷反理性的宗教狂熱❽⓵。

# 註　釋

❶　劉公純、王孝魚、李哲夫校點《葉適集》(以下簡爲《文》與《別》，分指《水心文集》及《水心別集》。北京：中華書局；1961，83 )，《別》卷 7〈中庸〉。此書標點多誤。

❷　參考任法融《道德經釋義》( 西安：三秦出版社， 1988 ) 頁 173。

❸　《二程遺書》卷 12。

❹　同上，卷 11。參閱潘富恩、 徐餘慶《程顥、程頤理學思想研究》( 上海：復旦大學出版社， 1988 ) 第五章第八節〈無獨有對，物極必反〉。魏源《古微堂內集·學篇十一》也說「天下物無獨必有對」。

❺　同❶。

❻　王夫之《思問錄·內篇》。參考陸復初《王船山學案》( 武漢：湖北人民出版社， 1987。

❼　王夫之《尙書引義》卷 4。

❽　同上，卷 3。

❾　王夫之《讀四書大全說》卷 9。

❿　王夫之《周易外傳》卷 2。

⓫　孫叔平《中國哲學史稿》( 上海人民出版社，1981 ) 頁 145。

⓬　可讀《蘇魏公集 ( 附〈魏公譚訓〉)》( 北京：中華書局， 1988 )；胡道靜《夢溪筆談校注》( 上海古籍出版社， 1988 )； 顧吉辰〈略論蘇頌的政治傾向〉，在《學術月刊》1989 年第 3 期。

⓭　同❶，〈總述〉。

⓮　《別》卷 8〈蘇綽〉。〈文〉卷 12〈黃文叔周禮序〉說劉歆、蘇綽、王安石三次大壞《周禮》。

⓯　同上，〈王通〉。參閱李焯然〈王通《元經》之正統論〉，在其《明史散論》( 臺北：允晨文化實業股份有限公司， 1988 )。

⓰　詳見拙文〈朱子對周公、唐太宗和文中子的褒貶〉，在王煜《新儒的演變：宋代以後儒學的純與雜》( 香港中文大學出版社， 1990)。

⑰ 特別在《易》學，物理學者董光壁《易圖的數學結構》（上海人民
出版社，1987），尤其是第七章＜周易的科學意義＞；烏恩溥
《周易——古代中國的世界圖式》（長春:吉林人民出版社，1988）
及其姊妹篇《周易象數——古代中國的世界機制》皆具創發性。參
考京林＜《周易》研究的新進展＞，刊於《哲學研究》1989 年第
5 期。黎子耀＜包山竹簡楚先祖名與《周易》的關係＞（在《杭州大
學學報》第 19 卷第 2 期，1989 年 6 月）之類文章亦具啟發性，先
閱整理小組＜包山二號楚墓竹簡概述＞（在《文物》1988 年第 5
期）。科學與史學以外，有謝扶雅＜從基督教觀點論《周易》也新
穎，見臺北《中華文化復興月刊》第14卷第11期（1981 年 11 月），
頁 48 誤憶《易·繫辭傳上》「吉凶生大業」為「吉凶成大業」。
參考徐志銳《周易大傳新注》（濟南：齊魯書社，1986），頁
439；高亨《周易大傳今注》（同上，1979），頁 539。

⑱ 鍾肇鵬＜《文化與哲學》評介＞（在《哲學研究》1989 年第 6 期）
活用此語構責備某些同胞：「知外而不知中，謂之自棄；知中而不
知外，謂之自固；不知古今中外而狂言放論，謂之瞽說。」西哲康
德倡「直覺無理性指導則盲瞽」。對現代事物可用直覺感受，對古
昔事物則須理性分析。《文化與哲學》乃張岱年 1983～87 年文章
四十篇。

⑲ Herbert Marcuse, *One-Dimensional Man*. Boston: Beacon
Press, 1964. 中譯本名《單面人》（長沙：湖南人民出版社）或
《單向度的人》（重慶出版社，上海譯文出版社）。

⑳ 同⑮。

㉑ 參考高瑞泉＜論中西近代意志主義的異同＞，在《哲學研究》1989
年第 6 期。

㉒ 《別》卷 5＜詩＞。

㉓ 《習學記言》卷 7＜周禮＞。《孟子·滕文公上》：「夫物之不齊，
物之情也。」

㉔ 同上，卷 16 。參閱王健＜簡論朱熹理氣思想的認識論構架＞，在
《哲學研究》1989 年第 5 期。

㉕　《別》卷 7＜皇極＞。參考蔣善國《尚書綜述》(上海古籍出版社，1988 )。

㉖　《別》卷 5＜總義＞。

㉗　《別》卷 7＜大學＞。

㉘　《別》卷 15＜終論七＞。

㉙　《習學記言》卷 43 。

㉚　宜閱閻步克＜士大夫與官僚制＞，在知識份子文叢之一：《現代社會與知識分子》(瀋陽：遼寧人民出版社，1989 年 1 月)。

㉛　詳見魏明、尹協理《王通論》(北京：中國社會科學出版社，1984 )。

㉜　《別》卷 10 ＜息虛論二：待時＞。「虛」意見上文：「待時之虛論，其誤天下國家審矣。」＜息虛論一：親征＞斥書生謬論「天子所在，兵無不勝」。難怪兩息虛論下面就是＜實謀＞了。

㉝　參看船山學社等編《王船山學術思想討論集》(長沙：湖南人民出版社，1984 )及涂光社《勢與中國藝術》(北京：中國人民大學出版社，1990 )

㉞　《習學記言》卷 14 。

㉟　同上，卷 47 。

㊱　《文》卷 17＜陳叔向墓誌銘＞。

㊲　嚴羽《滄浪詩話・詩辨》：「有透徹之悟，有但得一知半解之悟。」參考福建師範大學《嚴羽學術研究論文選》(廈門：鷺江出版社，1987 )。

㊳　《別》卷 12＜法度總論一＞。

㊴　《文》卷 29＜題姚令威《西溪集》＞。

㊵　《文》卷 29 。參考申美子《朱子詩中的思想研究》(臺北：文史哲出版社，1988 )。

㊶　《文》卷 15＜彭子復墓志銘＞。

㊷　《文》卷 21＜寶謨閣待制知隆興府徐公墓誌銘＞。

㊸　《文》卷 14＜徐德操墓志銘＞。

㊹　同上，＜陳彥群墓志銘＞。

㊺　同上，＜參議朝奉大夫宋公墓誌銘＞。

㊻　《文》卷 22 <林德秀墓誌銘>。

㊼　《文》卷 27 <寄王正言書>。

㊽　同上。

㊾　同㊼，<答少詹書>。此段可能感染王守仁《傳習錄》。

㊿　同㊼，<答吳明輔書>。

<br>

⑤　《別》卷 6 <老子>。同卷<莊子>亦言「莊周之書，禍大而長存。」

⑤　參閱楊愼之，黃麗鏞編《魏源思想研究》（長沙：湖南人民出版社，
　　1987 ），尤其是末篇—— 李瑚<讀《魏源集》札記>。此書頁 3
　　誤和坤爲和坤。

⑤　見魏源<古微堂外集・《孫子集注》序>。湖南省魏源詩文注釋組
　　《魏源詩文選註》（長沙：湖南人民出版社，1979 ）頁 147 謬解
　　春秋末年楚國勇士熊宜僚善用泥丸打仗，其實他玩泥丸雜技出神入
　　化，令雙方兵士忘記打仗。他以智取而非賴蠻力。

⑤　《古微堂內集・治篇五》。

⑤　《古微堂內集・治篇九》。

⑤　《古微堂內集・治篇十四》。

⑤　同上。

⑤　同⑤。

⑤　唐力權《周易與懷德海之間：場有哲學序論》（臺北：黎明文化事
　　業公司，1989 ）第四章<仁性關懷與匠心匹識>。

⑥　唐著第八章<理性道術、契印型態與文明格局>。「型」應作「形」。
　　頁 368「徧重」應用「偏重」，頁 390 Popper （英國猶太裔）應
　　爲美國哲人 Stephen Pepper。

⑥　唐著第二章<異隔、同獨與同融：意識心與曼陀羅智>。

⑥　《文》卷 10 <留耕堂記>。

⑥　《文》卷 6 <超然堂>。

⑥　《文》卷 10 <敬亭後記>。上文云：「程氏誨學者必以敬爲始，
　　故思叔（河南張氏）曰：敬則實，實則虛，虛則無事矣。」

⑥　《文》卷 29 <陳子淵等字說>。

⑥　《文》卷 27 <戴少望書>。

㉗ 同上。

㉘ 《文》卷 6 ＜馮公嶺＞。

㉙ 同上，＜中塘梅林天下之盛也聊伸鄙述啓好游者＞。結語笑「林逋
與何遜，賦詠徒區區」。

㉚ 《文》卷 7 ＜送徐洞清秀才入道＞。

㉛ 《文》卷 29 ＜題畫婆須密女＞。

㉜ 同上＜呂子陽（皓）老子支離說＞。

㉝ 同上。

㉞ 《文》卷 25 ＜戴佛墓誌銘＞。

㉟ 《文》卷 7 ＜潘廣度＞。

㊱ 同上，＜丁氏東嶼書房＞。

㊲ 同上，＜贈祈雨妙闍黎＞。

㊳ 《文》卷 8 ＜對讀文選杜詩成四絕句＞。

㊴ 同㉟，＜林處士挽詞＞。

㊵ 《文》卷 9 ＜覺齋記＞。參考同卷＜李氏中州記＞。

㊶ 葉適也曾欣賞佛典。《文》卷 29 ＜題張君所注佛書＞云：「黃巖
張士特，示余注《心經》、《金剛》、《圓覺》、《楞嚴》、《四
十二章〔經〕》及《標題、節注》、《經律糾異》等皆備。昔余在
荊州，無吏責，讀浮屠書盡數千卷。於其義類，粗若該（賅）涉。
……至於要言微趣，……（張君）往往迎刃冰解，則多自得之矣。
按《四十二章》，質略淺俗，是時天竺未測漢事，採摘大意，頗用
華言以復命，非浮屠氏本書也。大西戎避阻，無有禮義忠信之教。
彼浮屠者，直以人身喜怒哀樂之間，披析解剝，別其眞妄，究其終
始，爲聖狂賢不肖之分，蓋世外奇偉廣博之論也，與中國之學皎然
殊異。……世之儒者，不知其淺深，猥欲強爲攘斥，然反以中國之
學佐佑異端，而曰吾能自信不惑者，其於道鮮矣。」

# 明初詩哲高啓與三教

　　高啟（1336-74）字季迪，號青丘子，長洲（吳郡）人，與楊基、張羽、徐賁合稱初明四傑，匹配初唐四傑王勃、楊炯、盧照鄰、駱賓王。高氏像儒家尊崇堯舜道：「我生不願六國印，但願耕種二頃田；田中讀書慕堯舜，坐待四海昇平年；卻愁爲農亦良苦，近歲征役相煩煎。」❶他的高貴情操，同情農民疾苦。《孔子家語》謂子路向孔子辭行，孔子問他要車抑或要言，子路選言。高啟詩云：「別淚紛紛逐斷猿，貧交無贈只多言。」❷可見他活用孔子軼事。孔子愛讀《易》，高季廸對《易》關注而未研究；如用乾卦初九潛龍意作＜野潛稿序＞，向晉陵徐君說：「聞君素善《易》，於隨時潛、隱之義，必自有以審之矣。」❸韓愈以孟軻自任，高啟云：「自古南荒竄逐過，佞臣元（原）少直臣多；官來瀧吏休相誚，天要潮人識孟軻。」❹青丘子聯想孟子與韓愈，感覺命運安排韓昌黎遠赴粵東宣揚孔孟。至於荀子，高啟嘗徵引其《儒效》篇：「相高下、視墝（瘠瘠）肥、序五種，君子不如農人；〔通財貨〕相美惡、辨貴賤，君子不如買人；設規矩、陳繩墨、便器用，君子不如工人；不恤是非然不然之情，以相薦拔（撟），以相恥怍，君子不如（若）惠施、鄧析。」❺然後强調唯獨儒家能夠實踐仁義，使上尊下親、內修外服，所以儒非迂。金華浦江縣鄭文嗣十世同居二百多年，家人一錢尺帛不私，勝於唐太宗親訪九世同堂相忍的張公藝。高啟讚云：「人生

有同氣，胡忍自戕傷？……十世一門戶，百身一肝腸。囊無私藏錢，釜有同炊糧。問男何所爲，讀書講虞唐（堯）；問女何所爲，鳴雞織流黃。……何須雞哺狗，家昌乃眞祥。眞祥由德生，天心果何常！」❻德生祥，乃儒門信念。1989年7月，福建福清縣，八個牧牛少女求生死草籤得死籤，竟謬信天心註定自己夭折，遂用牽牛大繩串連，全體投水溺斃。青丘子身後615年，華東愚民仍未曉得眞祥由德生❼！

　　道德以忠孝爲主。高啓欣賞摯友王常宗應召修《元史》後回鄉奉母，褒揚爲忠孝兩全云：「蓋養雖常宗之志，歸則朝廷之賜；蒙上賜而爲親歡，樂孰甚焉？名堂以示不忘，忠孝之義在矣。」❽孔孟辨義利，青丘子說：「人惟喩利而不喩義，故有君臣、父子之相叛。……夫爲人臣者，患忠之不至，不患君之不知；爲人子者，患孝之不純，而不患親之不察。使不幸而爲商〔鞅〕、〔文〕種、白起、孝己、伯奇，則亦將瞑目長逝而無愧矣，復何求哉？」❾借康德的術語說，忠孝乃定然律令，不應計較君父對我的態度，甚至慘遭殺戮亦無遺憾。今天看來，高啓似傾向愚忠盲孝。然而行善不望報答的原則是正確的。高氏慨嘆：「夫施德於人而不責報者，非世所謂難能者歟？然急利者之所難，而有道者之所易也。蓋人雖不能報，而天必報之矣。故責於人者不得於天，得於天者不責於人；責於人者有得有不得，責於天則無所不得也。且天之報人，雖若茫昧，然不可以朝夕需；苟行之不怠以俟之，則其所得較之於人者不啻多矣！」❿青丘子鑑於醫師龔惟德品學兼優，三代均下孝上慈，家道雍豫，乃有道者而非急利者，故獲命運報酬。另一位良醫幾代積善，百姓「相率非其藥不食，

子不迎以視其親曰不孝，弟不迎以視其兄曰不悌；凡長者不迎以
視其卑幼曰不慈，而病者不白迎以視己曰不智。雖失療以死不悔」
❶。這兩醫聖比扁鵲、華陀幸福。

　　夫婦關係類比於君臣和父子關係：「婦之死節，猶臣子之死
忠孝，分也。」❷分就是義務。高啟區分臣僚爲四類❸：

　　㈠社稷之臣：忠盡孚於上下，威望加於內外。敵國聞之而不
敢謀，姦宄畏之而不敢發。正色立朝，招之不來而麾之不去。若
漢汲黯、吳張昭、唐郭子儀是也。

　　㈡腹心之臣：識足以達天下之機，略足以濟天下之業。從容
帷幄，謀成而群臣不知，計定而將軍不聞。若漢〔張〕良、〔陳〕
平、魏荀彧、秦王猛是也。

　　㈢諫諍之臣：匡君之非而納君於善，不阿順以取容，不迎合
以求悅。正言不迴，觸犯忌諱、雷霆發於上而不驚，鼎鑊具於前
而不顧。若唐魏徵、褚遂良、張九齡是也。

　　㈣執法之臣：直道而行，不憚權貴。逢奸必舉，遇惡必擊。
使豺狼狐狸屏（摒）息而不敢動。若漢王章、蓋寬饒、唐宋璟是
也。

　　青丘子總括四者的主要德操依次爲忠、智、直、剛，主要功
能順序是抗大難、圖大功、格大過、除大奸。我們須知此四項中，
僅圖功屬積極面，其餘抗難、格過和除奸都屬消極面。君王駕馭
四臣的方法，依次是「尊以禮」「推以誠」「納以寬」「假以威」。
顯然高啟的論著，以＜四臣論＞和＜威愛論＞最佳。後者主張恩
威並施云：

愛勝則姑息，威勝則嚴明。……三代之兵也出於民，居則
習其政教而知義，出則聞其節制而知法。皆有尊君死上
（為上而死）之心，赴公戰如報私仇者，抑且有所謂孥戮
之刑，弗勗之戒焉。……愛其子者，賊其子；殺其軍者，
全其軍。設使兩軍勇怯相若，一樂其將之寬，一畏其將之
嚴；卒（猝）然遇於原野之間，援枹鼓之，則嚴者莫不奮
戈而爭前，而寬者或有一二遁矣。何則？彼恃愛之而不殺
也。故有威則怯者勇，無威則勇者怯。且立威者，非欲其
若楊素之求人之過而殺之也，亦曰令之嚴而罰之果，不為
煦煦姑息之計耳！……專愛則褻，褻則怠；專威則急，急
則怨。……愛非威恩不加，威非愛勢不固。

此非純儒學說，而雜糅法家和兵家思想，尤其是他曾提及的孫武
❹與商鞅。高啟詠商君云：「徒誇闢戟儀華軒，渭水何能洗衆寃？
想到出亡無舍日，應思不用趙良言。」❺趙良勸他歸隱，他仍醉
心令血染渭水的嚴酷法律。靑丘子中肯指出：「鞅、（范）睢之相秦也，
其罪同，其禍則異，何哉？受諫、不受諫也。……睢聞蔡澤之言，
則謝病而歸，卒完首領（身軀）；鞅……則貪商、於之富，寵秦
國之政……，卒受車裂之慘。」❻可憐高啟非法家，三十九歲壯
年卽受朱元璋判決腰斬酷刑，結局同於法家李斯！高氏旣拒張士
誠之聘，也應逃遁明太祖的文網。唯願他多些道家精神吧！

　　靑丘子敬仰范仲淹。姑蘇（今蘇州）有三賢堂，原名思賢亭，
祭祀韋應物、白居易、劉禹錫三刺史；後來洪遵添增王仲舒、范
仲淹雕塑，恢復本名❼。一說凝香堂有韋王白劉范五賢像❽。高

季廸詠范希文云：「開閣陳書對御筵，共言天子得時賢；才陪上相趨廷內，遽撫豪羌出塞邊。松柏自依先隴廟，稻禾猶滿義莊田；古來直道難終合，何必深嗟慶曆年？」⓳這概括了范氏畢生事功，特別是慶曆新政。高氏<瞻松亭銘>序云：「范文正公書院，有公手植二松在焉。十世孫孟奎，作亭其旁，名曰瞻松，以識追慕之意。」⓴<跋徐氏族譜後>引其鄉先正范氏言：「族之人雖有親疏，自祖宗視之，則皆子孫也。」高啓闡述范仲淹「為執政日，買田以瞻其族，今所謂義莊，……（吳邑徐氏）良輔亦嘗遊觀而興慕哉」㉑！但是高啓不管范仲淹啓廸張載。

　　對於宋元儒學，高青丘描繪僧友時涉及：「衍師本儒生，…挾册誦周（敦頤）邵（雍）。」㉒<靜得齋銘>序云：「婁東沈仲益氏，以靜得名其藏修之室，取程（顥）夫子語也。」此銘結合儒道哲學：「虛哉靈府！其體本靜。外觸未形，山止水定。誘物而動，熾情乃生。喜怒愛惡，與哀懼幷。紛紜攪攘，厥宰斯喪。如驚駟奔，孰制其放？維彼君子，能操使存。養其真靜，為動之根。周流汎觀，忘己與物。萬生芸芸，莫不自得。詠歸於雩，嗟逝在川。去聖雖遠，微言尚傳。沈君齋居，從事於此。願言誰師？子程伯子（淳）。」㉓孔子嚮往浴沂風雩詠歸的自然化境，曾驚嘆河水長流不息；莊周首倡「靈府」「真宰」「自得」及忘我；周子以靜為動根。高啓追悼王允中云：「閩（一作關）洛遺風在，河汾舊業傳。」㉔元儒金履祥指導孟長文，孟氏教導王允中於天台山，王允中之子王彝（常宗）乃高啓友朋。高氏仰慕宋代丞相虞允文的五世孫虞集，《元史》謂虞集「日取經史中切心德治道者，陳進經筵；凡承顧問，必隨事規諫；……其論薦人材，必先

器識。」靑丘子必以范仲淹爲社稷之臣、虞允文爲腹心之臣、虞集爲諫諍之臣了。高啟＜題虞文靖（集）公書所賦鶴巢詩後＞云：「玉堂罷直鬢如絲，華蓋岡頭戴笠時；丁令去來滄海變，人間零落＜鶴巢＞詩。」❷⑤這未留意虞集的儒學，但是隱含吳澄、虞集的師徒關係。

　　老子說谷神不死、知足不辱，高啟云：「去者已如灰，來者猶似蟻；不解養谷神，紛紛自生死。」❷⑥「我師老子言，知足故不辱。」❷⑦傳說老子門人文子教導范蠡。高氏說顧式「自言吳中好，稻熟湖蟹賤；欲臥烟雨舟，醉讀＜三高傳＞」❷⑧。吳江的雪灘有三高祠，祀越范蠡、晉張翰、唐陸龜蒙。靑丘子曾謂「范蠡祠前春意動」❷⑨。《莊子》說庚桑楚偏得老子之道，高啟＜贈丘老師＞云：「平生不學燒汞方，睡視黃金等何物；滿城誰識舊庚桑，白髮人中似鶴長。」❸⓪庚桑楚與丘處機的差異，高啟不感興趣。他善用莊子語意，如謂：「烏知達人解物表，坐視大塊舟航同。……泰山亦與一塵等，何以巨細論雌雄？君今齋居那苦小，自比置芥圴堂中。將身便欲入無間，險語乍出驚愚蒙。……君行莫鼓萬里舵，天遊閉戶隨西東。何須更待積水厚，區區往問南華翁（莊周）。」❸① 「醉中相對正坐忘」❸②，「畫中無限盤礴意」❸③；「睡視軒冕浮輕埃……胸襟灑落何如哉」❸④！「自言靜裡觀萬物，故能變化窮其情」❸⑤，「世間富貴皆空虛」❸⑥。莊子＜人間世＞倡虛室生白，靑丘子＜生白室記＞云：

　　　　四明（今寧波）陳君德明悅其說，乃以「生白」名所寓之
　　　　室。……心之體本虛，有不虛者，物之窒也。物非能窒之

也，誘於物而爲之累也。故聖人教人，目不能使無視，能
勿視於邪；耳不能使無聽，能勿聽於淫；心不能使無思，
能勿思於妄而巳爾。苟三者之用，皆出於理而不私，則雖
日與物接，其外蔽交，而中之虛白若也。……誠則明之道
也，又豈務於虛寂而無爲於世者之事哉？❸⃝

此記融貫莊子和《中庸》，恰似＜靜者居記＞綜合儒道云：「身
勞於將（送）迎，其居非靜矣；而抱廉退之節，……視世之揮霍
變態倏往而倏來者，若雲烟之過目，漠然不足以動之，子謂其果
非靜者乎？蓋靜也係於人，不係於居。人能靜則無適而不靜。…
（孔子）曰仁者靜。」❸⃝＜清言室記＞引韋應物詩句「清言怡道
心」然後說：「靜者其言簡，躁者其言繁，汙者其言卑，達者其
言遠。……張君嘗學道，且究於醫，得養生之理，吐渣滓而納清
虛，厭華腴而嗜澹泊；事物之末，能爲其累者寡矣。邪穢之念不
萌於心，故煩濁之語不出於口。……予聞此邦多異人，道路塵埃
中，如魏伯陽……之倫，安知不往來其間邪？」❸⃝高氏慕悅《參
同契》作者魏伯陽，甚於喜歡虛寂無爲的佛徒。他用陶潛詩意說：
「人間不可住，混濁同腐腥；一落三十年，塵夢無由醒。稍聞方
士說，恍惚通仙靈。……太鼎生紫烟，丹成備天丁；金骨坐可蛻，
騎龍駕風霆。」❹⃝道教神話中，高啓特愛《神仙傳》中「費長房
有神術，能縮地脈，千里在目前。」遂作＜夢姊＞云：「我家白
頭姊，遠在婁水曲；昨夜夢見之，千里地誰縮？」❹⃝元代畫家黃
公望信奉融合儒佛的全眞道❹⃝，高啓說：「黃大痴，滑稽玩世人
不知。……平生好飲復好畫，醉後灑墨秋淋漓。嘗爲弟子李少翁，

貌得華山絕頂之天池。乃知別有縮地術，坐移勝景來書帷。身騎黃鵠去未遠，縞素飄落流塵緇。……池生碧蓮花，千葉光陸離；服食可騰化，遊空駕雲螭。……尋眞羽客不肯一相顧，卻借釋子（佛徒）營茅茨。」❹道教有卅六洞天，高季廸云：「金華秀出向東南，遠勝陽明（第十洞天）與句曲（第八洞天）。樓台縹緲開烟霞，天帝賜與神仙家。……子房（張良）之師赤松子，三千年前亦居此。……群羊臥地散如石，老鹿耕田馴似牛。聞有隱君子，乃是學仙者。……樵夫忽見苦未識，只疑便是黃初平。嗟我胡爲在塵網，遠望高峯若天壤。」❹黃初平就是傳說叱石成羊的黃大仙。靑丘子又云：「瑤草春已生，便入金華行。道逢牧羊兒，疑是黃初平。從此西遊楚江水，……一日看山一千里。……麻姑壇上數落花，堯女祠前薦芳藻。……幸逢盛世道路平，五嶽尋眞皆可適。……仙書探得金匱空，歸來……一笑吳門東。」❹高氏雖豪邁主張「能遊即稱達，何須問愚賢」❹！然而僅遊歷華東，如太湖的林屋洞天。〈洞庭山〉表現道教熱忱：「勿言神仙事恍惚，靈蹟具在良非誣；……久欲尋眞未能去，局束世故緣妻孥。……此身願作仙家奴，不知仙人肯許無？」❹《神仙傳》述東漢王遠（方平）與蔡經成仙，吳縣尙存蔡仙鄉。靑丘子說：「崑崙主者王方平，身騎黃麟朝紫京。……暫來（蔡）經家駐雲程，……授以至言可長生，凡骨已作蟬蛻輕。麻姑來會尋仙盟，芳姿娉婷似飛琼。……（凡夫）丹元有田不解耕，但愛狗苟還蠅營。……金丹可學道可成，木鑽石盤貴精誠。」❹據陶弘景《眞誥》，老君吩咐傅先生以木鑽穿透五尺厚的巨石，傅氏費四十七年穿石，始獲仙丹升天。高啟不但相信精誠感頑石，而且迷信藥刀的特異

功能「特爲醫仙起人死」❹。起死回生不足夠，最好追求白雲鄉而「高攀天根探月窟」❺；「誰知一幅春雲煖，即是溫柔堆老鄉」❺。但是他又說過「求仙事亦虛」❺，「來去聊隨大化遷」❺，「未能避俗還依俗」❺；「始悟喧中寂，詎必逃空虛」❺；對於隱居，他採取莊子態度說：「雉不隱其文，故麗（黏附）於羅；豹不藏其斑，故陷於穽。古之君子，遭時否塞，欲求免乎世者，往往變匿其名以自雜於賤技之間。若陳留老父、漢陰丈人之流；……身名俱隱者上也，身隱而名著者下矣。」❺高氏身名俱不隱。

　　一般文人喜閱《維摩詰經》，不會錯過散花天女所謂：「結習未盡，故花著身；結習盡者，花不著身。」青丘子的典型佛教詩是：「慈雲起靈山，虛空寶花雨；遙從天女手，零亂飄香曙。香滋淨沼蓮，影拂祇園樹。高僧結習銷，衣上留不住；唯隨一葦風，飛渡江南去。」❺高僧起碼是消泯習氣的菩薩，一葦渡江者乃達摩禪師。達摩以《楞伽經》印心，高季廸說：「《楞伽》義未曉，塵累方自恥。」❺此經謂「度百千劫，猶如彈指。」青丘子云：「夢幻功名有時有，……淨洗從前千劫垢。」❺他視遊覽爲前世習氣說：「前身似是雲水僧，餘習愛覓名山登。」❻他又似視創作爲習氣：

　　訢公昔年住寶坊，龍象蹴踏騰毫芒。裰裟曾侍玉座傍，萬眾闤（環）聽講《仁王》（經）……西歸葱嶺今幾霜？鉢傳曇師道彌昌。……上人繼吐三藏芳，衲中長繫摩尼（寶珠）著。人閒萬念俱已忘，獨好游戲談文章。……詩藏金磬韻尚揚，清才未必慚支（遁）湯（惠休）。……道場乃在雲水

鄉，碧瀾堂（杜牧所建）前去路長。……好說千偈恢禪綱，
麾斥佛祖誰敢當？……❻

詩人偏愛呵佛罵祖的警策。道場所在「雲水鄉」結合兩詞——道
教「白雲鄉」和佛教「雲水僧」。意象豐盈的《華嚴經》云：
「金輪水際，外有風輪。」《樓炭經》說：「地深九億萬里，第
四是地輪，第五水輪，第六風輪。」高啟遂云：「風輪晝夜不停
轉，元氣下載浮鴻濛。」❼
　　維摩居士展示的病痛是虛假的，高啟的眼病卻真。〈病目〉
云：「閉目洗黃連，深窗坐兀然；未忘聽鳥興，暫絕看花緣。…
願因無見處，得證定心禪。」❽ 須知「法意休多問，無言即是禪。」
❾ 佛徒王維（摩詰）的〈袁安臥雪圖〉乃深刻無言詩，高青丘激
賞「圖開雪裡蕉」❺。李商隱詩云：「維摩一室雖多病，亦要天
花作道場。」高氏謂「聽處若迷空色相，應須愁殺病維摩」❻。
迷執似魔龍肆虐，王維詩期待「安禪制毒龍」，正如劉禹錫詩
「獨向昭潭制惡龍」，同說禪宗降伏其心。高啟加上楊衒之《洛
陽伽藍記》佛陀曬袈裟故事云：「高堂鐘鼓毒龍驚，曾布袈裟海
上城。」❼ 我不認為青丘子真信海龍王興風雨弄濕釋迦衣裳。
《傳燈錄》載大珠慧海禪師說：「起心是天魔，不起心是陰魔，
或起或不起是煩惱魔，我正法中無如是事。」高啟用此意道：
「別後有思還是妄，空中無想不成魔。」❽ 進一步透視真俗二諦
說：「道心深悟俱浮幻，不奈詩名滿世傳。」❾
　　竺道生在虎丘山說法，傳說頑石點頭。高啟兩首〈生公講台〉
云：「鳥銜天花飛，講罷空山寂；惆悵解談禪，人那不如石！」

「石立空山豈有情？當年解聽說無生；高僧去後天花盡，只有閒雲閉月明。」❼⓿佛徒蘇軾喜繪竹石，高啟熱愛蘇軾作品,反省道：「余始不欲與佛者遊，嘗讀東坡所作＜勤上人詩序＞，見其稱勤之賢曰：『使勤得列於士大夫之間，必不負歐陽公（修）。』余於是悲士大夫之風壞已久，而喜佛者之有可與遊者。……佛之道貴靜而無私。」❼❶《冷齋夜話》記敘一段趣事，表示東坡比較道生詼諧：

> 子瞻邀劉器之參玉版和尚，至簾景寺燒筍食之。器之覺筍殊勝，問「何名？」子瞻曰：「玉板也。此老師善說法，要令君得禪悅之味。」器之始悟其戲。

《五燈會元》載僧問谷泉禪師：「未審客來將何祗待？」谷泉答：「雲門糊餅趙州茶。」青丘子消化此兩事云：「林下本來參玉版，不須更羨趙州茶。」❼❷南宋嚴羽《滄浪詩話》堆稱佛教美學，高啟說：「昔人有以禪喻詩，其要又在於悟，圓轉透徹，不涉有無言說所不能宣，意匠所不可搆。」❼❸然而高氏＜靜學齋銘＞批判佛教云：「凡人之心，本寂而虛；……如鑑漠然，有來必酢；豈彼幻徒，冥默無作！」❼❹

# 註　釋

❶ 清代金檀輯注、現代徐澄宇、沈北宗校點《高青丘集》（以下簡為《高》，上海古籍出版社，1985）卷8＜練圻老人農隱＞。卷1＜將進酒＞亦云：「君不見，揚子雲（雄），三世執戟徒工文，得失如今兩何有？勸君相逢且相壽。試看六印（蘇秦所持）盡垂腰（楊僕三組垂腰），何似一卮長在手。……酒中有趣世不識，但好富貴忘其真。……地下應無酒壚處，何苦寂寞孤平生！」卷13＜答胡博士留別二十韻＞謂「但欲醉成仙」。

❷ 《高》卷17＜送賈麟歸江上＞。

❸ 《高》，《鳧藻集》卷2。

❹ 《高》卷17＜讀史二十二首·王猛＞。

❺ 《高》，《鳧藻集》卷3＜送浙江省掾某序＞。

❻ 《高》卷7＜浦江鄭氏義門＞。

❼ 大陸數少女觀日本電視片集，羨慕誇張的東洋富貴，於是痛感命苦而自殺，亦不懂德生祥。

❽ 《高》，《鳧藻集》卷1＜歸養堂記＞，同卷有＜安晚堂記＞亦倡安老。

❾ 《高》，《鳧藻集》卷5＜擬劉封答孟達書＞。

❿ 《高》，《鳧藻集》卷3＜贈醫師龔惟德序＞。

⓫ 同上，＜贈王醫師序＞。

⓬ 《高》，《鳧藻集》卷4＜梅節婦傳＞；卷2有＜元史列女傳序＞。

⓭ 詳見《鳧藻集》卷1＜四臣論＞，同卷有＜威愛論＞。

⓮ 《高》卷18＜二喬＞云：「懶誦＜周南＞淑女詩，＜龍韜＞對閱晚妝遲。孫郎料得非孫子，不肯臨戎戮二姬。」＜龍韜＞乃《六韜》之一，假托姜太公作。

⓯ 《高》卷17＜讀史二十二首·商鞅＞。

⓰ 《高》，《鳧藻集》卷4＜評史·商鞅范睢＞。

⓱ 見《高》卷5＜三賢堂＞序引《姑蘇志》。

❸ 見《高》卷 12 ＜錢塘送馬使君之吳中＞注引《蘇州宦蹟志》。韋
　應物＜郡齋燕集＞詩云：「兵衞森畫戟，燕寢凝清香。」吳中視韋
　應物爲詩仙，《高》卷 18 ＜讀韋蘇州詩＞云：「客憂何物能消遣，
　一帙蘇州刺史詩。」

❹ 《高》卷 14 ＜范文正公祠＞。原注：「在天平山，公祖父冢在祠
　前，乃置義莊在山下，子孫至今守之。」

❹ 《高》，《鳬藻集》卷 4 。銘云：「維昔魏公，天實挺生。」

❹ 同上，＜跋＞。

❹ 《高》卷 5 ＜答衍師見贈＞。

❹ 同❹。

❹ 《高》卷 13 ＜追挽恭孝先生二首＞。

❹ 《高》卷 17 。《撫州志》云：「宋末望氣者言：華蓋、臨川二山
　間，當產異人。已而吳澄出。文靖，崇仁（縣）人，受業草廬（吳
　澄）。」王禕＜虞先生戴笠圖贊＞云：「猗文靖公，靑城山樵，繼
　百年之學術，擅一代之文豪。」《高》附錄王益＜姑蘇雜詠書後＞
　引吳澄云：「詩者，譬如釀花之蜂，必渣滓盡化，芳潤融液，而後
　貯於脾者皆成蜜；又如食葉之蠶，必內養旣熟，通身明瑩，而後吐
　於口者皆成絲。」王益用此意讚高啓詩。

❹ 《高》卷 5 ＜乘魚橋＞。＜高靑丘集遺詩・次紫城韻寄西夢道人＞
　云：「欲從關尹問靑牛」。

❹ 《高》卷 7 ＜效樂天＞。

❹ 《高》卷 7 ＜送顧式歸吳＞。

❹ 《高》卷 15 ＜江上晚眺懷王著作＞。

❹ 《高》卷 9 。

❹ 同上，＜芥舟詩爲陳太常賦＞。

❹ 《高》卷 10 ＜立秋前三日，過周南（正道）飲，雷雨大作，醉後
　走筆書壁間＞。

❹ 《高》卷 8 ＜謝陳山人惟寅贈其故弟長司惟允所畫山水＞。

❹ 《高》卷 11 ＜余未有嗣，雪海道人以張仙畫像見贈，蓋蘇老泉嘗
　禱而得二子者，予感其意，因賦詩以謝＞。

㉟ 《高》卷 8 <草書歌贈張宣>。

㊱ 《高》卷 8 <兵後逢張孝廉醇>。

㊲ 《高》，《鳧藻集》卷 1。

㊳ 同上。

㊴ 同上。

㊵ 《高》卷 4 <蕭鍊師鷹窠頂丹房>。鷹窠山在海鹽縣南。

㊶ 《高》卷 7。

㊷ 參考常熟市文聯編《黃公望研究文集》（常熟：江蘇美術出版社，1987），頁 87「陸靜修」應作「陸修靜」。

㊸ 《高》卷 11 <題黃大痴天池石壁圖>。此天池在吳之華山，非西嶽華山。

㊸ 《高》卷 11 <贈金華隱者>。兼看卷 8 <煮石山房爲金華葉山人賦>。

㊺ 《高》卷 11 <題滕用衡所藏山水圖>。

㊻ 《高》卷 5 <與客攜樂遊寶積山，遂泛石湖>。石湖在吳縣、吳江之間，有茶磨諸峯，相傳范蠡由此入五湖。卷 14 <謁甫里祠>談及唐代水神（水仙柳毅）的祠廟。

㊼ 《高》卷 9。自注云：「闔閭使靈威丈人入探，得禹所藏治水符并不死方。其中有銀房、石室并白芝、紫泉。」詩中提及王母向漢武帝出示的五嶽眞形圖。

㊽ 《高》卷 9 <蔡經宅>。韓愈 <送窮文>：「蠅營狗苟，驅去復還。」

㊾ 《高》卷 11 <贈劉生歌>。

㊿ 《高》卷 11 <青丘子歌>。

51 《高》卷 9 <謝友人惠兜羅被歌>，被用棉造。

52 《高》卷 12 <賦得銅人贈醫士>。

53 《高》卷 14 <別江上故居>。

54 《高》卷 15 <遷城南新居>。

55 《高》，遺詩 <酬張員外宿省中東齋之作>。

56 《高》，《鳧藻集》卷 4 <杏林叟傳>。卷 5 <澄江懶漁說>亦以莊子語氣云：「吾終日漁而子以爲未嘗漁，惑哉！《詩》《書》，

吾漁之具也；群聖人之學，吾漁之地也；義理之潛，道德之腴，吾漁之所得也。」

(57) ≪高≫卷4＜賦得法華雨，送惠上人歸江上＞。

(58) ≪高≫卷5＜楞伽寺＞。此寺在楞伽山，有七級塔。

(59) ≪高≫卷8＜九日與客登虎丘，至夕放舟過天平山＞。

(60) ≪高≫卷8＜期張校理、王著作徐記室遊虎阜＞。

(61) ≪高≫卷9＜送証上人住持道場＞。訢公乃蒲室禪師大訢，字笑隱。≪傳燈錄≫載神話：「達摩葬熊耳山，……其年魏使宋雲葱嶺回，見祖手攜隻履，翩翩而逝。」高啓比支遁更愛鶴，≪高≫卷 14 ，有＜遊南峯寺有支遁放鶴亭＞。

(62) 同㉛。

(63) ≪高≫卷12 。

(64) 同上，＜送僧恬隱靈隱（禪寺）＞。

(65) ≪高≫卷13＜樂圃＞三首之二。

(66) ≪高≫卷14＜夜聞吳女誦經＞。

(67) ≪高≫卷15＜次韻靈隱，復見心長老見寄，兼簡泐禪師＞。

(68) ≪高≫卷15＜雲巖訪蟾公，值雨留宿，次周記室壁間韻＞。

(69) ≪高≫卷15＜送衍師還相川＞。

(70) 先後在≪高≫卷16 ，18 。

(71) ≪高≫，≪鳧藻集≫卷3＜送虛白上人序＞。

(72) ≪高≫卷15＜廉上人水竹居＞。

(73) ≪高≫，≪鳧藻集≫卷2＜獨菴集序＞。此集作者乃衍（斯道）上人。

(74) ≪高≫，≪鳧藻集≫卷4。

# 附：海南詩人王佐

「山屐踏殘椰子雨，野筵開趁荔枝天。」（王佐《爲東皋詩社題》），這兩句已表現丘浚門人王佐青出於藍。依據八六年南寧的廣西人民出版社《王桐鄉詩三百首》，廣州廣東民族學院韓林元先生在編注《後記》云：「王桐鄉（1420—1505）名佐，字汝學，明代海南島臨高縣蠶村（今名透灘村）人，以其鄉多產刺桐，號桐鄉。……生於僻壤寒門，爲豪閥世家所排擠，屢試不第。」但是他究竟在廣東、福建、江西做官廿餘年，始失意歸隱瓊山府。島民紀念他清廉得僅有三間破茅屋，在海口市關廣坊築「西天廟」，因爲臨高位於島西。古裝瓊劇《王桐鄉告御狀》，謳歌他爲民請命。明淸海南「四絕」指丘浚「讀絕」、海瑞「忠絕」、王佐「吟絕」以及淸代書法家張岳崧「寫絕」。王佐在儒道兩家之間，《觀太極圖》詩發揮朱子「月印萬川」說：「一輪明月浩無邊，落影千川處處圓；在地有川皆是月，月輪原自不離天。」須知周敦頤《太極圖說》的靈感得於湖南道縣城西的月岩洞，詳見何孟仰《月岩洞的三個「月亮」》（刊於《旅遊》86 年第六期）。唐代詩哲元結（次山）任道州刺史時，特訪覽月岩「一洞三月」奇景。明朝徐弘祖（霞客）亦曾夜宿該洞。朱子謚號文公，王佐詩《文公武夷精舍前天柱峰》憶念朱熹：「舟入仙源第五重，紫陽書舍翠薇中；古今不逐桑田變，知有前山對此翁。」桐鄉以純儒態度否定秦始皇道：「生前遺熏（臭名）萬

千古，不待沙丘混鮑魚。」（《咏史八首之二》，韓氏誤解鮑魚
爲厚殼海珍，不知李斯命令用鹹魚掩始皇屍臭。韓氏又武斷王佐屬
壯族。）儒家重德，王佐慨嘆德貌難兼云：「岩桂清香無美色，
海棠色美少清香。我憐王粲侵時貌，誰惜楊妃醉晚妝。七里園林
醒蝶夢，五更風雨斷鶯腸。詞人怪得千般恨，二美難並世所傷。」
（《二花嘆》）他寫《海外四逐客》追悼李綱、趙鼎、胡銓、李
光，《茉莉軒》和《澹庵井》緬懷胡銓。《咏史八首・李衞公德
裕》更謂「但使君（帝王）心合君子，不須憎李自憎牛(僧孺)。」
《寫懷用慰失水者》結語「《西銘》訓在曾知否，四海同胞盡可
恩」流露民胞物與的張載理想，《盧相多遜》與《含笑花二首》
分斥貶謫海南的宋代奸相盧多遜與丁謂。《題「載酒堂」（東坡
祠）二首》讚得中肯：「過化眞誠孚草木，人心猶自惜恍榔（儋
州城東南東坡故宅）。」桐鄉另撰多詩頌揚文昌人邢宥、林處士
和瓊山人丘浚、沙文遠、馮源、唐必周、陳文徽。壯年道家情調
表現於《南昌劉民愚溪》：「鷗外消沉智巧機，水光雲彩淡相宜；
閒來曾過愚公谷、莫有漁樵問答詩。」他終寄情於自然界，比高
啓長壽達四十七載。

# 王愼中之哲思

福建晉江（今泉州）王愼中（字道思，號遵巖，1509 — 59）十分自負，認爲摯友唐順之僅得他的「緒餘」❶。荆川卻賞譽他爲明代的歐陽修❷。王氏乃散文家而非思想家，哲思僅有五點：

一　孔學變質爲俗與禪：

> 學術不出於孔氏之宗，失其統而爲學者，其端有二：曰俗與禪。方七十子旣喪，大義已乖之後，浸尋且千年之間，士之爲學者病於俗耳。最後乃有釋氏之學。蕭梁以來，溯祖爲宗，其說寖盛。學爲士而溺於禪，遂多有之。心通性達，廓然外遺乎有物之累，而洞然內觀於未形之本；則孔門之所謂廣大高明，其旨亦何以異？其疑慮融釋，靈幾照灼，……自謂妙得乎姬（周公）《易》、《大雅》之微傳，常足以闚夫執器滯言之陋，以爲擬議矜綴，似而非眞，誦說詁解，多而迷始也。……然以其擺落形迹以爲無方體，捨棄文義以爲黜聰明，蕩然無復可守之矩度，而移游茫眛，徒有不可測之言，反易爲浮誕情縱者之所託，故儒者尤患之。❸

晚明東林學派嚴厲抨擊王學末流離儒入禪。顧憲成（1550 — 1612）號爲陽明三傳弟子❹而宗朱學，不自覺地發揮王愼中意

云：「厭有崇無，妄生分別，總爲性體之障耳。」❺高攀龍更慨嘆：「昔之爲佛氏者，尚援儒以重佛；今之爲儒者，於軒（捧高）佛以輕儒。」❻以易簡爲心，便入異端去矣！」❼易簡即「以致知不在格物」。顧氏反對格草木之理，高氏唱反調：

> 先生（顧氏）云：「有梅於此，花何以白？實何以酸？有桃於此，花何以紅？實何以甘？一則何以冲寒而即放？一則何以待暖而方榮？」龍謂天地間莫非陰陽五行，五行便是五色，便有五味，各自其所稟，紛然不同，固無足異。至發之先後，蓋天地間有一大元亨利貞，各物又具一元亨利貞，雜然不齊，良有以也。❽

王愼中批評易簡狂熱者擺落形迹，高氏提出健康的補救：依朱子意，格物取廣義，包含研究自然現象。可惜他仍太重實用云：「學問通不得百姓日用，便不是學問。」❾「道理原向身心上去，總是虛語。」❿高氏自身似未研究自然物理。

　　二　反對苦行

> 苦行偏節，世之所貴，而無取於君子之教。謂其事之難繼，而不通乎恆（常正）人之所同然也。……通乎天下之志而謂之可繼，非使人人能之之謂也。……中庸者，固非學者之所易及。⓫

他發揚《莊子・天下》意，否定「不近人情」的苦行。不通就是不

可能普遍化的矯激。

三　道義優先於職位：

> 有道之君子，尊己而卑官。將擇其大且顯者而後為之耶？
> 抑遁其身而終不為耶？終於不為與擇而後為，非有道之所
> 處也。……其位卑，其道尊，其所尊者有在也。……故士
> 有傲然睨（斜視）王侯公相，如九牛一毛，不足屑其一盼，
> 而殫力於一職之細；不嘗持玉寶龜之重如將不勝，道固然
> 也。❷

《孟子·盡心下》已云：「說大人而藐之，莫視之巍巍然。」因
為孟子尊「仁」為「天之尊爵」兼「人之安宅」（《公孫丑上》），
天爵與人爵（俸祿）對照。

四　道為恬而術為愉：道術並重即恬愉相濟：

> 養生之大方有道有術。道所以為恬也，術所以為愉也。恬
> 而不愉，雖志悅於內，而和不足以葆其外；愉而不恬，則
> 氣循於外，而中未有以久其存。所謂道者，非以其不私形
> 軀，與人同體，而我無所獨利之謂歟？翕合太和，導練元
> 氣，使疵癘無所薄（侵逼），而疾疹不得作；恡惜形軀，
> 如珍圭璧而寶蓍、蔡（大龜），適得於己而不可以與人。
> 術之謂是矣。山澤之蒙佝，木石之瘠枯，「呴噓呼吸，吐
> 故納新」，熊鳥引而龜蛇蟄，其術足以藏身。而漠然不以
> 物攖己，塊然株居，無滲泄之潤以及人，其道非也。如是

者永年於寂寞荒眛之墟，為木為石，而已，雖壽而不稱於世，誦法《詩》《書》，佩服仁義，思以其道同物，揭揭然以儒自命，蓋多其人矣。佔畢簡册，芳其口耳；節文聲容，束其筋骸，往往柴形而火色，其道未至而衛已疏，有稱於世而不得其壽。信乎，恬愉相養者之難也。……其道不私，而其衛有以及人，所謂恬愉相養者，非翁之謂歟？夫欲生人之生，而自不能善其生者，未有能生人者也。故翁之道由衛而通，兼是（此）二者以永年。儒者愧其衛；而山澤之癯慚其道。世之得壽而有可稱者，莫翁若也。**❸**

《莊子・刻意》云：「吹呴呼吸，吐故納新，熊經鳥申，為壽而已矣。此道（導）引之士，養形之人，彭祖壽考者之所好也。」他們能愉而未必能恬，恬必須修心。《繕性》篇倡「知與恬交相養，而和理出其性。」王慎中改造為恬愉相養，以愉代知。《莊子・在宥》譴責堯令民不恬、桀使民不愉。王氏的理想人格，既以衛令己長壽，又用道淑世，即《莊子・天下》「內聖外王」。

五　神生於誠：

所謂神者果有物哉？……昭明在上，充塞擊觸於四旁，非無物也。危困之所籲號，疾札之所請禱，忽然有接於人。其精爽翕霍而狀象彷彿，莫不神之，以為是有物焉。極危困為安樂，他疾札為生全，而崇事報享之儀，由之焉起。嗚呼！此民之所以為「不可使知之」（孔子言）也。其有接乎彼者，固其籲號迫切之專，請禱誠信之篤，自為其神

感於其心，忽然有動乎耳目；而以為有物焉，則過矣。方
其專且篤也，……唯其所為（去聲）者之存乎心，而他不
存焉。昔日之所膠擾抹鍛，滑撓其神者，一旦蕩然不存乎
心，而神為之告，豈有異物哉！然世之人，固舉謂之為有
物矣！於是搏土斲木，為其形容，寵之名號，原本氏族，廣
衍景蹟，以附是物；而穹堂奧室，大庭高閣以居之，患其
不稱（匹配）也。刲羊椎牛，沈玉瘞帛，為其饗侑（陪飲）；
伐鼓撞鐘，袚巫紛史，為其歌舞奔走，竭蹶天下之人，唯
神之歸。……斯民之不可使知，其亦久矣！故先王為之著
其教，善其報事之文，使之鼓舞而不倦，以勾陷於淫諂誕
罔之邪。蓋始之所以有神者，本生於其人之誠。而教之既
設，則人莫不歸是神也，而後能勉於為誠。……一出於忠
利憚畏之本心，則去非遠罪……；則土木形容，亦聰明正
直之所憑，而何邪之有！泉州之有天妃宮，其來已久。海
上尤神之，故宮於吳越閩廣之間尤多。……神最有光怪靈
變，（明成祖）使者奉之謹。……報享不虔，民咸知病之。
神獨見夢於邑人徐概，乃以民之病告以神意，民樂率錢以
佐役。……極治之國，其神不靈。蓋政之所以得民也，為
之興便布利，除攘患害，民不祈而得其所欲，不禳而違其
所惡。額號請禱之誠，無所用之；而烏有冀於神？……神
將無以為靈。則斯宮之完修，殆予所謂存其教，誘以勿邪
之義歟？ ⑭

他懂造神的實用價值，洞察宗教的社會根源是貧困，心理根源是

恐懼。他既關注宗教，何以不提泉州郊區元代摩尼（明）教寺草
庵⓯？

# 註　　釋

❶　《王遵巖集》(以下簡爲《集》)之選者張汝瑚《王遵巖先生傳》。

❷　清代傅維麟《明書》卷247＜趙時春傳＞：「唐順之於文士鮮所稱
許。嘗曰：『宋有歐、蘇，明有王、趙。』其推重岩此。」參考吳
金娥《唐荆川先生研究》（臺北：文津出版社，1986）第二章
＜交遊＞。此章分＜學友＞＜文友＞兩節。學友是王畿、羅洪先、聶
豹、徐階（字子升，號存齋，1503～83），文友爲王愼中、茅坤、
趙時春、陳束、李開先、高叔嗣、萬士和、項喬、孟洋、陳昌積、
洪方洲。王愼中兼爲學友，與唐順之的朋友共同。吳氏此書頗佳，
但是頁1，7，156，265依次將馮延巳、萬古齋、辯、槁誤成馮
延己、萬古齊、辨、稿。

❸　《集》卷1＜薛文清公全集序＞，薛瑄（1389～1464）字德溫，
號敬軒，見《明儒學案》卷7＜河東學案上・文清薛敬軒先生瑄＞
及侯外廬、邱漢生、張豈之《宋明理學史》下卷（北京：人民出版
社，1987）第五章＜薛瑄、吳與弼的理學思想＞第一節＜謹守
「朱學矩矱」的薛瑄理學及其學傳「關中之學」＞。

❹　王守仁→歐陽德→薛應旂→顧憲成。薛氏《方山紀述》卷5與＜孔
文谷提學＞訶斥引王學向異端者爲「墮於腐俗過於玄虛者」，暮年轉
向朱學。與王守仁同時的黃綰（1477～1551）先背叛程朱而轉向
陽明，晚年又背叛王學。參考其《明道編》(北京:中華書局,1959)
及蕭功秦《儒家文化的困境》（成都：四川人民出版社，1986）。

❺　《東林書院志》卷4＜東林商語＞下。

❻　《高子全書》卷3　＜異端辨・又辨三敎一家＞。王守仁對三敎作
「一廳三間之喩」的後遺症，是管志道(東溟)的「三敎統一」說。
高景逸以管氏爲反面敎材。

❼　同上，卷8＜與逯確齋＞。

❽　同上，卷8《明儒學案》不宜錯過此段，高氏非僅發揮朱子的理一
分殊觀，改「太極」爲「元亨利貞」此乾卦四德。

❾ 同上，卷 5 ＜東林會語＞。

❿ 同上，卷 8 。

⓫ 同上，卷 4 ＜別周惕齋序＞。

⓬ 同上，卷 4 ＜贈趙眉溪君署縣代還序＞

⓭ 同上，卷 5 ＜壽蔡逸翁七十序＞。

⓮ 同上，卷 7 ＜修天妃宮記＞。

⓯ 1987 年 12 月 4 日，我曾遊此廟，方知它常被誤會爲佛寺。林悟殊
《摩尼教及其東漸》（北京：中華書局，1987 )的十八篇論文，包
括＜摩尼的二宗三際論及其起源初探＞、＜《老子化胡經》與摩尼
教＞、＜回鶻奉摩尼教的社會歷史根源＞、＜宋代明教與唐代摩尼
教＞、＜喫菜事魔與摩尼教＞，頁 189 指出摩尼教的三聖同一論融
合摩、釋、道而非儒、釋、道三教。參考費爾巴哈著、榮震華譯
《基督教的本質》（北京：商務印書館，1984 ）；卓新平《宗教
起源縱橫談》（長沙：湖南人民出版社，1989 ）；傅偉勳編《宗
教問題與教際對話》 (Charles Wei-hsün Fu, ed. *Religious
Issues and Interreligious Dialogues: An Analysis and
Sourcebook of Developments Since 1945*. Westport, CT.:
Greenwood Press, 1989)。後書劉述先兩篇論文，錯譯劉宗周之
號蕺山 (Chi-shan) 成 Ch'i-shan 。

# 思想家兼科學家王廷相

　　明代中晚期的王廷相(一四七四——一五四四)和宋應星同兼爲科學家、思想家。王氏字子衡，號浚川，又號平厓，河南儀封人，祖籍山西潞州。七歲進私塾，詩人田鑒以慧眼識他爲「輔器」。啓蒙老師是博覽群書的李珍（字待聘）。雖然風神秀穎且少年成名，王子衡廿九歲始登進士第，獲選爲翰林庶吉士，與李夢陽、何景明、崔銑合稱四傑，又和李何二氏及康海、王九思、邊貢、徐禎卿合稱七子。醜陋的徐禎卿撰《談藝錄》，比著同名書籍的錢鍾書、伍蠡甫、黃蒙田早四百年，與唐寅、文徵明、祝允明合稱吳中四子。在唐伯虎點秋香的荒謬虛構裡，徐氏被理想化成英俊瀟洒的周文彬。王廷相學思遠邁於其他三傑六子，卻長期遭馮友蘭等忽略。八七年在廈門大學的朱子學會議，葛榮晉君贈我一冊新作《王廷相生平學術編年》（該年河南人民出版社）；加上張立文教授訪問中文大學時的鼓勵，我終於細讀臺北偉文版《王氏家藏集》，判斷王浚川爲僅次於王陽明的明儒，比陳白沙、湛甘泉、羅允升（欽順）、吳崐伯（廷翰）、呂叔簡（坤）、李卓吾、顧叔時（憲成）都優秀。初學可閱《王廷相集》（北京：中華書局，1990）。

　　王氏關注國境安危，奏上＜擬經略邊關事宜疏＞，提出切實的權宜政策。教育方面，他在＜重修儀封縣學記＞主張建設祠廟，紀念孔門及後世重要儒家。先師唐君毅先生絕不會喜歡王氏的元

氣一元論，但必欣賞他這倡議。唐師逝世十年後，湖北荆楚書社
出版《中國十奸臣外傳》，詼諧描繪梁冀、曹卓、李林甫、蔡京、
秦檜、賈似道、阿合馬、嚴嵩、和珅、耆英，可惜未選劉瑾和魏
忠賢，正如周懷宇《廉吏傳》（鄭州：河南人民出版社，一九八
八）遺漏河南王廷相。劉瑾曾捕李夢陽入獄，又害王氏貶謫為亳
州（今安徽亳縣）判官。在此他賞識門徒薛蕙（字君采，一四八
九——一五四一）。卅七歲時他作監察御史巡按陝西，查抄劉瑾爪
牙曹雄的財產；次年鎮壓關東農民叛亂，四十歲時督學北畿，開
罪兩權閹，被插贓誣陷下獄，再貶為贛榆縣丞，在貶所作＜夢訊
帝賦序＞云：「夢至上帝所。訊帝，帝惠以教言。嗟乎！豈大道
之未聞乎？猶有所芥蒂而不釋乎？」他可能信仰宇宙主宰，起碼
希望上帝存在且主持公正。他著＜近海集序＞表現科學與文學的
雙重興味說：

> 望洋大觀者屢矣，豈非吾生一偉遊乎？夫海有潮汐，島澂
> （嶼）、洲渚之勝，有霞彩日華、蜃氣之變，有珊瑚水碧，
> 驪珠蚌蛤之寶，有蛟龍鯨鰲、鶩鷖鶬鶴之育，蓋不可盡稱
> 也，莫不入吾吟咏而效其助。其蓬萊、方丈、扶桑、靈槎、
> 瑤草、羽人之屬，雖非真有，亦足以寄興於超曠。凡以使
> 我忘夫棄斥之瑣尾而樂於塵垢之外者，非茲乎哉？嗟乎！
> 內有所樂，然後可以托於物而樂之；彼人也方且憂愁而戚
> 促，將視海為窮荒魑魅之所不堪矣，夫焉得取而樂之！是
> 故鍾鼓管籥之音一也，樂者聞之則暢其和，憂者聞之則益
> 其悲。……則予之樂於海者，謂以海之故哉？

實證的科學精神否定方士胡說八道，然而仙山羽人仍具文藝價值。
縱使活於太空時代，曉得月亮沒有嫦娥；王浚川不會怪責太空人
粉碎神話美夢。他是熱愛文學的天文家；承接嵇康和唐太宗倡聲
無哀樂的客觀主義，宣稱愛海由於海本身而非用以投射主體感情。

　　升寧國知縣、松江府同知後，他督學四川，提倡「求有用之
才，贊無爲之治」，晚年在南京見波斯貓無用，方著＜獅貓述＞
以貓品喻官格道：

> 諺云貓有三品：辟、疾、食。厥（其）聲怒赫，鼠聞之戰
> 栗（慄），眼光夜烱烱直射，鼠見之伏不能動，即威。鼠
> 竭穴去不待捕，故曰辟。遇鼠縮身，迅奮如獵鷹，百中無
> 脫遺者，故曰疾。盜盒啓藏，饞口飽腹，終夜貪臥，呼呼
> 念誦，如困僧敗禪，與鼠相忘，故曰食。此品之最下者，
> 其獅貓之謂乎？……國有獅臣焉。容悅諂媚，色相之可愛
> 也；貪賄嗜勢，竊食之饞也；沓沓怠緩，捕擊無能也；嫉
> 賢妬才，群噬非類（異己）也。有一於此，足以蠹國。人
> 主知愛而不知惡，知惡而不知屏（摒），則賢路關格，奸
> 　宄蟠處，朝無君子，而國事日非矣。此（李）林甫、盧杞
> 之所以亂唐也。其視貓之爲害，巨海一漚者耶！

劉基《郁離子》的寓言＜中山貓＞，也許啓廸王廷相創作這篇精
彩諷諭。高啓沃、臧維熙《歷代諷諭散文選》（合肥：安徽教育
出版社，1983）錯過＜獅貓述＞。驅鼠而不捕鼠的辟貓，使人聯
想《莊子》那德全的木雞。獅臣像獅貓華而不實，劣至害賢殃民。

忠君的浚川不忍說國有獅主，宋高宗趙構之類不比獅臣秦檜卑鄙嗎？獅貓僅可象徵冗員呢！明朝帝王無一堪比漢武帝、唐太宗，多比冗贅更壞。獅主恰有勇猛、虛榮的正負兩面。英國獅心王李察等採勝義，明武宗、世宗可取劣義。秦觀（少游）後裔秦家驄著英文書《秦氏家族》，拼命排除秦檜屬此家族之可能性，因為秦檜乃典型獅臣。王子衡＜寄孟望之＞說「宇宙間事情景物萬古無殊」，此非全錯，例如每朝廷每政府都有大批獅臣；它錯在忽略社會和生物同時進化。

愛情似無進化，四十五歲時王氏＜巴人竹枝歌序＞云：「君臣、朋友、夫婦，其道一致。而夫婦之情，尤足以感人。」翌年王守仁擒誅寧王朱宸濠，王平厓吟詩＜破賊＞而未與陽明為友。在少數民族問題，浚川主張以夷治夷。次年他在＜夏小正解序＞說：「周公之＜時訓＞，呂氏（不韋）之＜月令＞，皆其流也。蓋古之聖人，仰觀星日霜露之變，俯察昆蟲草木之化；驗天時，授民事，此其要約爾。」（高明教授《大戴禮記今註今譯》之＜夏小正＞篇便利初學。）五百年前的王廷相三度正確地以丸珠比擬球形日月：「想像日月飛兩丸」（＜水仙操＞），「日月兩跳珠，天地一行軒；」（＜西山道院述興＞）「日月跳兩丸，鬥此世上人。……達觀造化始，曠然獲我真。」（＜雜詩＞）思想家兼文豪楊慎（字用修）＜言將北上述志＞懷念摯友王廷相說：「曠哉宇宙內，吾道何盤桓。」浚川＜送楊用修上都＞答稱：「外協幽人真，進侔達士適；尼父（孔子）有遑軌，惓惓不暖席；……嗟余闇營道，世路若奔迫；……工拙諒冥賦，盈縮真戲劇。」但是務實的浚川缺乏徐渭、湯顯祖的戲劇才華。在＜三江別意卷序＞

他發揮莊子的迹冥論：「不同者迹也，同者心也。比干之諫、箕子之奴、微子之去、〔介〕子推之焚、申徒狄之沉、伊尹之放〔太甲〕、周公之相〔成王〕，其所就雖殊，要之忠於所事則一而已。是故迹之殊者，道之散也；心之一者，道之統也。世之惟見其異，故擾擾以役於智慮之末而不知返。」朱子強調理一分殊，也出自莊子的道一迹殊，王氏卻言心一迹殊，不以道理（太極）或良知爲宇宙本體。提學四川三年間，他的代表作是＜與彭憲長論學書＞：

> 慨自戰國先秦，上無聖帝明王，……故九流異端之學紛然並作，以惑愚蒙。漢興，諸儒鄙俗，……雖有董子（仲舒）之純，……亦不能拔塞源……；況自泥於五行災異之術，已畔（叛）出於聖人之蹊徑矣！……下逮唐宋……惑氣運者因之（附會牽合）以盜國，信讖諱者因之以行刑，泥風水者棄親以謀利，尚術數星命者憑虛妄想而棄人事之實。

他願儒家一花獨放，而反對開放社會讓百花齊放。儒墨是魯國之學，陰陽家代表齊國之學，道家乃楚國特產，法家乃秦、晉之學。王廷相雖尊孔，而心態融會魯齊楚三國文化。他非但駁斥迷信，而且勉勵獨立思考，像王守仁和李贄不盲從孔孟；他更批判輕躁迫切之徒炫耀私智時，摘儒學瑕疵而非議。對於儒道之間的邵雍，王廷相＜數辯＞反駁其象數學。升任山東提學副使時，他苛彈理學云：

> 宋儒力詆虛無，以排二氏（佛老）。及自爲論，亦以太極
> 人性爲理，墮於佛老而不自知。後學習染深稔（熟悉），
> 不能研慮攝契以辯其妄，遂至淪胥，……拾唾核而啖，安
> 知其味！不有豪賢以呼招於世，則道日支離……。公（許
> 廷綸）乃論太極曰：「理氣兼備，不涉於無」；論性曰：
> 「理氣渾全，本無支離。俱不可專以理言斯擬也。」詮釋
> 精眞，解惑千古。（《內臺集》卷五）

王許二氏堅持性、理、神必須安頓於形氣，可惜誤解一信獨立不
依形氣的道理或太極即等同佛老。唯氣論者輕易混淆不同形態的
客觀唯心論。

擢任湖廣按察使期間，他作《刻齊民要術序》，宣揚北魏賈
思勰《齊民要術》的農學。由於審判準確，清理疑滯案件，湘民
尊稱他爲青天。翌年他巡撫四川，三載後再升兵部左右侍郎，兩
年後擢任南京兵部尚書，三年後晉升都察院左都御史，六十三歲
終升太子少保。嚴嵩、張瓚當權，王氏上疏攻擊高官貪濁使小臣
惟利是圖。嘉靖二十年，他受牽連獲徇私慢上罪名，回鄉耕漁三
年即病亡。王友三《中國無神論史綱》修訂本(上海人民出版社，
一九八六)以他爲呂坤、李時珍和宋應星的前驅。

王廷相五十四歲編成首部哲學書《愼言》，引發他和薛蕙之
間的辯論。薛君采師事王子衡而信奉程朱，王氏＜答薛君采論性
書＞譴責他訴諸權威說：「今君采之談性也，一惟主於伊川，豈
以先生之論苞羅造化、會通宇宙，凡見於言者盡合妙道，……不
須疑乎？」浚川復引古語「寧爲忠臣，不作諛僕」，諷刺君采爲諂

佞，凌厲指出：「元氣之上無物，有元氣即有元神，有元神即能運行而爲陰陽，有陰陽則天地萬物之性理備矣；非元氣之外又有物以主宰之也。……不知所謂主宰者是何物事？有形色耶？有機軸耶？抑《緯書》所云十二神人弄丸耶？不然，幾於談虛篤空無着之論矣。老子曰道生天地；亦同此論。」難得王氏透察老子「道生一」感染周子「太極生陽陰」。然而王氏未懂朱子理氣關係的雙重性：價值面理比氣優先，時間上理氣同存不分先後。

　　薛蕙《西原遺書》卷下＜與浚川書＞果然推崇佛老「乃修心之內學，盡性之極談，孔門之罕言。」他在＜約言＞又謂：「上帝固曰天，吾心亦天也；鬼神固曰神，吾心亦神也。古之人其知此矣，畏天而尊神……。及世愈衰，小人自知其愚，妄意（臆）神道爲茫昧，故肆其惡而無忌憚；謂天爲弗知，而吾心已知矣；謂神爲可欺，吾心亦不可欺矣。」王氏承接張載以鬼神爲陰陽二氣良能，認爲否定神道非放肆忌憚，應該肯定信賴教育培養的良知。他很自覺地顯揚荀子的經驗主義。何瑭著《陰陽管見》，《愼言》載＜答何粹夫＞云：「凡以爲神者，皆陰陽之妙用也。…人死魂升，乃陰陽之精離其糟粕也，不可謂獨陽而無陰。……氣雖無形，而氤氳焄蒿之象即陰，其動蕩飛揚之妙即陽。……性則陰陽妙合者也。……天地未判之前只有一氣……。如天能運轉，陽也；其附綴星辰河漢處，陰也。……火爲陽、水爲陰等類，蓋就其所得之分多者而名之耳。」陰陽代表剛柔的質能，不能分離爲兩件實物。但是王廷相之唯物論不澈底，仍信死人的精粗分別爲魂魄而升天下地。此外，運轉的是星辰而非天（太空），「附綴」一詞顚倒天與星的地位。王氏＜答何柏齋造化論＞反對神御

氣、氣御形說云：「神必待形氣而有。……縱如神仙尸解，亦人之神乘氣而去矣，安能脫、然神自神而氣自氣乎？……鬼神百靈……不能爲人役使，亦不能爲人禍福耳。亦有類之者，人死而氣未散，乃凭物以祟人；及夫罔兩（魍魎）、罔象、山魈、水韰之怪，來游人間，皆非所謂神也。」既謂鬼神不能禍人，那麼肆虐的尸氣非鬼神。近代山魈乃趣怪的巨鼻猴，已非楚辭所謂山鬼。他竟信「尸解仙」的精神乘風歸去，幸虧他在＜議太子監國等事疏＞諫阻世宗沉溺黃金術和不死藥，措詞「隱欺之端」等甚委婉。勇敢至遭杖斃的太僕卿楊最，曾經疏諫云：「黃白之術，金丹之藥，皆足以傷元氣，不可信也；」（《明史紀事本末》卷五十二＜世宗崇道敎＞）「神仙乃山栖澡煉者所爲,豈有高居黃屋紫闥，袞衣玉食，而能白日羽中舉者？」（《明史》＜楊最傳＞）王廷相不但比楊最擅長明哲保身，而且在六十歲時撰＜鈐山堂集序＞，謬讚嚴嵩此書「思沖邃閑，……明潤宛潔，……體格古雅而卒澤於道德之會」；豈忘嚴嵩極反道德？我不願襃揚浚川不以人廢言，正宗儒家皆否定嚴嵩一切。友人李焯賢博士＜從《鳴鳳記》談到嚴嵩的評價問題＞（在《明史散論》。臺北:允晨文化實業公司，1988）指出嚴嵩被王世貞等醜化。他確比魏忠賢高尚，明代朱長祚《玉鏡新譚》（仇正偉點校。北京：中華書局，1989）令人掩卷長嘆。它是魏忠賢禍國醜史，原名逆瑠事略。倘若王廷相開罪魏氏，後果不堪設想。

唐明邦、程靜宇主編《中國古代哲學名著選讀》（武漢大學出版社，一九八八）頁476謳歌王氏唯物論,似未閱其＜告佛文＞：「嘉靖四年七月一日，儒者王廷相敬以蔬果素饌告於西方釋迦世

尊之靈。佛戒不殺，廣布慈悲。用是我父我母，慧覺梵旨，置佛
法相，瞻依敬事幾五十年。邇者我父我母俱以淨化香火，竟歇塵
垢；日至褻佛明靈，殊戾嗣德。敬卜是日以今普濟寺沙門清潔迎
佛，往棲淨界，朝夕頂禮，法會莊嚴，永隔囂俗，佛其安之。」
他似懺悔對佛不敬，但是又曾反對佛教式喪禮，維護儒家式喪葬
禮儀，只不信風水說。

　　張載區別理性和氣性，王廷相（性辯）取消此分辨說：「性
之與氣可以相有而不可相離，……聖人之性亦不離乎氣而已，…
況餘人乎！所謂超然形氣之外，復有所謂本然（天地、義理）之
性者，支離虛無之見，與佛氏均也。……善固性也，惡亦人心所
出。非有二本。善者足以治世，惡者足以亂聖。人懼世紀(律則)
弛而民循其惡也，乃取其性之足以治世者，而定之曰仁義中正而
立教焉。……聖人……以義制情、以道裁性。」他深信人僅有的
氣性善惡俱備，教育即以道義制裁情欲。

　　認識論上，王廷相雜著正確否定災變警戒君主說、春雪五出
說、蜾蠃養螟蛉爲子說、日月入地入說；而指出地是天內凝結之
物，＜春雪亦是六出＞：

　　先儒謂「雪花六出，應陰數也。」不知孰使應之？亦雪自
　　應之？有所雕鏤者乎？此論涉有作用，非出自然故。僕著
　　其所以，皆由勢所必至。數出天成，黜彼「應」字，乃合
　　至道。今曰春雪五出，此亦稗說瑣語，烏足憑信？僕北方
　　人也，每遇春雪，以袖承觀，並皆六出。云五出者久矣，
　　附之妄談矣。

他用道家自然主義批判小說家的道聽途說，令人聯想小說家巴斯特納克筆下齊瓦哥醫師觀賞冬雪。王氏隱約排斥董仲舒的天人感應觀以及類似的神秘主義，強調天然數目非由主宰安排，反對何柏齋以「神」代「氣」，不客氣地診斷何氏病源在酷嗜仙佛。王氏〈海市〉詩云：「人心多想象，虛擬蜃（巨蛇巨蚌）為精。」佛性也屬想象虛擬，所以「老禪巢木巔，只是外相定；吳生筆雖神，無處畫佛性。」（〈靈谷寺雜詠〉之〈吳偉畫壁〉）

張載《正蒙·三十篇》指出：「從心莫如夢。（孔子）夢見周公，志也；不夢，〔從心所〕欲不逾矩也。不愿（願）乎外也，順之至也，老而安死也。」《雅述》下篇的夢論比較科學化：

夢之說二：有感於魄識者，有感於思念者。何謂魄識之感？五臟百骸皆具知覺，故氣清而暢則天游，肥滯而濁則身欲飛揚也而復墮；心谿淨則游廣漢之野，心煩迫則蹋蹐冥實；而迷蛀之擾我也以帶繫，雷之震於耳也以鼓入；飢則取，飽則與；熱則火，寒則水。推此類也，五臟魄識之感著矣。何謂思念之感？道非至人，思擾莫能絕也，故首尾一事，在未寐之前則為思，既寐之後即為夢，是夢即思也，思即夢也。凡歸之所履、晝之所為，入夢也則為緣習之感；凡未嘗所見、未嘗所聞，入夢也則因衍之感。談怪變而鬼神罔象作，見臺榭而天闕王宮至，殲蟾蜍也以踏茄之誤，遇女子也以瘞骼之思。反復變化，忽魚忽人，寐覺兩忘，夢中說夢。推此類也，人心思念之感著矣。夫夢中之事即世中之事也，緣象比類（analogy）豈無偶合？要之：漁漫

　　無據、靡（無）兆我者多矣。

　占夢術誤解夢乃神游或神靈所告，王充《論衡》＜紀妖＞＜論死＞、
王符《潛夫論》＜夢列＞、范縝＜神滅論＞及＜答曹舍人＞皆頗
深刻。王廷相悟到外物刺激生理，生理影響心理，挑撥隨意的想
象。夢事即世事，「即」非等同而指接近；恰似虛構怪獸的器官
頭身，總像現實世界的動物。「魄識」側重生理，「思念」偏於
心理。兩者互相滲透而難分。由於禮教忌諱，他談到飲食造夢而
未談性欲致夢。杜聯喆《旭林存稿》＜明人記夢十則＞（臺北：
藝文，一九七八）引董穀《碧里雜存》記王守仁夢見呂洞賓和郭
璞，郭景純展示自述詩，極言王導比王敦更奸。劉文英《中國古
代的夢書》（北京：中華書局，1990）兼備哲學、社會學和民俗
學的價值，補充他的代表作《夢的迷信與夢的探索》（北京：中
國社會科學出版社，1989，頁174談王廷相的「緣習」）。胡孚
琛、牟鍾鑒對後書的評論，見《哲學研究》1991年第1期。我
很高興寫〈評介葛榮晉《王廷相和明代氣學》〉，發表於臺北
《哲學與文化》第18卷第4期（1991年4月）。
　　王廷相似不知王守仁的夢，卻像陽明著重實踐體驗，在＜石
龍學院學辯＞諧趣譏笑閉門習操舟術、＜與薛君采二＞輕蔑不遊
南越而想像言越者，然而他想像「古有博大眞人，行不亂獸群，
居可探鳥巢。以後世枵（澆）風惡俗，視斯人之儔，絕跡滅響，
不可復得矣。」（＜玉華先生像贊＞）他嚮往道家理想界，卻斥
「莊老無爲之談亂世」（＜近言序＞）！
　　浚川一廂情願地想象道家烏托邦及其「失樂園」（借用英國

詩人米爾敦書名）云：

> 鴻荒之先，人與禽獸等，蚩蚩（愚蠢）其居，丕丕並遊，
> 至與物合而不知擇，故精氣雜揉（糅），有馬人（按：人身
> 馬足，不像希臘神話有馬身之人頭馬）、犬人之異象。是以人入
> 獸群不亂，鳥巢之卵可探而得之。而愛惡情感，各利所生。
> 人擇其人相匹，遂與禽獸日遠。而禽獸見之，驚且疑矣。
> 又久而日道日利（急功近利），其類日廣。禽獸日被其害，
> 漸微而漸遠矣。中古之時，猶有蛇龍犀象，遍於中國。今
> 山澤開始，盡為民居。而毒蟲猛獸之類滅其跡，豈非勢所必
> 至哉。《雅述》下篇）

豈料毒蟲害獸未絕，珍禽異獸如馬達加斯加島象鳥早已滅盡，臺
灣帝雉也瀕臨絕種。王氏對生態平衡略具洞識，但是謬說洪荒時
代人類不懂選擇同類以致人獸交配，低沽了人的本能。寶貴的是
他提醒我們愛惜犀象（猛未必毒），甚至不能殺盡毒蟲以破壞生
態平衡。「勢」非創見，乃沿襲柳宗元、劉禹錫的自然觀。

# 附：答楊振寧教授函

楊振寧教授：

　　惠寄李約瑟和魯桂珍＜最早的晶體觀察＞（刊於《Weather》Vol. 16，Oct. 1961，pp. 319-327）甚佳，只有四瑕疵：

　　⑴引宋代《太平御覽》而未引較早唐代《藝文類聚》之「雪花六出」資料。

　　⑵未查《韓詩外傳》原文及早於李時珍的王廷相著述。

　　⑶誤譯明代王逵《蠡海集》書名爲《甲蟲與海》（The Beetle and the Sea）。王氏謙稱以海螺（蠡）測海水，恰似北京錢鍾書《管錐編》謙稱用管窺天、以錐測地。頁 325「厄（梔）」應作厄，「余」原作「餘」。

　　⑷仍用過時的譯音系統，字母 h 常冗。

　　我補複印王浚川＜春雪亦是六出＞及怪傑張石公（原名岱，號陶庵）《夜航船》之＜雪霜＞。敬請注意王氏「數出天成」乃道家自然主義（naturalism）排斥「上帝創造數目」之類迷信。我已撰兩文論王廷相（浚川）。明代文震亨《長物志》亦爲百科全書，但未提雪花。順頌研安

後學　王　煜　謹上　89 / 5 /4<br>（五四運動七十周年）

# 明儒王廷相對佛道的批判

　　明詩前七子之一王廷相（ 1474 — 1544 ），字子衡，號浚川，又號平厓，河南儀封（今河南省蘭考縣）人，與同時的王守仁皆曾受劉瑾逼害及鎮壓農民叛變。他倡融貫外動與內靜云：

> 動靜者，合內外而一之道也。心未有寂而不感者，理未有感而不寂者。故靜為本體，而動為發用。理之分備，而心之妙全。皆神化之不得已也。聖人主靜，先其本體養之云爾。感而遂通，左右逢原；則靜為有用，非固惡夫動也。世儒以動為客感，而惟重乎靜。是靜是而動非，靜為我真而動為客假，以內外為二，近佛氏之禪以厭外矣。（《慎言》卷5）

宋元明儒學所言本體，未必等同西方哲學裡與現象對立的超越界。王子衡堅持元氣一元論，發揮荀子、王充、張衡、呂才、柳宗元和劉禹錫的天人關係觀，主張結合下列兩行：

　　內，體，靜，寂，心，主（我）——非獨真（客亦真）

　　外，用，動，感，理，客　　　　——非假（反對禪佛厭外）

難得他以《孟子》「左右逢源」配合《易傳》「感而遂通」，進而批評《易傳》「聖人以神道設教」云：

聖王神道設敎，所以輔政也。其弊也瀆於鬼神，而淫於感
應。《禮（大戴？）》曰：「剛毅犯人妨於政，鬼神過節
妨於政。」言失鬼神之中也。後世之鬼神褻而不敬，惑而
誣，皆妨政敎也夫？（《愼言》卷7）

辯（辨）上下、定民志，不可無禮；風霆流行、天命不測，
不可無鬼神。然而繁儀文則瀆禮，求感應則瀆神。瀆禮則
民大困，困極則詐矣；瀆神則民大駭，駭久則誣矣。非聖
人設敎之本始也，後世事神用禮之過也。是故（孔子言）
敬鬼神而遠之，以禮之實治國，使忠朴有餘而不彌於文，
仲尼之道隱也久矣。（同上）

張載以鬼神爲陰陽二氣的良能，王氏接受此說，但重鬼神對政治
的實用，防範迷信活動的泛濫。他確信神靈存在云：「山川林藪
巖洞島澤，氣所鬱積，靡（無）不含靈；人有魂魄知覺，物有變
幻精怪。雖肖翹之微、蠕動之蠢，皆契陰陽妙合之道。況天得元
氣之全且大，而其神靈有不尤異者乎？」（《雅述》下篇）所以
天命及鬼神仍具神秘義蘊。除非「神靈」僅作形容詞而非名詞，
他似是而非無神論者，僅否定繁文縟節的造作追求鬼神感應：

日袪淫祀也，而瀆鬼神之感應，日擊妖道也，而信天人之
休咎——是啓源而欲塞流矣。得乎？……君有邪心，不務
格而正之；君有僻政，不務諫而反之；乃假不可知者而恐
懼之，是捨本而務末也。……幾於佛氏之愚（動詞）人矣。
是故聖人通於性命之本，立於中正之塗（途）。雖以神道

設教也，尊天地而不瀆，「敬鬼神而遠之」（孔子言）；
守經正物，不飾妖誕；則風俗同而百家息矣。（《慎言》
卷10）

他肯定先秦儒家和張載所言鬼神存在，而詞斥印度傳來的鬼神為
蒙昧主義服務。「正物」意同王陽明「格物」，特別強調格（糾
正）君主的邪心僻政。宋儒譴責佛教以生死恐動人，即王浚川所
言「假不可知者而恐懼之」的捨本逐末。不可知者是超越界的神
靈及現象界的鬼神痕迹。如屬妖誕，切勿採取愚民政策去修葺。
風俗同且百家息，「百家」蓋非儒的一切哲學與宗教。試看他與
門人一段對話：

「程子曰：『有意坐忘，便是坐馳。』何如？」（王氏）
曰：「此為有意求靜者言之也。」「然則靜不可求乎？」
曰：「求則不靜矣。故曰坐馳。」「然則何以靜？」曰：
「主敬之純，可以與此。靜有二：有境靜，有心靜。酬酢
已（完畢），境靜也；心之思猶在，不思則心靜矣。」
「然則心以思為主，何謂也？」曰：「在應事可也。謂靜以
思為主，此儒之自苦者爾。有感則思，無感則不思。亦足
以養神，何膠（執着）於思而為之！」曰：「不幾於異端
之虛靜乎？」曰：「異端之學無物，靜而寂，寂而滅；吾
儒之學有主靜而感，感而應。靜而不思，何害！《易〔繫
辭〕》曰：『無思也，無為也，感而遂通天下之故。』然
則仲尼幾異端乎？」（《慎言》卷6）

莊子主張「坐忘」，嘲笑其反面「坐馳」——盲目的好高騖遠。
程子貶抑有意求靜爲坐馳，王氏提醒我們：境靜未必引起心靜。
每逢宴會散席歸家，內子常失眠，因爲心思未靜。心靜可養神，
不須念佛追尋寂滅。可惜王廷相誤解孔子創作《易傳》，不曉得道
家影響《易傳》盛倡無思無爲。他批判老莊道：

> 老子之道以治身則保生，以之治國則長亂。（同上）
>
> 老氏無爲，正欲有爲，故其道奸；佛氏有見，實無所見，
> 故〔其〕道愚。（同上）
>
> 虛者氣之本，故（張載言）虛空卽氣。質者氣之成，故天
> 地萬物有生。……死者，……返本復入虛空矣。佛氏老莊
> 之徒見其然，乃以虛空返本，無爲爲義，而欲棄人事之實，
> 繆（謬）矣！嗟乎，有生則生之事作，彼佛氏老莊父子、
> 君臣、夫婦、朋友之交際能離之乎？不然，是生也爲死之
> 道者也。……聖人……以生之事當盡而萬物之故當治，故
> 仁義禮樂興焉。其虛空返本之義，聖人則禁之，恐惑亂乎
> 世矣。（同上）
>
> 靡（如無）聖，萬物大戾，夫孰宰而平之？故棄世而全形
> 者，莊周、庚桑氏（楚）之流，大亂天下者也。（同上）
>
> 刑法者，聖王甚不得已之政也。……不爲刑辟，莊、老矯
> 世之謬談也。
>
> 老子之道以退爲主，而惟欲利己。及其敝也害治。是故得
> 其靜修者，爲方士之解形；得其吝嗇者，爲晏、墨之苦儉；
> 得其容忍者，爲申、韓之刑（形）名；得其離（絕）聖去

（棄）智者，為莊、列之放達；得其不敢先事者，為持兩端之奸；得其善為保持者，為避難之巧；得其和同而不絕俗者，為頑鈍之鄙夫。是（此）道也，未常（嘗）不曰可以治天下，終也反以之壞天下道。慎乎哉！（《雅述》上篇）

若曰：「人性皆善而無惡」；聖人豈不能如老莊清淨任自然乎？何苦於諄諄修道以垂訓？（同上）

粵人江瑔《讀子卮言》更誇張道家為百家之根源。王氏早已標舉老子為方士、名士、墨法兩家及隱士與滑頭混世的機會主義者之思想起源。親歷明朝中葉的黑暗政治，王廷相反對性善論而不皈依性惡論。倘若人性已善，聖賢何須假借神道設教？道家對人性太樂觀了，佛家對五倫太輕忽了。然而王氏錯謂佛教「無所見」及道家「棄人事」，人事包括刑罰。他甚至駁斥新儒學的理氣觀：

儒者曰：「天地間萬形（氣之聚）皆有敝（散壞），惟理獨不朽。」此殆類痴言也。理無形質，安得而朽！以其情實論之，揖讓之後為放伐，放伐之後為篡奪；井田壞而阡陌成，封建罷而郡縣設。行於前者不能行於後，宜於古者不能宜於今。理因時致，宜逝者皆芻狗矣，不亦朽敝乎哉！（《雅述》下篇）

王平厓忽略《莊子》已反對厚古薄今，過時的政制非朱子心中與氣對立之理，何況「宜逝者皆芻狗」等語本身亦屬不朽之理，朽字不取字面義。工夫論上，王氏務實云：

儒者以虛靜清冲養心，此固不可無者。若不於義理德性人
事著實處養之，……清心靜坐，不足以至道。言不以實養
也。（《雅述》上篇）

聖人除卻動作行事，則其道隱矣。將何以為知天知聖之具？
儒者好高，乃謂以動作言語求聖人為末，過矣。孔子欲無
言，以門人因言求道，恐隆於言語之學而不踐諸實行也。
故曰：「天何言哉！」觀天之運行生育，則知天矣。其意
以為：門人何事求請予言？觀予之行事，則道在是矣。今
乃以聖人言語並其動作而為末焉，其亦不思甚矣。推此意
也，真欲枯禪白坐以見性乎？（同上）

道佛感染宋儒教人靜坐，但是儒家不能仿效莊周連仁義禮樂也忘
掉。道家迹冥論痛貶聖賢言行為末迹、書籍成糟粕。然而縱使泯
言亦不能廢行，仿效聖賢言行總勝於缺乏模範。群眾不擅長抽象
思維，傾向仰賴具體人事。王氏以神識為體、思想為用，認為知
識乃以思維處理見聞，否定先驗知識的可能性：

思者，神識之妙用也。……神者在內之靈，見聞者在外之
資。物理不見不聞，雖聖哲亦不能索而知之。……聖賢之
所以為知者，不過思與見聞之會而已。世之儒者乃曰：
「思慮見聞為有知，不足為知之至。」別出「德性之知」為
無知以為大知。嗟乎，其禪乎？不思甚矣。殊不知思與見
聞，必由於吾心之神。此內外相須之自然也。「德性之知」，
其不為幽閉之孩提者，幾希矣！禪學之惑人每如此。（同

上）後之學者梏於朱子「本然」「氣質」二性之說而不致
思。悲哉！（同上）

來布尼茲說：「凡是存在於理智中的，沒有不是先已存在於感覺
中的，理智本身除外。」王氏亦懷此意，隱言感性知識經思維提
升為理性知識。他接納張載及朱子所言聞見之知和氣質之性，而
反對他們深信不疑先驗良知和本然（天地、義理）之性，當然否
定莊子「無知之知」及僧肇「般若無知」。經驗主義方面，他似
英國培根、霍布斯、洛克、休謨和十八世紀法國的百科全書派啟
蒙思想家。他評估佛老充其量利於修身：

佛氏之道為己之性命。故禪悟生死之說，耽寂靜勝之士多
好之。然於世道終無益也。聖人之道為天下國家，故道德
仁義禮樂刑法並用。是以人道清平，宇宙奠安，通萬世而
可行。……佛氏精神性命之微，與夫止觀、定慧之習，亦
未嘗無可取者。故上智之士，始知而好之。但世之人，上
智者常二三人，中人以下者常千百。是佛氏之道，化及物
者其分常少；而不能化者，其分常多。且人皆清淨禪定，
〔則〕世道孰與拯救？斯於人道也何益？惟孔子之道，…
以之治人則綱紀畫一，與佛氏一偏之學迥矣懸隔。但聖道
渾渾，無門戶科條。儒者無「精義入神」（《易傳》）之學
以超入於聖室，猝聞禪伯清淨定慧之說；未有不駭心詫魄
欣欣然入於其中矣。可勝嘆哉！（同上）

王浚川不管佛教空有、顯密及大小乘等派別，不解「空」義；似針對明代特盛的禪宗，未能指出道佛兩教滿足群眾的永生欲望。如果儒家三不朽觀深入民間，戒定慧三學豈能駭心詫魄！另三方面，佛典繁富，門戶教規戒律清晰，善惡果報之說似維護公正；知識分子和文盲俱易接受。但是佛門容忍居士，道教只全真派出家，均未求人人清淨禪定以致無人救世。現代日本的立正佼成居士會組織龐雜，包辦醫院和學校，在某程度上益世。許多一偏一曲的宗教促進社會活動，儘管南韓「統一教」首腦文鮮明聚財致富，邪教殺人祭魔。王氏宜謂孔門最淑世，而不宜說任何宗教於世道無益。世界宗教以佛教最富於夢幻感。遺憾的是王廷相濫用幻字，違反常識云：

> 有元始之氣，則天地之幻化不能離；有明覺之性，則人生之幻識不能離。不得已之道也。佛氏欲遣離幻心，必須滅性。性滅、幻離，若復有覺，亦即是幻。況未必覺耶？能離自生之幻矣，能使天地離幻化耶？說經十二部，佛之幻識甚矣；而欲使眾生解離，有是乎？（《雅述》下篇）

元氣變遷乃實而非幻，明覺良知不函蘊幻識。張子否定佛教之以自然界為見幻。如果人類天賦幻識，佛教對它增而非減。若果天地虛幻，天地生出的人更幻，人造經典最幻，尤其是輪迴寂滅諸說：

> 佛氏教人任持自性。……言一切眾生皆有本覺，謂本性之

靈覺處，雖流轉六道，受種種身；而此覺性不曾失滅。故
以此為真性、為圓覺。其有生而能解識者，為眾生悟入知
見，皆從貴性生出。故云圓覺生出菩提、涅槃及波羅蜜。
菩提，覺也，無法不知之義。涅槃，圓寂也，謂覺性既圓
，無法不寂也。波羅，彼岸也。蜜，到也。言到彼岸也，
謂離生死此岸，度煩惱中流，到涅槃彼岸，永歸寂滅，不
生不死也。由此觀之，佛氏之大旨盡矣。儒者不達性、氣
一貫之道，無不浸浸然入於其中。朱子謂本然之性超乎形
氣之外，其實自佛氏本性靈覺而來。謂非依旁（傍）異端
得乎？大抵性生於氣。離而二之，必不可得。佛氏養修真
氣，雖離形而不散；故其性亦離形而不滅。〔吾〕以有氣
即有性耳。佛氏既不達此，儒者遂以性（推廣為「理」）氣
分而為二，誤天下後世之學，深矣哉！（同上）

張載《正蒙・大心》「德性所知，不萌於見聞。」隱函「本然之
性超乎形氣」。朱子理氣觀兼備二元論與理一元論的色彩，異於
王氏的氣一元論。葛榮晉《王廷相》（在《中國古代哲學家評傳》
續編四）及《王廷相生平學術編年》（河南人民出版社，1987）
誇張他的唯物無神色彩。程宜山《中國古代元氣學說》（湖北人
民出版社，1986）和衷爾鉅《吳廷翰哲學思想》（北京：人民出
版社，1988）對王氏評價偏高。須知朱子論性未必汲取《大乘起
信論》本覺、始覺、究竟覺之類靈感，吳廷翰倡性善論；王廷相
沿襲《列子》的反目的論，而信教養出來的良心，如《雅述》下
篇云：「廉恥喪而汙偽生，良心滅而奸究作。」王氏同篇否定

「春雪〔花〕五出」及「螟蛉化果蠃」，卻未觀察而相信「狸化好女，猿化老人，人化為仙；精氣蘊靈，機入於神也。」他對傾向道教的邵雍特別嚴苛說道：

> 邵子云：「天依乎地，地附乎天。天地自相依附。愚（吾）謂地附乎天則可，天依乎地則不可。何也？天乘氣機，自能運、自能立，非藉乎地者。況地在天內，勢不能為天之繫屬乎！釋家謂風輪能持水輪，水輪能持大地。此論甚真，勝於邵子矣。但言風輪而不及天，為未盡耳。今以理揆（推測）天行健疾，有剛風生焉，故能承水不洩；地有洞虛之氣，水不能入，故浮而不沉。觀瓶盎倒浮水上可知也。天之轉動，氣機為之也。「虛空即氣」，氣即機。故曰：天運以氣，地浮以虛。（同上）

風能運轉水流，水卻不能維繫土地。佛家水輪持地說遜於邵康節的天地相附說。王氏雖知太空不依星宿，而未曉地心吸力承水不洩。「洞虛之氣」來自道教，「氣機」意義模糊。張載《正蒙·太和》「虛空即氣」即上文「太虛無形，氣之本體」，本體兼備形上、物質兩層意義。王氏取消本體的形上義，實證傾向弱於法國的孔德，而強過同時的羅欽順、吳廷翰及稍後的呂坤，堪稱準科學家。

他有些詩歌充滿道教氣氛，尤其是《王氏家藏集》卷5《仙人篇》（以下只註卷數）：

仙人好樓居，乃在太華峰；舉手謝世人，天命良易終。易
終復難延，蓬蓬沙中草；一與本根絕，飄揚萬里道。仙人
謁玉帝，日侍玉帝傍；魑魅不敢近，為樂殊未央。人生不
自惜，貪財好姬姜；諒子非金石，顏華日蒼黃。路逢赤松
子，乞爾靈砂丸；倏忽變形貌，提攜昇天關。天上何所有，
日月光離離；明河與天長，繁星不成暉。

王氏知曉人生愈脆弱愈須道教慰藉。他也曾希望「上帝炤炤」（卷
2《芝秀篇》），上帝可指玉帝。《水仙操》（卷2）云：「黃道悠悠，
延壽命兮無休。……我所友兮心莫欺，太上九真天人師；王母拜
謁心相於，口授秘道凡間稀。……水仙水仙，搖桂檝蘭船，採十
丈紅蓮，壽帝大羅天；……握靈文寶篇，度三災九還（難、惱），
與天地齊年 ；水仙水仙，脫人生業（孽）緣，渺蓬萊遠山，
見滄海桑田；……人間富貴百年，生命電光石火，那得有留殘？」
水仙令他想象海上仙人：「我思仙人王子喬，乃在大海之中蓬壺
湄。奉君雙明珠，不肯遺我一字書。……七月七日下來遊，人間
望之，咫尺不得近。仙人勤勤言：爾遊金闕，爭名美人、夭（絢
爛）桃花。黃金千萬餘，何異腐壞！……玉霄三十六，紫皇驂鸞，
螭矯迴翔；玉女麻姑，洒掃天極。……」（卷5《仙人王子喬篇》）
佛教《金剛》《維摩》諸經加強他對生命和物質的虛幻感：「薰
祇林兮天花，散香臺兮法雨；……嗟佛之力兮 ，永福茲士 。 」
（卷3《太沖十詠》）道教神話裡，黃大仙叱石成羊，如佛教所言
神通廣大或法力無邊。王廷相《雜懷》（卷7）云：「昔日黃初
平，牧羊在草澤；道逢浮丘公（伯），引之仙人國。辟穀餐雲霞

靈液變精魄；颷然形神輕，突突眼光碧。一臥經十旬，龍虎護床席；遠遊太虛表，日月反爲客。故落塵埃中 ， 世人杳莫識 。」《雜詩》（卷 7 ）又說：「蓬萊水清淺 ， 群仙亦虛陳 。 若木幾迴(回)花，扶桑終爲薪。蚩蚩夸（權勢）與名，腐朽安足神！」他渴望與眞人溝通精神云：「古來神交隔山海，安俟目擊道乃在！」（卷 12 《少谷子歌》）有時「長嘯入雲岑 ， 爲訪赤松子。」（卷9《寄郭价夫》）然則不滿於神交，必須與神仙四目交投，如《莊子》所言目擊道存了。其餘仙語尙繁：

夸哉彼陶君（弘景），注書欺聾盲。

華陽述洞天，居者稱 （祢？）仙靈。

南岳誰夫人，干俗乃營營。

忽忽百歲間，草草皆飛昇。

神仙何其多，虛言吾誰徵。（卷8《詠古》）

濠上追莊叟，匡廬憶葛洪。（卷 16 《雲臺觀》）

嗟嗟鄭子真，肥（飛）遁顧可求。（同上，按鄭子眞乃東漢
　　道士，與嚴君平齊名。）

從彼赤松遊，上士明眞詮。（卷9《詠懷》）

何幸今日閑，翛然臥仙室。（卷9《西山道院述興》）

仙人王子晉，把臂武陵源。（卷10《酬薛君采》）

心閑結遙夢，遊仙送清歌。（卷10《泊青城》）

瀛島飛樓十二重，羽仙靈氣連江東。（卷11《玉侍御一樂
　　堂歌》）

泉裡仙人蘭臺客，愛把清泠坐朝夕；

濯髮行修《鴻寶篇》（劉安佚著），洗心時沃丹砂液。（卷
　　11《全內翰五泉歌》）

海鶴曾是丁令威，化作仙禽有仙相。（卷11《鶴溪篇贈王子
　　揚》）

人言海上多神山，羽人不死常朱顏。（卷12《少谷子歌》）

扶桑海岸是君家，仙人常駐五雲車。（卷12《贈別王司馬先
　　生》）

飄然仙造入雲裡，清興不假流泉琴。（卷12《贈吳總兵東城
　　飲酒歌》）

每看仙人畫賭棋，仙人玉女紫雲隈。……溫伯雪子錦城仙
文藻風流世所賢。（卷12《孔雀圖歌》，《莊子·田子方》假託
　　孔子云目擊溫伯雪子而道存。）

我臨出日望滄海，紫氣猶疑仙人在。（卷12《青城山歌送郭
　　魯瞻赴闕》）

仙人方丈許相亞，帝女天臺恐常俗。（卷12《奉同章道克徐
　　用先遊嘉州凌雲山歌限韻》）

已聞入海訪神山，更道分官祀靈嶽。（卷13《西京篇》）

君不聞：張良起從隆準公（劉邦），指揮兵馬摧群雄？功
　　成願逐赤松去，渺渺江漢飛冥鴻。（卷13《彭城歌》）

雲安中丞者仙客，解綬歸山坐盤石；……

飄如無心雲隨風，逐逐天日食松脂；……風期直結丹丘緣，
　　相逢浸作采真會。（卷13《雲安仙客歌》）

古來靈秘號仙府，金壇玉洞生陰暉。（卷13《南山篇壽丹陽孫
　　隱翁》）

宴罷群仙散彩霞，雙雙玉女導雲車。 （卷13《南極老人歌》）

萬里才瞻龍闕去，陌頭人已羨登仙。（卷13《送石君錫》）

河上仙客王子衡，獨携鸞鶴江南行。（卷13《孫氏園宴集》）

太華終南首，三峰紫氣纏；雲中崢嶸掌，石上湧祥蓮。秘洞神仙宅，丹梯日月懸。 直須凌絕頂，歸去詫登天。

（卷14《華嶽》。按華山厓壁確有道士鑿居秘洞多個。）

海上留仙趾，人間識使槎；超遙竹林士，飄香玉清家。

（卷14《十八子詩》錄孟洋詩）

一出塵埃上，飄然爾若仙。（卷14《詠蟬》）

孤琴流水曲，吾道大玄心；謬跡神仙府，春風瑤草深。

（卷14《春日館中詠懷》）

浪說神仙府，猶懸去住心。（卷14《新年和价夫韻二首》）

仙人曾跨鶴，吾道此振衣。（卷15《黃鶴樓》）

我來真勝覽，歸去說仙蹤。（卷15《赤永》）

恍惚靈仙駕，飄飄進畫城。（卷15《海市》）

彩鳳遊丹水，仙人住碧霄。（卷15《酬仲默》）

佛界丹青古，仙人洞壑靈。（卷15《山行》）

日月開黃道，神仙住碧霄。（卷15《南京曲》）

恍如兒率界，時復羽仙逢。（卷16《過虎耳谷》）

為予一揮紈素筆，幽然坐對仙人鄉。（卷17《以張路山水圖贈周司寇，因題四韻》）

海上神仙原有數，天南星斗亦無多。（卷17《贈葛三季瀁》）

他年海上留仙跡，誰道無成空白頭！（卷17《仙跡》）

皇闉漸遠蓬山近，時枉仙人玉檢書。（卷17《海隅》）

虎文金檢藏書秘，帝女麻姑馭鶴輕。（卷18《中嶽遊仙詞》）

三島有仙常駐顏。（卷18《登州海望》）

毛媽仙人曳絲舟。（卷18《聞方思道至京，喜而賦四韻》）

矯羽日邊來瑞鳳，步虛雲外簇仙娃。（卷18《牡丹》）

蘋洲茅屋擬仙家。（卷18《江村》）

瑤篇真附仙人調。（卷18《寄談生》）

魏家公子神仙韻，日日來遊應不嗔。（卷18《欲假東園會客，
　　先簡徐公子》）

春深不減瑤華苑，時枉仙人絳節遊。（卷20《巴人竹枝歌》）

南極老人太虛客，赤松仙子上清家；海陽舊種扶桑樹，春
到齊開五色花。（卷20《遊仙》）

寶撰金書下玉皇，使君南去海霞光；浮查（槎）接近千鰲
駕，不道仙人騎五羊。……勞問訊王喬；何日約吹笙？
　　（卷20《送顧武祥少參之廣東》）

海上仙峯雲倒開，仙人常住五雲隈；飛鸞倘過相思處，芝
草琅玕好寄來。（同上）

梧竹琅玕應折盡，群仙愁殺鳳來飢。（卷20《雪中雜歌》）

翩翩魏國六公子，携客看花吹玉笙；不將豪貴驕塵俗，直
欲飡霞凌紫清。（卷20《徐氏東園雜歌》）

陽峯屹屹楚江湄，白鶴仙人舊隱栖；衡嶽蒼梧分氣象，蓬
丘方丈接雲霓。（《內臺集》卷1《陽峯贈張崇象學士》）

山中瑤草幾時掇？海山仙槎未易尋。（同上，《早春臺中作》）

瀛丘仙子上宮妃，慣舞霓裳奉紫微；自別昭陽閒度日，月

中空曳五銖衣。（同上，《宮詞》）

天子是飛仙。（《內臺集》卷2《預卜 壽官》）

杯看滄海塊蓬壺，逸氣誰當鄭善夫？莫嘆形神倏化去，高
文終古動寰區……天壇王屋卽仙都。（同上，《遣興》）

道外別傳出世心，更能一粒變黃金；葛洪山上真人在，流
水桃花深復深。（同上，《遣興·闕拋郤金廂五嶽圖》）

空懷遺世志，難遇采真師。（同上，《秋感》）

何時對滄洲，散誕如神仙。（同上，《憶歸》）

黃霸政成還入相，旌陽道勝更登仙。（同上，《送邑侯張公還
治》）

青山望斷仙庭隔，惟有孤雲足畫圖。（同上 ，《何廣文望雲
卷》）

服食誰仙術？虛空卽道心。（同上，《搖落》）

遁野尚淹塵外駕，逃禪真學飲中仙。（同上，《正月十七夜飲
謝汝湖宅次顧未齋韻》）

丹砂未效素鬢在，山色常青故友稀；……忽枉高篇淨塵想，
赤霄蓬島欲振衣。（同上，《感春次唐飛霞韻》）

蓬丘東望海霞飄，翠羽仙人紫鳳毛。（同上，《贈磐山道者就
次其韻》）

人間省事惟須靜，海上求仙未必真……久淹臺省真如夢，
一到山林便是仙。（同上，《六十四〔歲〕作》）

野客乍臨瑤玉島，仙人遙識紫雲裘。（同上，《送宋維翰府幕》）

道逢浮丘公，贈我玉膏紫雪之靈液。緣脊為經轉神樞，倏
忽生羽毛。……黃鵠接翼天南飛。蓬壺有紫庭，曾城有瑤

池。（同上，《太行路送曹仲禮大參》。按《莊子·養生主》云：
「緣督以爲經」。）

雲鶴凌霄羽，蓬仙出世姿。（同上，《杜研岡以黃白二菊見貽，
仍次其賞菊韻謝之》）

閬苑神仙隊，西江玉樹行。（同上，《贈毛東塘先生》）

養真已效參同衞（魏伯陽《參同契》），出世何須覓洞天；綠
髮頳顏自難老，靈芽浮雪最通玄。壺公時遣青鸞劄，玉女
偷傳鴻寶篇（淮南王劉安作）；對客忘言意無盡，從來大道本
融圓。（同上，《贈唐山人》）

不如及早還滄洲，遨遊五嶽脫拘囚；懷仙竊附王子喬，招
隱學作東陵侯。（同上，《思歸引》）

祇林聊一眺，彷彿躡仙寰；……始解閉關者，栖栖恒古顏。
（同上，《遊水頭寺》）

羽人方丈室，芸案七真書；讀罷玄風入，蕭然世慮疏。
（同上，《宿韓道士房述興》）

三千蓬島，好補神仙員缺。金碧靈文，丹丘秘旨，莫向人
間說。挨手王喬，遊遍玄州閬闕。（《內臺集》卷3《無俗
念·和桂洲》）

有誰窈窕，似瀛洲仙子？「凌波微步」（曹植《洛神賦》），
臨鏡鬢鬟低照。（同上，《水龍吟·詠蓮》）

蓬壺夢覺，可隨意說與人間。見無數靈山玉島，仙娥冉冉
乘鸞。（同上，《瀟湘逢故人慢·夏意》）

古仙留火記，妙在識玄關。本自工夫簡易，牝牡各相安。
休認枯禪白坐，不是三黃八石。異類肯來，還直從一竅裡，

透出紫金丹。……偃月爐中真氣，玉女峰頭神火烹。煉不偏寒《陰符》蟬蛻，盡矯羽入蓬山。(同上，《水調歌頭·奉和夏桂洲談玄》)

講虛空，述訓詁，總戕殘大道，何曾禪補，徒使語成閒。若究本來真性，出自氣元種子。火熱水終寒，支離今日甚，無處扣尼山。(同上，《水調歌頭·奉和夏桂洲論學》，按此詞崇儒而貶道佛)

紫陽仙，一去隔蓬瀛。(同上，《望江南·寄王庸之》)

逍遙堪樂壽，不必養神丹。(同上，《送方西樵閣老次渭厓韻》)

九華靈巷，曾向人間延訪遍，鴻寶天開，自有神仙玉檢來。

(同上，《減字木蘭花·和桂洲韻》)

矯矯羽人，超出世緣，久予慕哉！……有誰能與飛霞道者，握手蓬萊？(同上，《沁園春·贈唐飛霞》)


明代陸西星、唐順之、王文祿、呂坤、焦竑、張位、湯顯祖、葛含馨、葉廷秀、喬中和、莊元臣、邵穆生都曾研究《陰符經》，王廷相卻未嘗。我贊同李養正〈陰符經〉(見 1984 年濟南市齊魯書社出版《中國古代佚名哲學名著評述》第二卷)的推測，秦國黃老學派的隱士假托黃帝撰《陰符經》。唐代李筌、張果、杜牧的注解，引起朱熹作《陰符經考異》一卷。

# 王畿表弟徐渭的三敎因緣

　　明代出現四位姓徐的文化偉人。科學方面有徐霞客和徐光啓，藝術方面有徐渭與徐上瀛❶。徐渭（1521─93）字文長（初字文清），別號田水月、山陰布衣、天池山人、青藤道士、柿葉翁、壽藤翁、沖和居士，浙江山陰（今紹興市）人。王守仁高足王畿（龍溪），就是徐渭的表兄。徐氏尊稱王龍溪爲老師，贈詩四首云：

> 法高不用十分多，一尺還君一丈魔。自己國王降不伏，九
> 江何用遣隋何？
> 燒鍋炎飯問樵公，見放青山採不空。下嶺何曾挑一擔，脊
> 梁當背柱穹窿。
> 不來不去不須尋，非色非空非古今。大地黃金渾不識，卻
> 從沙裡揀黃金。
> 大如平地起樓臺，細卽晴天日出埃。兩物拈來不堪比，分
> 明浪逐浪摧來。❷

此詩耐人尋味，像余英時敎授所解陳寅恪晚年賦詩。王畿以禪學扭曲陽明致良知敎，徐渭遂借佛語，學習純儒季本維護陽明立場，依照陽明所諷「拋卻自家無盡藏，沿門托缽效貧兒」暗譏龍溪乖離師道。漫山遍野的柴薪和黃金隱喩良知，從沙揀金指謂由禪學

尋覓眞如佛性。另一解釋是：徐氏以佛教中觀論派詞語宣揚良知
只須反省而不須向外追求。另一首給王畿的詩云：「講中方便接
嘐嘐，不得中行此亦聊。卻爲交情悲宿草，敬持香瓣赴全椒。漿
家暫舍何嘗饋，道侶除壇每見招。月旦豈無同會念，忽令祠宇樹
蕭蕭。」❸《莊子・列禦寇》敍述列子架子威嚴，小販震驚得賭
他飲料。徐渭讚王畿謙恭不擺架子，小販不會送他飲品。另一首
詩談王畿儒學源流：「海水必自黃河來，桃樹還有桃花開。試看
萬物各依種，安得蕙草生蒿萊。龍溪吾師繼溪（王理）子，點也
之狂師所喜。自家溪畔有波瀾，不用遠尋濂洛水。年年春漲溪拍
天，醉我溪頭載酒船。一從誤落旋渦內，別卻溪船三兩年。」❹
王畿改造陽明學，不像朱熹之學源於周濂溪和二程洛學。孔子欣
賞曾點的狂，恰巧陽明也尊龍溪的敏銳。

　　徐渭又師事王守仁弟子季本（彭山），懷念他說：「槐樹宛
低迴，猶疑講席開。死因雙宿去，生爲《六經》來。遠瑟飛春水，
傳燈暗夜臺，三年更築室，未了獨居懷。」❺傳燈是借用禪師的
術語。徐文長謂季彭山「老不廢書，至疾革猶談《周易》；貧無
別業（別墅），當傳經每借禪居；斯蓋成己成人，委有裨於後學；
立言立德，庶無愧於古人」❻。必須細讀其傳記：「字明德，別
號彭山，越之會稽人也。……季氏之先，魯公子季友爲僖公大夫，
賢而有功，賜氏其字。……至先生，復遷會稽之稽山里，禹蹟寺
之東，蓋宋曾文清（鞏）之故址云。……生而穎異，倜儻不羈。……
讀書菩提寺中，……不憚遠求博訪，隨其人而師之。上自聖經，
下逮星曆、度數、地理、兵農之學，亦必究極精微。……陽明先
生以太樸卿守制還越，先生造門師事之，獲聞致良知之說，乃悉

悔其舊學。……南寧至今傳新建（王）學，大抵先生功也。……
時講學者多習於慈湖（楊簡）之說，以自然爲宗。先生懼其失師
門之旨也，因爲（作）＜龍惕書＞以辨其疑似，……久之諸先生
者（同門）亦多是（肯定）之。……先生治吉（安）時政尚嚴，
同志有以書規之者。其治長沙率從寬簡，然於懲奸猾，則一毫無
所貸。……與人無圭角，雖僕隸若可仰而親之。……以繼往開來
爲己任，……疾革之日，猶進門人講《易》學於楊。」❼季本
＜龍惕書＞云：「今之論心者，當以龍而不以鏡。龍之爲物，以警
惕而主變化者也。理自內出，鏡之照自外來，無所裁制，一歸自
然。自然是主宰之無滯，曷常以此爲先哉？」❽王畿以警惕爲自
然之用，鄒守益主張自然與警惕相輔相成云：「警惕而不自然，
其失也滯；自然而不警惕，其失也蕩。」❾季本不採納王、鄒之
說，唯恐一談自然即援道禪入儒。孔子既重自然境界，彭山的憂
慮便屬過分。徐渭可能尊師而避免評師，文藝家幾乎都珍惜不必
警惕的自然。以鏡喻心，弊在缺乏良知的先驗內容。倘若心僅能
像萊布尼茲式單子那般反映外界，那麼精神境界就是馮友蘭《新
原人》所貶自然境界，低於功利、道德、天地三境，而非浴沂風
雩詠歸式至上的自然境界❿──天地境界。

美國費城天普大學宗教系傅偉勳教授，將價值取向分成十層：
身體活動、心理活動、政治社會、歷史文化、知性探索、美感經
驗、人倫道德、實存主體、終極關懷、終極眞實（ ultimate
reality ）⓫。徐渭關注政治社會和人倫道德，敍述呂光洵生平云：
「（司馬）遷之傳（晏）嬰也，止兩事；（呂）公所宜傳者且不
少，不可褻以細。……公諱光洵，字信卿，紹興之新昌人。遡其

始，實爲周太公望（呂尙）。……世（宗）皇帝南巡，大學士某居守，增設員以外數十百人，公奏罷之。又奏河東薛瑄、崇仁吳與弼、新會陳獻章三賢者，不宜不在孔子廟庭。……公自入仕，仕靡不優；而爲御史巡蘇、松，爲部院長治雲南，勞最著。自結髮爲學，學靡不優，而中治新建（王守仁）旨，而後與餘姚錢刑部德洪、吾鄉王兵部畿、武進唐都院順之三先生相切靡最力；以故悅親友諸倫敎事，率謹篤如古人。」 ❷ 呂信卿結交陽明弟子，又敬仰明初薛、吳、陳三哲，但未欽佩稍略影響陽明的白沙門徒湛甘泉 ❸。

　　王畿、季本、呂光洵三儒家中，季本對徐渭啓廸最深。顧力治（L. Carrington Goodrich）與梁一成合作＜徐渭＞，提到季本而忽略王呂二氏 ❹。學者容易單以徐文長爲文學藝術家，對思想不感興趣。＜奉贈師季先生序＞可糾正此錯覺：

　　　　先生論學本新建宗，講良知者盈海內，人人得而聞也。後生者起，不以良知無不知，而以所知無不良；或有離於見（opinion），起隨便之心而概以爲天則。先生則作〈龍惕書〉，大約論佛子以水鏡喻心，聖人以龍德象乾，龍作警惕，天命健行，君子戒懼。是以惟聖學爲精，察於欲與理。若水鑑，無主宰，任物形，使人習懶偷安，或放肆而不可收拾。移書江西之鄒（守益）聶（豹），及吾鄉錢（德洪）王（畿）諸老先生，再三反而不置。於是學者則見以爲依據，而諸老先生亦取之以精（refine）其說，而其說遂明。新建宗謂俗儒析經，言語支離，以爲理障，人

人得而聞也。後生者起，不知支離者之心足以障理，而謂
經之理足以障心；或有特為棄蔑典訓，自以獨往來於一真；
其拘陋者溺舊聞，視附會潰瀾之談，輒搖手不敢出一語。
先生則取《六經》，獨以其心之所得，以一路竟往其奧，
而悉摧破之。又上自隆古，下迄今日，帝王、聖賢、諸儒、
理氣、經術、德政、工夫實踐，以至異端、佛老、百家、
技術之流，莫不窮極邪正，辨其指歸，言數十萬。……畫
龍之精神不傳於人，則傳於紙上，固無窮也。……世謂有
德者壽，先生固敏決坦爽，居家臨政，置心人人腹中。遇
大事，膽魄益張，乃善容人之短，及經綸古今，真王佐才
也，此非德耶？❺

「置心人人腹中」，既似康德十二範疇中的交互共在關係，又像
雅士培（Jaspers）所倡在關愛中溝通。徐天池愛師心切，難免
誇大季彭山的成就。隨便的意念和嚴謹的訓詁，都可能造成理障。
季本堅持王守仁原則，徐渭再讚云：

先生蚤（早）聞新建致良知之旨，既浸溢，懼後之學者日
流而入於虛也，乃欲身挽其敝，著書數百萬言，大都精考
索、務實踐，以究新建未發之緒。四方之士從之遊者數百
人。自筮仕至老且革，無一日不孳孳問學者亦且數十年，
此其卓然以繼絕學覺來者為己任。而處心制行，光明夷坦，
孝友忠信。蓋卜諸鬼神，鬼神許之；質諸兒童，兒童信之
者矣。間有稍疑之者，謂先生當長沙時，以嚴以淫，為人

　　所彈詆罷。罷而獨居禪林，著禮書，將有所迎而希也。嗟
　　乎，是烏知先生哉！**⑯**

季本自長沙罷歸不久，「身死幾不能殮，骨且未寒而三子已寄舍
於他人」**⑰**，故非貪官汚吏。徐渭寫詩贈老師兒子季子微云：
「吾師有子舊承顏，千里徵銘館閣間。去縞數金酬綵筆，歸鑴片石
藏青山。野棠立馬人辭墓，津柳迎舟客渡關。滿眼臨歧雙涕淚，
不因爲別故潸潸。」**⑱**可見徐氏對季家感情篤厚。在＜任處士行
狀＞他又並提王、季兩師云：「處士姓任，諱士成，字宗仁，號
鐵野。……（祖先任）德甫……嫉權奸，以譏諷放歸。……（任
士成）稍長，貧，家人又勸之業醫若賈，勿從。於是新建（王守
仁）公以良知旨倡東南，處士聞其說慕焉。負笈往從公之高弟曰
雙溪湖先生者。冠陽明巾，高切雲，廣袖而博緅，步委蛇，里人
笑睡，擲以甓。而胡先生者稍不得於其繼母，好事者毁之，至以
（離）間處士。處士皆若勿見勿聞也，而冠且師之如故。於是陽
明公每過胡先生所，輒嘆息以處士篤於道也。胡先生沒（歿），
處士則倡率其門士若干人爲之營其殯葬，出錢買田宅，捐粟肉，
以給其寡孤者，歲以爲常。胡先生歿，而柄（秉）良知者，在郡
城則有彭山、我齋、龍溪諸老先生，而以……爲之友。於是處士
德益進，四方若鄉之人爭延敎其子弟。」**⑲**如果無此傳記，後世
便不知王守仁→胡氏→任士成的師承關係，任宗仁與徐文長同是
陽明徒孫。現代看來，任鐵野的服裝步態乃矯揉造作，今人如此
則必被嘲爲怪物。然而他的人格高尚，吸引力強。徐渭也屬怪異，
泰州學派陶望齡說他「性絕警敏，……年十餘，倣楊（揚）雄

〈解嘲〉作〈釋毀〉。……爲人猜而妬，……於行書尤精奇偉傑，
嘗言吾書第一，詩二、文三、畫四，識者許之。其論書主於運筆，
大概昉諸米氏云。……註《莊子‧內篇》、《參同契》、黃帝
《素問》、郭璞《葬書》各若干卷，《四書解》、《首楞嚴經解》
各數篇，皆有新意。……渭貌修偉肥白，音朗然如唳鶴，常中夜
呼嘯，有群鶴應焉。……越之文士著名者，前惟陸務觀（游）最
善，後則（徐）文長。自古業盛行，操翰者羞言唐宋，知務觀者
鮮矣，況文長乎？文長負才，……中被詬辱，老而病廢，名不出
於鄉黨，然其才力所詣，質諸古人，傳於來禩，有必不可廢者。……
文長歿數載，有楚人袁宏道中郎者來會稽，於望齡齋中見所刻初
集，稱爲奇絕，謂有明一人，聞者駭之。若中郎者，其亦渭之桓
譚乎！」❷袁宏道激賞徐渭，恰似桓譚賞譽揚雄。差別在袁未見
徐，而桓揚是知己。

　　黃宗羲批判陶石簣說：「先生之學，多得之海門（周汝登），
而泛濫於方外。以爲（程）明道、陽明之於佛氏，陽抑而陰扶。
蓋得其彌近理者，而不究夫毫釐之辨也。」❷陶氏執持道事一元
論，反對割裂道事爲二元：「事事則道妨事，道道則事妨道。不
知事者道之事，道者事之道。道之外必無事，事之外必無道。不
可二也。……皆心而已。良知者，心之圖繪（形容）也，猶不識
火而曰炎也，不識水而曰溼也；體用內外、理事道器、精粗微顯，
皆舉之矣。」❷顯然他汲取佛教華嚴宗的理事無礙觀，等同道與
心；闡釋以良知指謂眞心，好比用溼熱兩特性教人認識水火。泰
州陶氏的道德形上學未曾感染徐氏，徐氏的「道德」形上學及宇
宙生成論卻屬道家形態而混雜儒學：

虛無安靜，則大《易》之性情準矣。黃、老之御，御此者也；爐火之據，據此者也。一也，而無有二道也。然其象云何耶？乃象彼仲冬之節，子半之候，草木盡彫落也，人君深潛藏也，天道至玄寂也，日月正撐持而匡廓消亡也。此守黑之妙（老子意），至靜至默之道也。而不知者，顧讝讝（囂）於言語文字之間，則反自敗傷耳。……若夫金木水火土，……猶言仁義禮智信，同一性也，發而應迹則分而五屬矣。㉓

為彼（道）家之說者，往往云孤陽不生，如天之陽，必藉地之陰。鄙則詰之曰：地自天中之陰；非此人之雄，必藉彼人之雌。……南岳（懷讓）譏磚不成鏡，只緣鏡與磚是兩物也。再於無思無為，卻是胎中嬰兒本相。人自少至者，循之極則仙，反之極則鬼。原是一物，乃磨鏡求鏡，非磨磚求鏡比也。㉔

日月初亦只是一物，分而為兩。然其分最早先於天地之位……；若從天地未分而日月先分以經之緯之而言，則天地亦從日月生也。即人而論之，初胎時是一團水，豈不似天地混沌，及後有外體而為天，有內體而為地。……天地無日月則不成矣。天地從混沌而既位，無心無為，一任日月之漸營，毫髮不爽，積子寅而生人物，如鈞冶焉。人身從團水而成骸，亦能無心無為，一任日月之漸營，毫髮不爽，積三年而結嬰孩，亦如天地之鈞冶然矣。故日月者，生物之火候，而天與人均有之者也。天地之冶大，故萬人萬物生焉，人身之冶小，故結一嬰而止耳。今學（煉）丹者，

不知吾身中有一種日月之火候，……；吾身之結嬰，即天地之生萬人萬物；而妄謂須取彼家，然後成丹；則是謂此天之不能生物，而復藉彼天以生之者也，其可乎？……（道教）純陽旣虧必藉以補之之說，其支遁犯駁，多不能悉。水在胎中，無為無思，生生兒生，至有為有思之極而死耳。然則無思無為，成仙之徹始徹終事也。不患落禪，惟患不能禪耳。南岳鏡磚，不合是兩物。若無思無為，則原是嬰兒本相；如略攙以思為，卻正犯磨磚求鏡也。㉕

我們可以想象毫無物質的時空（天），即是徐渭論敵所謂不生的孤陽。但是青藤道士認為天地同質，異於磚鏡異質。南岳禪師以磨磚不成鏡，譬喻無關宏旨的苦修不能成佛。道家主張無思為的自然狀境，反為是至尊眞人的心境。呼之欲出的是：人乃小宇宙，類比大宇宙。羊水中的胎兒，比附太空的星雲。天不須向地採補，正如胎不必採補羊水。天池山人未嘗考慮：胎賴臍帶吸取母親營養，星球卻無母體，除非大爆炸時母星生子星。大小宇宙最似之處，在由流質醞釀成一或多個身體或星球。作為道士，徐渭相信可能修煉成仙，與星球共存不朽，即大小宇宙結合。難得他否定採補的迷信。作為沖和居士，他可說「惟患不能禪」，表示泯消一切造作。他嚮往成仙而非成聖成佛，但仍恪尊師公王守仁，在＜為請復新建伯封爵疏＞云：「崇厚道作人心事，……敦實行在先士風。……凡忠臣義士，孝子順孫，烈女節婦，臣悉咨訪，以備旌舉。……王守仁……功烈尤著。……學術之與事功，無有殊二。」㉖學術等於立德兼立言，加上立功，陽明堪稱三不朽。徐

渭雖擅長立言,德功兩方面遠遜於王守仁,曾經頌讚他的遺像道:
「方袍縵履步從容,高顙籠巾半覆鍾;千古眞知聽話虎,百年遺
像見猶龍。夜來衣鉢今何在?畫裏鬚眉亦似儂;更道先生長不滅,
那能食粟度春風?」㉗徐氏仿《莊子》筆下孔子稱譽老子爲龍,
尊陽明爲法中龍象,甚至吟詠他的短暫居處云:「石室陰陰洞壑
虛,高厓夾路轉縈紆;紫芝何處懷仙術,白日眞宜著道書。數尺
寒潭孤鏡懸,半天花雨一簾疏;投荒猶自聞先哲,避迹來從此地
居。」㉘但是徐氏詩「陽明洞天小,名爲道流芳;馬融今別去,
傳經冷石房。」㉙未註出「道流芳」指王守仁少年在此讀書;恰
似面對鵝湖亦不提朱陸之會:「琳宮梵宇不勝春,七寶騰光別樣
新;山學青蓮居大士,樹留黃葉款遊人。行參我伍將題懶,望近
鄉園入夢頻;對面鵝湖雲色暗,好爲法雨洗征塵。」㉚<龍溪賦>
也不提王畿㉛。

　　且看徐氏對陽明以前儒家的態度。他曾作精警語「儒寒道瘦」
㉜,又撰 <石刻孔子像記> 說孔子「傷己往往於諸國君而往往
不遇,終無所投止,四顧徘徊,如喪其家者然也?不遇則何補於
東周,此《春秋》所以作也」㉝。在《孔子家語》,鄭人形容孔
子「纍纍若喪家之狗」,子貢轉告孔子,孔子笑而贊成。徐渭深
愛孟子所倡浩然之氣,詠孟廟云:「祠廟遙將岱岳(泰山)連,
道宗嫡自一燈傳;師門已列三千上,名世眞辜五百年。栢影連蜷
穿漢出,石人苔蘚落周鑴;拜瞻豈少洋洋在,更向何方覓浩然。」
㉞孟子訶斥楊朱、墨翟,徐文長以墨作雙關語云:「煉修依法,
印證隨人,纔成老氏之玄;是何年,逃卻楊家,歸向儒邊?」㉟
楊朱式個人主義隱函老莊哲學,逃楊歸儒近似逃道歸儒。至於北

宋儒家，徐渭注意范仲淹、歐陽修對張載、蘇洵的啓廸勉勵云：
「昔張載以弱冠之英，負不羈之志，駐足孫（武）吳（起），遊
心佛老；及以書（函）謁仲淹，淹乃示之以讀《中庸》，而（張）
卒爲純儒。蘇洵讀書五十年，若〈權書〉、〈機論〉、〈兵要〉
諸篇，至歐陽公始獻之，而遂有〔司馬〕子長（遷）之許。」㊴
遊福建後徐氏緬懷南宋閩學云：

> 外物苟有所動於中，非必慕聲利而悅榮華，然後爲吾心之
> 累。雖玩清游曠，處高明而御文采，亦吾心之累也。今夫
> 建寧，非清曠之所、高明之奧、而文采之區乎？其名山巨
> 溪，則有武夷〔溪〕九曲，列仙之所宅，而風人之所寶也。
> 其大賢鴻儒，則有朱（熹）蔡（元定及其子沈）游（酢）胡
> （憲）魏（了翁）真（德秀）之羣，其他支裔，不可勝數，
> 濂洛所不敢輕，而關、汾所不能窺也。其圖籍書記，輻輳
> 錯出，坊市以千計，富家大賈所不能聚，而敏記捷視之人
> 窮年累月所不能遍也。故凡官建寧者，清心怡神，則必入
> 武夷九曲；訪古問道，則必尋朱、蔡諸賢之里，而拜揖徘
> 徊於其間。至於觀覽者，亦必求之於建陽之肆，盈笈篋而
> 後已，以爲是清曠且高明而文采，與聲利榮華遠也。回視
> 其中，能脫然無所動乎？吾未之知矣。㊲

遊閩時徐渭曾訪朱子老師李侗的祠堂云：「祠下風來好，單衣行
莫（暮）春；杏花鏗爾瑟，栢樹洒然身。默坐澄千慮，傳燈與一
人（朱子）；自慚何所似，馳馬醉歸頻。」㊳原來李延平少時乃

大醉俠，中年始教朱熹默坐澄心以待冰解凍釋。徐氏探朱子所建紫陽精舍說：「溪流五曲數峯奇，大隱屏（峰名）西路稍移；精舍猶存先種樹，青山似與後來期。繁花夾岸漁舟繫，列岫當亭道院宜；更擬乘鸞接仙侶，春風吹鬢兩來時。」❸朱子曾管理武夷山道觀以餬口，所以徐氏聯想仙侶。對朱子論敵陸九淵，徐渭說：「象山之答紫陽（朱子）論太極云，作＜大傳＞時，不言無極太極，何嘗同於一物，而不足爲萬化根本。此切中談文論字者之病矣。」❹關於周敦頤「無極而太極」的解釋學，朱子正確而陸氏兄弟錯誤，徐氏不敢批判。對於朱子後學眞德秀，徐文長論選詩云：

> 此事更無他端，卽公所謂可興、可觀、可群、可怨，一訣盡之矣。試取所選者讀之，果能如冷水澆背、陡然一驚，便是興觀群怨之品。……然有一種直展橫鋪，粗而似豪，質而似雅，可動俗眼，如頑塊大礨，入嘉莚則斥、在屠手則取者，不可不慎之也。鄙本盲於詩，偶去取，無甚異同於公。然有異同，亦特公之知〔我〕，不敢詭隨也，不妨更爾。惟子安（王勃）＜採蓮＞＜長安＞等篇，涉艷者，愚意在所必選；比之眞西山《文章正宗》，附李斯＜〔諫〕逐客書＞可也。❹

孔子主張詩歌具備興觀群怨四項功能❹。徐氏片面強調詩之警惕性，似評眞德秀漏選李斯佳作。

邵雍在儒道之際，自稱寓居爲安樂窩。徐渭關注其道家面相，

曾用安樂窩一詞❸；又於祭文說：「天有醴泉，地有琅玕，鳥則有鳳凰以飮之味之。土有鄭公，客則有（邵）康節以左之右之。矧（況）遠遊之一日，宛坐蛻於奕棋，等（邵）雍夫之觀化。……堯夫在昔，有餘緒耶？」❹蘇軾在佛道之際，徐渭感覺朱子對東坡太苛刻云：

> 夫子不語怪，亦未嘗指之無怪。《史記》所稱秦穆〔公〕趙簡〔子〕事，未可爲無。（朱）文公件件要中鵠，把定執板，只是要人說他是箇聖人，並無一些破綻，所以做別人着人人不中他意，世間事事不稱他心，無過中必求有過，穀裏揀米，米裏揀蟲，只是張湯、趙禹伎倆。此不解東坡深。吹毛求疵，苛刻之吏；無過中求有過，暗昧之吏。極有佈置而了無佈置痕跡者，東坡千古一人而已。朱老議論乃是盲者摸索，拗者品評，酷者苛斷。❺

用現代話說，徐氏心中的朱子患嚴重的聖人情意結，專門從鷄蛋裏挑骨頭，彷彿漢唐兩朝酷吏借屍還魂。

徐渭長兄徐淮（鶴石山人）❻沉湎於煉丹。幸虧徐渭愛讀《莊子》《列子》甚於求仙，發揮莊學云：

> 人生之處世兮，每大己而細蟻。視聲利之所在兮，水趨壑而赴之。……何殊於曳蟲股、喝蠅脾……?……無形爲虛，至微爲塵；塵有鄰虛，塵塵相鄰。天地視人，如人視蟻。……爰有一物，無畧無礙；在小匪細，在大匪泥；來不知

> 始，往不知馳；得之者成，失之者敗；得亦無攜，失亦不脫；在方寸間，周天地所。勿謂覺靈，是為真我。覺有變遷，其體安處？體無不含，覺亦從出；覺固不離，覺亦不即。立萬物基，收古今域。……控則馬止，縱則馬逸；控縱二義，助忘之對。㊼

此神秘物可以是良知、眞宰（道心）或佛性。徐文長傾向折衷三教說：「（老）聃也，（列）御寇也。（莊）周也，中國之釋(迦)也，其於(瞿)曇也，猶契也，印也，不約而同也，與吾儒並立而爲二。……其卒流而爲養生，聃之徒之爲也。入不測之淵海，以學沒（潛水）而已者，非求以得珠也。至海之半，不期(意外)而得珠焉，而後之學沒者，遂遷其學於珠。此養生之說熾，而他端者始蝟與而榛塞之由也。故道之名岐（歧）於此，與釋與儒而爲三，而本非三也。二之（至）三，嫡之庶，統之閏也；楚之有昭、景也、甲氏也；漢之有（趙）陀也。」㊽他誇張道佛兩家的符契，以獲珍珠隱喻養生的俗學㊾，視煉丹爲旁門左道云：「柱史（老子）當年走函谷（關名），倒跨青牛映山翠；關尹那爲伏道迎，紫氣如虹映牛背。關門古樹白月昏，一授《道德（經）》五千言；從此人間修渾淪，丹鑪鼓鑄皆傍門。」㊿由於道教的老子化胡故事，徐渭說：「化人西來化穆滿，渠又西行化恁人；枉殺周廷閑（閒）柱史，肯如漢女嫁烏孫。」(51)化胡竟比作和番了。傳說老子門徒計然（文子）告訴弟子范蠡：「知鬥則修備，時同則修物，二者形則萬貨之情可得而睹。」(52)從財貨轉移到無關利益的移情：「我非莊（周）惠（施）儔，亦能知爾樂；墨池水自

深，天機任潛躍。」❸《莊子・秋水》說「目憐心」。徐渭綜合
老莊道：「谷之神，內（納）衆聲，其靡盈；視之闃然，虛而不
明。鏡之茹，賦衆形，其靡渝；捫之硜如，明而不虛。既虛且明，
敦兼其精。古人有言：目憐心。」❹心兼虛谷實鏡之勝長，「夫
古人論心，多以鏡喻，故揩磨之說所自起矣，不知此二字何遲鈍
甚也！蓋此心本心其爲物欲蔽，特可喻以萍浮水面，一撤其萍，
水復自如，非若鏡之沉塵戀膩，而可以下手爲是優柔也。故聖人
但曰致知，曰緝熙，曰日日新；而祖（惠能）亦云自性迷即是衆
生、自性覺即是佛；又曰：從前念今，今及後念念不被愚迷染；
則是欲人於致、於緝、於日日、於念念上用力耳。……良知良能
驀上心來的事，如電掣即收，收時而太虛即湛然矣，何所容其揩
磨乎」❺❺？像道家和禪宗，徐渭傾向惠能式頓悟❺❻，不喜揩鏡磨
磚式苦修。然而人多利欲熏心，修心難於揩鏡磨磚，豈能易如撤
除浮萍！沖和居士懂得人心道：「謾說矯時勵俗，休牽往聖前賢。
屈伸何必問青天，未須磨慧劍，且去飮狂泉。世界原稱缺陷，人
情自古刁鑽。」❺❼朝廷小人刺激屈原呵壁問天，例證刁鑽蛇心爲
主的世界缺陷。道家企圖以忘卻缺陷去超克缺陷，《世說新語》
載王戎喪子受刺激云：「太上忘情，最下不及情；情之所鍾，正
在我輩。」凡夫忘遠不忘近，徐渭憶述龍雍（子肅、山子）的自
我檢討：「吾能忘情於遠，而不能忘情於近，非眞忘情也。」❺❽
忘情則不因遠物而飄飄然。

　　〈治氣治心〉綜合儒道兵三家精粹云：

　　　心，水也；氣，波也；鼓且決者，其風也；鼓且決而至震

蕩且奮迅者，風之極也；而敗馬者，其溺也。故欲止其波，澄其水，莫若去其風；欲斥其氣之鼓，與其心之敢決，莫若易之以治。……子房（張良）跪履於老人，至於盡折其氣與心，……卒收其功於天下。……養之於閒，而始責期於猝；鍊之於緩，而始求其效於臨時。……儒與將（兵）一，故治氣與治心一也。……惜也，以孫子（武）之才，其於心與氣也，能知治之矣，而不知一之也。……彼方虛也，而吾將制之以吾之實也，又安知彼不化虛而能為實也？及吾之避其實也，又安知彼不化實而偶墮於虛也？……不可以先設也，……因敵變化而取勝者，謂之神也。⑲

徐文長否定「先設」，即西諺「勿置車於馬前」，或現象學始祖胡色爾剔除不可證實的預設。

　　道教八仙兼具儒道兵三家的功能，徐氏〈再詠八仙臺〉云：「不教叔夜傳遺散，稍許淮南拜上辛。」⑳淮南王劉安與詩哲嵇康渴望成仙。探訪劉安的八仙藉藉無名。唐末五代醞釀的八仙神話，包括呂洞賓、何仙姑。〈呂何兩仙人圖〉說：「一陰一陽大道然，一雲一雨世人緣；仙姑自食雲母粉，莫比真奴、白牡丹。」㉑八仙的韓湘子乃韓愈姪孫，徐渭隨俗誤以他為姪云：「仙人以道勝，女婦以貌勝。有人觀神仙於畫中，則冀一遇之。及果遇之，道未嘗不道也，而人曰此非道也；如昌黎之於其從子（姪），雖至親而猶不得相信。觀女婦於畫中，則冀一遇之。及果遇之，貌未嘗貌也，而人曰此貌也，如登徒之於其妻，雖至陋而猶不以為嗤。是於道也抑何苛，而於貌也抑何恕耶？」㉒世人對道和貌，

滑稽地探取雙重標準。男仙呂洞賓「示現人間」，徐文長＜純陽子圖贊＞云：「凡涉有形，如露泡電；以顏色求，終不可見。知彼亦凡，即知我仙；勿謂學人：此語墮禪。」❻《金剛經》的六如中，此詩用露泡電三例。傳說神光砍己一臂感動達摩，徐渭＜四仙圖贊＞詠鐵拐李說：「色身不全，謂非法器；此虛言耳，神光斷臂。」人豈嫌棄神仙殘廢？天池山人依次再詠鍾離權、呂嵒（純陽）、張果三仙云：「是宜上昇，為神仙祖；無罣礙心，是活子午。」「遍遊人間，翁嘗見人；人不見翁，索翁以形。」「當其騎驢，不免尋覓；今其下驢，欲覓何物？」❻禪宗笑人騎驢覓驢，譏刺蒙昧於先天本具的佛性。徐渭常用佛典以折衷三教，作＜三教圖贊＞云：「三公伊何？宣尼（孔子）（老）聃（瞿）曇；謂其旨趣，轅北舟南。以予觀之，如首脊尾；應時設教，圓通不泥。……大海成冰，一滴四方。」❻惠能法裔喜言曹溪（源）一滴水。徐渭（沖和）居士推廣「一滴」泛指結合的三教，以海水顯喻佛性說：「人身具諸佛性，辟（譬）如海水；結諸業習，辟如海冰；……水性不滅。……大修之人不若頓超諸緣，盡澄性海；則茲半俗，莫非半禪；舉茲將化半化之冰，悉還一水。」❻冰喻蒙蔽佛性的習氣，必須融解。他甚至激賞雜糅儒佛的僧侶：

> 玉芝大師名法聚，……與董從吾翁謁陽明先生於會稽山中，問「獨知」旨，持詩為贊。先生器之，答以詩。至金陵，參夢居禪師於碧峯寺，問如何不落人圈繢，居與一掌，師大悟。……其弟子名祖玉者，與渭為方外交，結廬於山陰鏡湖之濱。……所著論，多出入聖經，混儒釋為一。然好

勝者或以此詆之，謂師苦於文而疏於道。……渭嘗令師代
濟法師答白居易問未了佛法書，又令作《首楞嚴》昧晦爲
空一章解，合千有餘言，據案落筆，應乎而成，奧旨猜辭，
一時皆徹。則師之於道，概可知矣。其爲人峻潔圓轉，舉
止瀟然。……（弟子）皆沖然自得，修行清苦，循雅有常
度。❻

居天池山二十餘年的祖玉禪師豁達，風格像雲門匡眞禪師所謂
「日日是好日」及無門慧開所言「春有百花秋有月，夏有涼風冬有
雪；若無閒事掛心頭，便是人間好時節」❻。徐天池＜（祖）玉師
挽章＞妙用道佛兩教語言：「雙鞋葱嶺去三年，兩甕（棺）團團嶺
箇邊；劫火只思將骨化，寒花依舊護人眠。我雖活在如籠鳥，子
已瀟然作蛻蟬；安得騎牛天竺道，月明重話三生緣。」❻ ＜雨花
臺＞詩又頌達摩云：「葱嶺西來人，言簡妄自破。……一悟超無
上，遂證菩提果。」❼ 但是究竟他對武夷山道教的興趣濃於葱嶺
佛教，宣稱「予夙好登覽，常兩走武夷千里道，樂就高人羽士說
長生、談玄理」❼。盡管他肯定「瞿（佛）聃（道）豈兩家」❼！
仍恐陷溺枯木禪云：「身心一個字，戒慧兩頭懸。匣劍抽能割，
盤珠走只圓。若教牢住著，未免墮枯禪。」❼ 他又恐淪陷野狐禪
說：「爲狐爲猿，予則莫察；各具佛性，而聽說法。桃實以獻，
乞師轉語；不昧因果，免墮野狐。」❼ 作爲江南人，他愛南禪多
於北禪，咏惠能云：「獦獠一束嶺南柴，五葉傳花自此開。顧我
久無傾蓋語，多君剩有法輪推。」❼五葉隱喻南禪五派，唐代嶺
南落後，五祖弘忍初讖未來六祖爲獦獠（南蠻鴃舌），徐渭遂說

「貝葉西來齅舌彈」 ❼。趣怪的是《四聲猿》也談禪說教：

南天獅子倒也好隄（提）防，倒有箇沒影的猢猻不好降。
看取西湖能有幾多水，老僧可曾一口吸西江？……證果不
易。……這箇修持像甚麼？好像如今宰官們的階級，從八
九品巴到一二，不知有幾多樣的賢否升沉；又像俺們寶塔
上的階梯，從一二層扒（爬）將八九，不知有幾多般的跌
磕蹭蹬。假饒想多情少，止不過忽剌剌兩腳立追上能飛能
舉的紫霄宮十八位絕頂天儻；若是想少情多呵，不好了，
少不得撲繄繄一交跌在那無岸無邊的黑鄲都十八重阿鼻地
獄。……說頓的，說漸的，似狂蜂爭二蜜，各逞兩下酸甜；
帶儒的，帶道的，如跛象扯雙車，總沒一邊安穩。謗達摩
單傳沒字，又面壁九年，卻不是死林侵盲修瞎鍊，不到落
葉歸根；笑惠可（神光）一味求心，又談經萬衆，卻不是
生胡突鬥嘴撩牙，惹得天花亂墜。……偈曰：「明珠歌腳
圓還欠，積寶堆山債越多。」此乃趄電穿針，一毫不錯；
饑王嚼蠟，百味俱空。也希大衆回頭，莫怪老僧饒舌。●

馬祖道一禪師向龐蘊居士說：「待汝一口吸盡西江水，即向汝
道。」因爲龐氏問題「不與萬法爲侶者是甚麼人？」弓鑽不可答。
戲劇豈能像禪宗公案那般簡潔呢？
天池居士的饒舌講道，質量俱遠不及英國蕭伯納每劇前後的長篇
大論。南禪六祖始用《金剛經》代替《楞伽經》印心，徐天池
〈金剛經序〉云：

永嘉（玄覺）云：「大丈夫秉慧劍般若鋒與金剛焰入，能
於煩惱匣中著眼，取用操而不失。不呈伎倆，不用訣術；
斬生死根，斷擬議蔓；摧我慢幢，毀法愛網；剪陰魔之黨
羽，蕩無明之營窟；殲三毒之賊媒，擣四時之壁壘；八風
不動而坐遊淨海，七浪不興而立登彼岸。然此彼岸自力自
登，恐不他假。……唯佛自成佛，故什（釋）迦於燃燈佛
所以髮掩泥、以五花供養時，彼佛實無有法可授，什迦實
無有法可得。若燃燈佛能以佛授云云，則燃燈有人相乎？
什迦有我相乎？我受者為眾生相，而授我者為壽者相乎？
唯生自度生，故胎生四相而胎生成佛云云。以故四相一空，
無佛可名，無眾生可名。……古德（先賢）不云乎？「莫
動着，動着生頭角。」言一動念，四相即具也。⑱

《金剛經》旨在消泯人、我、眾生、壽者四相；譬如教學時，師
現人相兼壽者相，生表我相和眾生相。《六祖壇經》倡不起念或
無念，就是不生頭角或不具四相。大乘佛教主張自力解脫，包含
南禪永嘉玄覺＜證道歌＞。徐渭將佛教「色」的概念用於戲劇說：
「世事莫不有本色（本來面目），有相色。本色猶俗言正身也；
相色，替身也。……眾人所忽，余獨詳；眾人所旨，余獨睡。」
⑲正身與替身的主副關係近似佛教「三身」的法身與報（應）身
及化身的關係，可視報身為優雅替身、化身是通俗化身。化身乃
可見可觸的色身，徐文長＜逃禪集序＞云：

如《首楞嚴》所云，大約謂色身之外皆己，色身之內皆物；

亦無己與物，亦無無己與物。其道甚閎（宏）眇而難名，所謂無欲而無無欲者也。若吾儒以喜怒哀樂為情；則有欲以中其節，為無過無不及；則無欲者其旨自不相入。而今之詆佛者，動（輒）以吾儒律之，甚至於不究其宗祖之要眇，而責其髡緇之末流；則是據今之高冠務干祿之徒，而謂堯舜執中以治天下者教之也。其可乎？其或有好之者，則又陰取其精微之說以自用，而陽暴其闕（缺）漏，以附黨於中正；謂佛遺人倫非常道，將以變天下為可憂。嗟夫吾儒之所謂常道者，非以其有欲而中節者乎？今有欲者滿天下，而求一人之幾於中節，不可得也。是其於常道亦甚難矣，況欲求其為非常之道，如佛氏之無欲而無無欲者耶？奈之何憂其變天下也？……至其神通應現、廣大奇怪而不可究詰者，姑不論。夫己茹葷而強餐霞者以肉食，賭川澤之產而不知其海之藏，此猶可諉曰：「各據其所見也。」（按即孔子見仁見智意）彼所謂高冠務干祿之徒，其至溷（渾）而無比，塊然略無所見者，亦顧呢呢於閎眇而難名之道，又何為者耶？❷

　　沖和居士心中，寺院總比官場潔淨，佛教對社會功高於過，惡劣副作用無傷大雅，很少人迷信廣大神通；儒家倡導有欲中節，欠缺道釋兩教詭秘的「無欲而無無欲」；與其強逼佛徒還俗吃肉，不若讓他們出家離俗，反正僧尼不會太多。我認為徐氏的寬容些微過分。部分儒家抨擊佛教風俗而不管原始佛教奧義，值得批評，然而儒道兩家吸取外道靈感，未必陰暗竊取。禪宗何嘗不大量汲

納儒道精粹？青藤道士究竟非苦行頭陀，而像法國柏格森有套笑
的哲學：「人世難逢開口笑，此不懂得笑中趣味耳。天下事那一
件不可笑者。譬如到極沒擺布處，祇以一笑付之，就是天地也奈
何我不得了。抑聞山中有草，四時常笑；世人學此，覺陸士龍
(雲)之顧影大笑，猶是勉強做作；及不得這個和尚終日呵呵，才
是天下第一笑品。」❸以自然主義的笑看待宗教，他輕鬆地避免
狂熱。杜牧在晏嬰立場嘲笑齊景公說：「人世難逢開口笑，牛山
何必獨沾衣？」❸這快樂主義源於《莊子‧盜跖》：「人之情：
目欲視色，耳欲聽聲，口欲察味，志氣欲盈。人上壽百歲，中壽
八十，下壽六十。除病瘦死喪憂患，其中開口而笑者，一月之中
不過四五日而已矣。」徐文長比杜牧之嚴肅，亦較為幽默 ❸。

# 註　　釋

❶　參考蔡仲德《中國音樂美學史論》（北京：人民音樂出版社，1988 ），尤其是＜溪山琴況試探＞。呂錫生《徐霞客家傳》（長春：吉林文史出版社，1988 ）資料豐富。

❷　《徐渭集》（北京：中華書局，1983 以下簡稱《徐》）卷11 ＜次王先王偈四首（龍溪老師）＞，此書標點不妥。

❸　《徐》卷7 ＜送王先生云邁全椒（龍溪老師）＞。全椒乃清代《儒林外史》作者吳敬梓的故鄉。

❹　《徐》卷5 ＜繼溪篇（王龍溪子）＞，子卽老師。

❺　《徐》卷6 ＜季長沙公哀詞二首（彭山）＞。

❻　《徐》卷29 ＜季彭山先生舉鄉賢呈＞。下文述其著作目錄：《四書私存》、《易學四同》、《詩說解頤》、《春秋私考》、《讀禮疑圖》、《樂律纂要》、《律呂別書》、《說理會編》、《孔孟圖譜》。

❼　《徐》卷 27 ＜師長沙公行狀＞。季本任長沙知府兩年。

❽　《明儒學案》卷13 ＜浙中王門學案・知府季彭山先生本＞。

❾　同上。參閱王煜《新儒學的演變：宋以後儒學的純與雜》（香港中文大學出版社，1990 ）及＜評介燕國材《唐宋心理思想研究》＞（在臺北《當代》第 39 期，1989 年 7 月。）

❿　友人傅偉勳＜馮友蘭的學思歷程與生命坎坷＞（在《「文化中國」與中國文化》。臺北：東大圖書公司，1988 ）結語「馮友蘭是最好的反面教材」和同書另一文＜沒有沙特，是否有波娃？＞均稍偏激。同書＜理想與現實相卽不二的道理＞頁 281 說：「陸王心學高偈滿街皆是聖人，原是誇張之詞。」須知王門部分如此誇大，陸象山未曾如此。

⓫　傅偉勳＜中國文化往何處去？一個宏觀的哲學反思與建議＞。刊於臺北《文星》第 107 期，頁69 。

⓬　《徐》卷 27 ＜呂尙書行狀＞。徐文長所撰行狀僅此卷兩篇，但是

碑銘及祭文頗多。

⑬ 泰勒《儒家的沉思方式》(Rodney L. Taylor,The Confucian Way of Contemplation Columbia: University of South Carolina Press, 1988) 談及薛、吳、陳、湛等明儒及日本岡田武彥等對靜坐的理論與實踐，涉及洪自誠《菜根譚》，包含第五節〈對禪之批判〉。

⑭ Liang I-cheng & L. Carrington Goodrich, "Hsu Wei," in L. Carrington Goodrich, ed., Dictionary of Ming Biography, 1368-1644 (明代名人傳)。New York & London: Columbia University Press, 1976. 此文著重文學藝術而輕於哲學，指出漢學家 Arthur Waley 相信徐渭撰《金瓶梅》，徐渭風格由吳昌碩、齊白石兩畫家發揚。關於該書書的作者懸案，可閱孫遜、陳詔《紅樓夢與金瓶梅》( 銀川：寧夏人民出版社，1982 )；《復旦學報》編輯部編《金瓶梅研究》)( 上海：復旦大學出版社，1984 )；杜維沫、劉輝《金瓶梅研究集》( 濟南：齊魯書社，1988 )；林之滿〈金瓶梅研究的可喜進展〉，在長春市《社會科學戰線》1989 年第 2 期。

⑮ 《徐》卷 19。畫龍點睛，用顧愷之典故。

⑯ 《徐》卷 24〈季先生祠堂碑〉。

⑰ 同上

⑱ 《徐》卷 4〈送季子微北上 ( 乃翁彭山老師服方闋，求志闍臣。)〉

⑲ 《徐》，《徐文長佚草》卷 5。任氏及其師胡氏，均不見於《明儒學案》，因言論太少。

⑳ 《徐》，附錄同郡陶石簣〈徐文長傳〉。

㉑ 《明儒學案》卷 36〈泰州學案五・文簡陶石簣先生望齡〉。

㉒ 同上，〈論學語〉引〈勵賢祠記〉。

㉓ 《徐》卷 16〈答人問《參同〔契〕》〉。「應迹」似用程顥語。

㉔ 《徐》卷 16〈論玄門書〉。

㉕ 同上，〈又〉。

㉖ 《徐》卷 14。

㉗　《徐》卷 7 ＜新建伯遺像（陽明）＞。

㉘　《徐》卷 7 ＜水簾洞（陽明先生赴謫時投寓所也）＞。

㉙　《徐》，《徐文長逸稿》卷 7 ＜陽明洞＞，參考《徐文長逸稿》（臺北：偉文圖書出版社，1977）。

㉚　《徐》卷 7 ＜行經鉛山遊觀音巖（云此地舊產七寶）＞。

㉛　《徐》卷 9。

㉜　《徐》卷 11 ＜竹＞。

㉝　《徐》卷 23。

㉞　《徐》卷 7 ＜謁孟廟二首（廟有孟夫子石像，云祠墓旁掘得，意非秦漢時物也。廟柏極盛。）＞。《徐文長逸稿》卷 4 ＜謁孟廟＞云：「齊梁本不求王佐，鄒、魯聊歸鬭野狐。」

㉟　《徐》卷 12 ＜墨＞。下文有「苦分分寸，着意磨研。」

㊱　《徐》卷 3 ＜上蕭憲副書＞。

㊲　《徐》卷 19 ＜送通府王公序＞。程門游酢生於北宋。

㊳　《徐》卷 6 ＜謁延平先生祠（先生少時往往醉馳健馬）＞。

㊴　《徐》卷 7 ＜泊舟武夷之五曲，謁紫陽精舍，憩大隱屏，復過仙人掌（峰名），抵其顛天遊觀中遠眺。＞。1986 年 6 月，我偕內子（蔡元定後裔）遊閩八天，也於天遊觀遠眺。

㊵　同㉝。

㊶　《徐》卷 16 ＜答許口北＞。

㊷　參考高專誠《孔子・孔子弟子》（太原：山西人民出版社，1989)。

㊸　《徐》，《徐文長逸稿》卷 3 ＜慕坦軒（乃翁號坦齋）＞。

㊹　同上書，卷 23 ＜祭何老先生＞。

㊺　《徐》，《徐文長佚草》卷 2 ＜評朱子論東坡文＞。梁一成《徐渭的文學與藝術》（臺北：藝文印書館，1976）和張孝裕《徐渭研究》（臺北：學海出版社，1978）同樣錯過此段美文及《逸稿》卷 9 ＜醉月尋花賦＞「與造物而同春，會千古於今夕。」葉朗《中國美學史大綱》（上海人民出版社，1985）竟不提徐渭啓發泰州學派、公安派和湯顯祖。

㊻　徐氏三代採取五行的金、水、木命名。父親徐鏓名從金，淮渭等字

從水，徐渭兩子枚、枳從木。徐淮像支遁和高啓愛鶴，徐渭最愛白
鷳——道家形態的雉，≪徐≫卷5＜白鷳詩＞云：「閩南烟雨迷青
嶂，孤雌挾子飛天上；卻憶羈雄不得歸，兩漿深籠鏡波漾。片雪長
梢向尾分，有時夢見武夷君；山長水遠無書寄，不及南飛鴻雁群。
主人爲爾苦惆悵，開籠欲放非難放；矰繳鷹鸇何處無，萬里憑誰報
無恙？」可憐籠中白鷳喪失自由，恢復自由就易喪生。參考林堅、
陳華、沈彥選注≪歷代咏鳥詩品評≫（哈爾濱：黑龍江人民出版社，
1987），可惜明代鷳詩只選楊基一首。

㉗ ≪徐≫卷1＜涉江賦＞。頁35「大己」錯成「大巳」。 孟子教人
提防健忘和助長兩極端。

㉘ ≪徐≫卷17＜論中七＞。甲氏即屈氏，因爲昭屈景乃楚國三大姓。

㉙ 參閱≪世界宗教研究≫1989 年第2期三篇文章：胡孚琛＜道教史
上的內丹學＞，王明＜魏晉神仙道教——抱朴子內篇研究序＞，李
養正＜陳攖寧先生評傳＞及胡孚琛≪魏晉神仙道教——抱朴子內篇
研究≫（北京：人民出版社，1989）。 陳攖寧（1880—1969）
的養生學博採≪易≫學、老莊思想、陰陽五行說及自然科學，兼任
中醫（其妻吳彝珠乃西醫），先後受洪秀全、章炳麟及老師嚴復影
響，像徐渭愛老莊，且撰≪辨楞嚴經十種仙≫。徐渭似未注意元明
之際諸葛亮的道士形像，詳見陳翔華＜諸葛亮形象演變史論綱＞，
在≪古典文學論叢≫（濟南：齊魯書社，1986）。 詞家夏承燾門
人陳翔華，費二十五年撰≪諸葛亮形象史研究≫（杭州：浙江古籍
出版社，1990），尙未比較孔明與劉伯溫（基）的道士形象。晉
宏忠≪臥龍深處話孔明——關於諸葛亮的新評說≫（北京：經濟日
報出版社，1989），比較≪三國志≫和≪三國演義≫的諸葛亮。

㉚ ≪徐≫卷5＜老子出函谷圖，友人索題，壽其所好＞。

㉛ ≪徐≫，≪徐文長逸稿≫卷8＜老子騎牛度關圖＞。

㉜ ≪徐≫卷17＜物產論＞。參考陳飛龍＜計然其人其事及其思想＞
（在國立中央大學≪人文學報≫第八期，1990 年6月）及馮友蘭
≪中國哲學史新編≫第一冊（北京：人民出版社，1964）頁79-
86。

㊾ 《徐》，＜補編・遊魚＞。

㊿ 《徐》，《徐文長逸稿》卷18＜鏡＞。

⑤ 《徐》，《徐文長佚草》卷3＜答北庵上人論明是因，暗是緣書＞。
此函堅持「緣是有善惡，體用豈有善惡哉！」

⑤ 註㊾所引學報有一文堪讀：潘桂明＜道生、惠能頓悟說的歧異＞。

⑤ 《徐》，《歌代嘯雜劇・楔子》。參閱周中明校注《四聲猿（附歌代
嘯》（上海古籍出版社，1984）。

⑤ 《徐》，《徐文長逸稿》卷19＜借竹樓記＞。

⑤ 同上書，卷12＜治氣治心＞。

⑥ 《徐》卷7。自注：「叔夜傳＜廣陵散＞，亦有八仙人，其地名八
仙塚。上辛日八公至淮南王館。」

⑥ 《徐》卷11，後面是＜賦得奕仙＞、＜題王質爛柯圖＞、＜劉
（晨）阮（肇）天臺（山）圖＞、＜月宮仙子圖＞。

⑥ 《徐》卷20＜書畫後＞。

⑥ 《徐》卷21。

⑥ 同上。

⑥ 同上。卷23＜函三館記＞以儒家三才比附老子「道生一，……三
生萬物。」

⑥ 《徐》卷23＜半禪庵記＞。

⑥ 《徐》卷25＜聚禪師傳＞。

⑥ 參考《無門關》及何國銓《中國禪學思想研究》（臺北：文津出版
社，1987）。大陸有三書可看：葛兆光《禪宗與中國文化》（上海
人民出版社，1986）；顧偉康《禪宗：文化交融與歷史選擇》（上
海：知識出版社，1990）；李淼《禪宗與中國古代詩歌藝術》（長
春：長春出版社，1990）。

⑥ 《徐》卷7。

⑦ 《徐》卷4。

⑦ 《徐》，《徐文長逸稿》卷15＜贈陳翁序＞。

⑦ 同上書，卷3＜題王氏壁＞。

⑦ 同上書，卷3＜定所篇（戒定慧）＞。

㊐ 同上書，卷17＜猿獻果羅漢畫＞。卷24＜菩薩蠻（觀音大士蓮座既爲風所壞，觀音自然站立，風無奈觀音何也。此戲謔三昧語爾。）＞云：「觀音不惹塵」。大乘觀音菩薩高於小乘阿羅漢。

㊕ 同上書，卷4＜駱復用韻和答，再次之＞。

㊖ 同上書，卷6＜蛙聲＞。

㊗ ≪徐≫，≪四聲猿、玉禪師翠鄉一夢、第一齣≫。

㊘ ≪徐≫，≪徐文長佚草≫卷1。參考卷2＜金剛經跋＞。

㊙ 同上，＜西廂序＞。「相」非現象（色）而是輔助或次要。卷7＜戲臺＞云：「隨緣設法，自有大地衆生；作戲逢場，原屬人生本色。」

㊚ ≪徐≫卷19。

㊛ ≪徐≫，＜補編・頭陀跌坐跋＞。禪寺的布袋和尚塑像必附妙聯，褒賞他能容別人所不能容、能笑別人所不能笑。

㊜ 曹中孚≪晚唐詩人杜牧≫（西安：陝西人民出版社，1985）可觀，但未詳盡。

㊝ 宜看薛寶琨≪中國幽默藝術論≫（杭州：浙江人民出版社，1989）及閻廣林＜林語堂幽默觀論略＞（在≪西北大學學報≫1989年第3期）。笠原仲二著、楊若薇譯≪古代中國人的美意識≫（北京：三聯書局，1988）及于民等九人合著≪中國審美意識的探討≫（北京：中國戲劇出版社，1989）均忽略徐文長。鄭傳寅≪傳統文化與古典戲曲≫（武漢：湖北教育出版社，1990）和韓經太≪中國詩學與傳統文化精神≫（成都：四川人民出版社，1990）亦然。

# 湯顯祖的儒釋道三向

　　江西臨川在宋明兩代產生王安石、湯顯祖（ 1550 — 1616 ）兩大文豪。他倆思想成就各有千秋，同樣傾向道佛而非純儒。

　　顯祖書香世代：祖父湯懋昭性格恬淡高潔，父親湯尚賢知識淵博而且作文古奧，母親吳氏熟讀詩書。伯父湯尚質也是詩書傳家。湯尚賢創建湯氏家塾，在文昌門外再設「文會書堂」，內題對聯「文比韓蘇歐柳，行追稷契皋夔。」後來湯顯祖的文比行更優秀。少年時代他拜兩位儒家為師。十三歲時父親帶他師事理學家徐紀之子徐良傳。徐氏教他讀《左傳》、《史記》、《昭明文選》和唐宋八大家的古文。初任武進縣令時，徐良傳曉諭該縣官吏勿貪污及宴樂。他善於判斷，努力息訟平冤。擔任吏科給事中時，他疏請皇帝招募隱逸、賢才。沉湎道教的明世宗浪費公帑築「迎仙宮」，無意採納徐氏雅意❶。

　　另一位儒門老師是泰州學派王艮的三傳弟子羅汝芳（1515 — 88 ）。他字惟德，號近溪，江西南城人，自稱文詞受益於《法華》等佛經。程朱理學和泰州學派的顏鈞（山農）先後陶冶羅近溪。他誘導湯氏叛離程朱而親近泰州派王學。顯祖十三歲向羅汝芳問學，三十七歲再與羅氏在南京會面，其間常同老師「或穆然而咨嗟，或熏然而與言，或歌詩，或鼓琴」❷。他們的共同興趣在儒學、文藝和音樂。

　　三十一歲的湯顯祖遊南京太學，受四明（今浙江寧波）戴洵

賞識。顯祖頌讚他「誕乾坤之郁，秀山淵之氣。仁義中和粹其躬，《詩》《書》弦勺藻其物」❸。湯氏思想仍屬先秦儒家形態。兩年後張居正病逝，翌年湯氏觀政北京禮部，三十五歲赴南京任太常博士，重遊南國子監，兩年後朝夕與朱廷益、焦竑❹、李登、陳履祥等論學。在金陵十年，他三易官職，敬仰剛直不阿的東林黨首領鄒元標。三十八歲時羅汝芳門徒爲老師建築講所於從姑，匾曰明德堂；九月羅氏逝世，顯祖追憶老師云：

> 或曰：「日者士以道性爲虛，以食色之性爲實；以豪傑爲有，以聖人爲無。」嗟夫，吾生四十餘矣。十三歲時從明德羅先生遊。血氣未定，讀非聖之書。所遊四方，輒交其氣義之士，蹈厲靡衍，幾失其性。中途復見明德先生，嘆而問曰：「子與天下士日泮渙悲歌，意何爲者，究竟於性命何如，何時可了？」夜思此言，不能安枕。久之有省。知生之爲性是也，非「食色，性也」之生；豪傑之士是也，非迂視聖賢之豪。❺

「生」非荀子所指生物本能，而指高雅情趣；「豪」非如魏晉偏激名士以聖賢爲迂腐，而泛指優秀人材，例如鄒元標。顯祖在北京賦詩給鄒氏云：「用九開潛躍，得一佐寧清，……依陰候虹起，疑陽忌龍戰。……君子秉昭質，忠孝復前規。處志殼中孚，折體象明夷。……南遷殊北徵，今心豈昔懲。」❻此詩巧妙融化《周易》《老子》及《離騷》，不同二十八歲時喜言孔孟的典型——「絕筆愁夫子，持籌借孟軻」❼。青年湯顯祖歌頌忠貞，如表揚

南宋謝枋得的門徒李天勇「尚忠義，……兵敗，與張孝忠死之」
❽；及宣揚貞烈的兩位賢婦：

> 樂安曾氏婦，生三女，長者尚未之人，幼才笄耳。至正壬
> 辰之亂，聞寇且逼，三女登堂請於母曰：「事已至此，不
> 敢負母教。願自裁。」母笑曰：「我乃後之後。」乃作酒
> 共食，交拜為壽。已則相為結束，並經（上吊）於舍北松
> 樹下。人呼母子松，歌詠之。孔子曰：「民之遠於仁也，
> 甚於水火。水火吾見蹈而死者，未見蹈仁死者。」萬氏女
> 豈不蹈之哉！❾
>
> 樂安王泰昌之婦，六七歲時，其姑再醮而歸，（董）官貞
> 即不出見，見則掩面。姑問之，答曰：「安有婦人再共人
> 臥，不羞死邪？」姑大罵曰：「婢子，汝何知？且見汝異
> 日為孀時也。」官貞曰：「我固不孀。就有之，定不效姑
> 為也。」後嫁太昌。太昌果死，官貞才二十二；無舅姑兄
> 弟子女，官貞呼天大哭，欲絕。旁婦止之曰：「待姑姊妹
> 之臨。」官貞曰：「吾不忍見吾姑也。」遂自經死。家人
> 合葬之。孔子曰：「其言之不怍，則為之也難。」官貞不
> 怍其言，豈不難矣！❿

程頤「餓死事小，失節事大」一語顯然感染湯氏。忠貞的對象是
帝王、朝庭、上司、丈夫。伊川強烈反對一女先後事二夫，追論
一臣前後事兩朝。幸虧伊川之父曾經鼓勵姪女再嫁。泰州學派比
較正視情欲而輕視忠貞，例如李贄激賞卓文君「忍小恥而就大計」

以免「徒失佳偶，空負良緣」；肯定馮道曉得「社稷爲重，君爲輕」，歷仕四朝以「安養斯民」，令黎民免遭鋒鏑塗炭❶。李卓吾區分儒者爲四類——鄙儒、俗儒、迂儒、名儒，訶斥「鄙儒無識，俗儒無實，迂儒未死而臭」，連名儒亦僅「死節殉名」❷。他甚至吶喊：「今之講周、程、張、朱者可誅也。」❸ 程頤在他心中，必爲迂腐的名儒，但不至於堪誅。李贄的摯友焦竑狀元及第時，湯氏恰巧四十歲。四年前湯氏已作詩贈借住焦竑寓所的王悅之，因爲王氏遷居湯氏住宅❹。顯祖重視焦竑的友誼，加上公安派袁氏三兄弟同樣敬仰李贄，結交袁氏的顯祖間接受卓吾思想濡染，中年開始不再謳歌忠貞。

然而湯氏背離程朱尚不歸依陸王。對於詆諆王守仁的唐伯元❺，顯祖絕無反感，而且贈詩云：「津衢無奧士，舊崤有奇人。居懷徒可積，抗辨乃誰馴？道術本多岐（歧），況復世所尊。風波一言去，嚴霜千古存。揆予慕甘寢，未息兩家紛。方持《白華》贈；殊望桂林雲。」❺ 原來唐氏抱愚忠於先秦儒家，否定後世心學。顧憲成開啓他的茅塞道：

> 《大學》言致知，文成（王守仁）恐人認「識」爲知，便走入支離去，故就中間點出一良字；《孟子》言良知，文成恐人將這個「知」作光景（影）玩弄，便走入玄虛去，故就上面點出一致字。其意最爲精密。至於如鬼如蜮，正良知之賊也，奈何歸罪於良知？

唐伯元恍然大悟說：「善。假令早聞足下之言，向者論從祀一疏，

尚合有商量也。」鹵莽的唐仁卿在《答李中丞見羅》謂：「程子
表章《大學》，有功聖門固矣。然格物解誤，則是書雖存，反增
一障，可省也，亦可無也。」唐氏像湯顯祖不喜程子，而受老莊
薰陶云：「太上忘實忘名，其次篤實晦名，其次力實生名。生名
者賢，晦名者聖，忘名者天。（伯）夷（叔）齊讓國，國與名而
俱存；燕噲讓國，國與名而俱喪。……好名之人，能讓千乘之國，
貴名也。」（《好名解》）用此標準衡量，湯顯祖只屬力實生名
的賢人。

對於東林學派領袖顧憲成，湯顯祖畢生仰慕親近❼。清代查
繼佐竟謬言湯氏「以不慕東林，終身宦不達」❼。對於憲成之弟
允成，湯氏著《顧涇凡小辨軒記》云：

> 凡天下從大而視小不精，從小而視大不盡。此夫以識為大
> 小者也。居明不可以見暗，在暗可以見明。此夫以境為辨
> 塞者也。惟道；「顯諸仁，藏諸用。」（《易·繫》）其藏也
> 復，其顯也辨。物無非用，用無非仁。逝而反，廣而微。
> 非心之所為也，道也有然。而舉九德之卦，復若小馬耳。
> 言復者，莫辨於《大學》之道，「知止而後有定」。以能
> 慮止者，復也。不復不止。止而慮，則其辨也。天下而反
> 之身心意，遞相復也，遞相小也。而意復於知……則彌小
> 耳，乃又在乎格物。……學道者，因「至日閉關」之文，
> 為主靜之說。夫自然之道靜，知止則靜耳。安所得靜而主
> 之。《象》曰：「商賈不行，后（首領）不省方。」此非
> 主靜之言也。環天下之辨於物者，莫若商賈之行，與夫后

之省方。何也，合其意識境界，與天下之物遇而後辨。……固有所不及辨者。若夫不行而行，不省而省，所謂自然之辨也與！然則聖人何小乎復而大乎乾？……乾大而明終始，復小而辨於物。其知一也。……至視聽言動皆復，而天下之能事畢矣。故曰「不遠復」，「有不善未嘗不知」。吾友滛凡君，幾學《易》之年（五十歲）。有意乎是，以名居。稱名以小而取數大。予故廣其義以貽之。⓮

《復・初九爻辭》「不遠復，無祇悔，元吉。」意謂循環出去不太遠即回來，非但沒有大的悔恨，而且十分吉利。《復・象傳》「先王以至日閉關，商旅不行，后不省方。」因為冬至太冷，帝王暫停巡視各區，絕非長期主靜避動。湯氏融合乾復兩卦，喜動甚於靜。《易・繫》「其稱名也小，其取類也大。」顯祖改「類」成「數」。

湯氏不愛王學，卻懷念啓迪王守仁的湛若水云：「弔湛公於黃龍講堂，道甚窄路，夜火青霞洞，中有湛公樓七楹。」⓴顯祖未談陳獻章、湛甘泉師徒的哲學，只視甘泉為優異人才。他的人才觀純屬儒家形態㉑。嶺南另有海南島的丘濬、王佐師徒也是儒臣，但是湯顯祖結交的不是瓊州王佐（1420—1505）㉒，而為浙江鄞縣的同年進士王佐。後者曾任南昌知府，在江西廿餘年。顯祖讚云：「質清寧近名，我友真人英。被服必儒素，退食少餘贏。道遠室人嘆，齋居童僕貞。」㉓至於瓊州儒臣海瑞，湯氏說：「惟粵中人材為天地精寶，萬有益於世而無一費於其鄉。古遠無論，陳（獻章）湛（若水）二先生之正學，……丘（濬）海（瑞）

二公之博文危節，至於今粵之後學末臣，未嘗不稱之，與古聖賢
豪傑爭銖兩，何問今世哉！……試觀士大夫享長福者，其心必有
以愛人，其行必有以重於世。亦有褊心薄行而獵通顯者，然其名
必壞，其後亦多不全。……陳江門（獻章）海忠介（瑞）亦何必
成進士乎！……夫以巾帶之士，加以名家，如肯折節好義，其名
易出於平人（民）。……惟孝友慈讓是爲。……領稅領鹽，不如
領《詩》《書》仁義之爲富也。」❷可見顯祖尊崇廣東諸儒爲青
少年典範，讓我借用他的詩句「始知仁義人，浩然不可逼」❷描
寫海剛峰❷。連累害湯氏仕進的張居正也讚許海瑞云：「至於海
剛峰之在吳，其施雖若過當，而心則出於爲民；霜雪之後，少加
和煦，人即懷春，亦不必盡變其法以徇人也。」❷顯祖同樣和煦
爲民，曾感嘆鳳凰道：「江淮以南，犖青地而備文，耿介而聞微。
質青，仁也；耿介，義也；聽察先聞，智也；五章，禮也。有此
四德者，可爲世儀。」❷孟子首倡仁義禮智四端，顯祖以海瑞等
的耿介爲義。他甚至珍惜仁獸云：「人言西北邊，有獸名爲遜。
性不喜獸鬥，逡巡解其困。……此獸仁有禮，錯莫身爲殉。世有
麒麟皮，爲鞍復何問！」❷

　　五十八歲時湯顯祖仍念念不忘儒典，撰《霞美山賦》云：
「《文言》引慶於積善，《春秋》占達於明德。……大祖直軒，內
恕以仁。」❸他的曾祖湯廷用「敦行樂善」，祖父湯懋昭「嗜欲
不亂於中，勢利不奪於外」，父親湯尚賢「卜宅兆以妥先靈，建
家塾以開繼緒，捐萬石以賑荒歉，出千金以修橋樑，尚義而不計
利」❸。顯祖緬懷遠祖乃「殷人之後」❸，而孔子遠祖是殷人後
裔建立的宋國帝王。孔子愛《易》。湯氏特喜觀卦，四十三歲謫

官廣東徐聞時，創辦貴生書院強調觀察云：

> 「天地之性人為貴（《孝經》）。人反自賤者，何也？孟子
> 恐人止以形色自視其身，迺言此形色即是天性，所宜寶而
> 奉之。……仁孝之人，事天如親，事親如天。……子曰：
> 「天地之大德曰生，聖人之大寶曰位。」（《易・繫》）何
> 以寶此位，有位者能為天地大生、廣生。故觀卦有位者
> 「觀我生」，則天下之生皆屬於我；無位者止於「觀其生」，
> 天下之生雖屬於人，亦不忘觀也。㉝

他在南京曾向臨川同鄉舒位講「觀民」之生：

> 竊觀先師（孔子）有戒，壯在鬥而衰在得。蓋血氣有餘，
> 宜受以不足；不足，又宜受之以有餘。自消自息自補引，
> 亦「觀其生，進退」之義也。如此然後可以觀民。……與
> 其開而兩傷，不如交而兩成。……老與壯交相成也。……
> 知好鬥之禍烈於好色，正不知好得之譏深於好鬥耳。㉞

湯氏認為好色、好鬥、好得的嚴重性遞增，晚年再聯想孔子和觀
卦道：

> 孔子之道大，天下莫能容，至於疏食飲水，在陳蔡，蔡羹
> 不糝，數日不舉火，亦可謂貧且賤矣。其言曰：「智者樂，
> 仁者壽。」固亦有取乎樂且壽也。……夫所望以《易》終

者，得五十而可，而乃天幸至七十，得以不踰距（矩），孔子之樂且壽宜何如。……在《易》之《觀‧上九象（傳）》曰：「觀其生，志未平也。」㉟言其志非所以觀九五之生而已。世有孔子之年，而無周公之夢（欲實踐理想），雖富且貴何如哉！㊱

《觀‧九五象傳》用「觀民」解「觀我生」，《觀‧上九象傳》以「志未平」釋「觀其生」。前者止於冷靜觀察，後者志在熱情實踐。五十七歲的湯顯祖又談此卦：

古之人曰：「得道者壽。」或曰：「壽而後可以得道。」予頗疑之。……壽者不必得道，而常在乎得道；得道者不必壽，而常在乎壽。……建於形容仁智，而分其樂水樂山。（孔子）曰智者以動樂，而仁者以靜壽。然則凡有見於道之一者，皆有以行其世而善其躬。陰陽之道，坎為水，天下之勞卦也，行天下之險阻，而不失其信；艮為山，天下之止處也，藏天下之險阻，而不忘其愛。……仁知者，合外內之道也。
吾過南州時，從章本清先生談天人之際，而喀然於《易》「觀其生」。觀其自養，殆所謂樂而壽，壽而樂者耶！…勉壽者以樂，而先生不以為然。若曰：《離（卦）》過中而艮，笑歌嗟嘆，皆非可久之道。惟「終日乾乾」（《易‧乾卦‧文言》），「不知老之將至」（《論語》）云爾。予然後知有道者之止無所止，而有道者之憂樂非夫人之為憂樂

也。❸

顯祖提出坎艮兩卦相反相成的作用在行險與藏險，離卦像謙卦戒
忌滿盈。「剛而多欲」的張居正和「柔而多欲」❸的申時行，都
是反面教材。剛柔之間的中庸就是「仁」或「天機」。湯氏融合
孔子和莊子思想云：

> 通人之言曰：「善觀人者，不觀其人（表面），而觀其人
> 之天（本質）；相千里馬者，取其精，遺其粗。」見其內，
> 而忘其外，以此謂之天機。（孔）子言之矣：「富貴貧賤，
> 不以其道得之，君子有所不去不處，以成名於其仁。」（《論
> 語》大意）……中庸者，天機也，仁也。去仁則其智不清，
> 智不清則天機不神。……公（鄒元標）……大抵皆言天下
> 國家蹈白刃、辭爵祿之事，而未嘗不出乎道中庸之意。…
> 發憤譏切大臣之事，訕然而止。餘多以大雅寬然之思感動
> 主上。所傳記悲美，多以表發道衡，感慨烈行、幽憂所
> 不能平。與學道人酬答，常治其偏至。……言悟修；曰必
> 「其中有真」（老子言）而後可。❸

顯祖謙稱自己「積數十年，中庸絕而天機死」❹。其實他僅對程
朱理學❹心死，以至談及鵝湖也不提朱陸的鵝湖之會❹。青年時
代一篇政論❹以外，他罕提朱子。雖與東林黨互相尊敬，湯氏厭
倦狹隘的道義之爭，比顧氏昆仲和鄒元標等更面對現實❹。他的
三位公子加入繼東林而興的復社。晚年湯氏說：「秀才念佛，如

秦（始）皇海上求仙，是英雄末後偶興耳。」❹他的理想人物是
孔子而非老莊或釋迦。

　　湯義仍的佛家思想，深受達觀（紫柏、眞可）禪師感染，他
倆於萬曆十八年（ 1590 ） 初會於南京鄒元標宿舍，十三年內見
面五次，通訊頻繁。眞可以反朱學和礦稅而遭人忌，萬曆三十一
年瘐死北京獄中。湯海若宣稱：「達觀氏者，吾所敬愛學西方
(印度)之道者也。」❹「弟一生疏脫，然幼得於明德師，壯得於
可上人。」❹此「壯」始於四十一歲。紫柏禪師激發他探索情理
關係云：

> 「情有者理必無，理有者情必無。」❹真是一刀兩斷語。
> 使我奉（佛）教以來，神氣頓王（旺）。諦視久之，并理
> 亦無。世界身器，且奈之何。以達觀而有痴人之疑，癡鬼
> 之困；況在區區，大細都無別趣。時念達師不止，夢中一
> 見師，突兀笠杖而來。忽忽某子至，知在雲陽。東西南北
> 何必師在雲陽也？遍來情事，達師應憐我。白太傅(居易)、
> 蘇長公(軾)終是爲情使耳。❹

達觀抨擊朱子爲「以情立言」，「根於情不根於理」。湯氏雖理
解師意，而感未免情累。他厭惡新儒學的情理對峙，遂將柳宗元、
劉禹錫標舉的「勢」與情理並列爲社會三要素：

> 今昔異時，行於其時者三：理爾，勢爾，情爾。以此乘天
> 下之吉凶，決萬物之成毀。……事固有理至而勢違，勢合

而情反，情在而理亡。故雖自古名世建立，常有精微要眇不可告語人者。……是非者理也，重輕者勢也，愛惡者情也。❺⓿

《老子》51 章早已謂「道生之，德畜之；物形之，勢成之。」荀子對比「道」「欲」，但未言「勢」。道（理）勢同是客觀的，情卻是主觀（體）的。非但「人生而有情」❺❶，而且「世總爲情，情生詩歌，而行於神」❺❷。蘇綽、李翱和宋明儒大致主張性善情惡說。湯氏卻謂：「性無善無惡，情有之。因情成夢，因夢成戲。」❺❸極惡的情亦非違逆天理，戲劇的善惡形象輔助觀衆對善惡作褒貶取捨，甚至振聾發聵：

思歡怒愁，感於幽微，流乎嘯歌，形諸動搖。或一往而盡，或積日而不能自休。蓋自鳳凰以至巴、渝夷鬼，無不能舞能歌；以靈機自相轉活，而況吾人！奇哉清源師，演古先神聖八能千唱之節，……生天生地生鬼生神（改造莊周、王守仁語），極人物之萬途，攢古今之千變。……乃至貴倨弛傲，貧齧爭施。瞽者欲玩，聾者欲聽，啞者欲嘆，跛者欲起。無情者可使有情，無聲者可使有聲。寂可使諠，諠可使寂；飢可使飽，醉可使醒；行可以留，臥可以興。鄙者欲艷，頑者欲靈。可以合君臣之節，可以浹父子之恩，可以增長幼之睦，可以動夫婦之歡，可以發賓友之儀，可以釋怨毒之結，可以已愁憤之疾，可以渾庸鄙之好。然則斯道也，孝子以事其親，敬長而娛死（亡親）；仁人以此奉

其尊，享帝而事鬼；老者以此終，少者以此長。外戶可以
不閉，嗜欲可以少營。人有此聲，家有此道，疫癘不作，
天下和平。豈非以人情之大寶，為名教之至樂也哉！❺

康德以審美判斷作為純粹理性和實踐理性之間的橋樑❺；湯氏用
戲劇做理與情之間的橋樑；誇大情夢戲三項的薰陶功能，至於防
止病毒肆虐。他的唯情論比泰州學派「率性為道」或「制欲非體
仁」更澈底激烈。人情（自然）與名教（道、理、禮）的對立，
成為以人情表現名教。道心與人心的對峙，變成道心函蘊深情：
「道心之人，必具智骨；具智骨者，必有深情。……可以恢然逌
（暢）然，以山川為氣質，以烟霞為想似，以玄釋（道佛）為飲
食，以笑嘆為事業，縱橫俛（俯）仰，概不由人。道與文新，文
隨道真。情智所發，旁薄（磅礡）獨絕，肆入微妙，有永廢而常
存者。」❺此段卓異妙文寫給摯友湯賓尹（字嘉賓，號霍林），
稱許他云：「霍林者，道心人也；孝友廉貞，足世師表，而當何
疑於世乎！」❺湯賓尹撰《睡菴文集》，睡夢相關。用箭符表示
蘊含，顯祖思想如下：道心──→智骨──→深情──→（酣）夢──→
（好）戲。戲劇反過來陶冶道心、激勵智骨，淨化人情。

《臨川四夢》的夢覺觀融合道佛兩家說：

天下女子有情寧有如杜麗娘者乎？夢其人即病，病即彌連，
至手畫形容傳於世而後死。死三年矣，復能溟莫（漠）中求
得其所夢者而生。……情不知所起，一往而深。生者可以
死，死可以生。生而不可與死，死而不可復生者，皆非情

之至也。夢中之情，何必非真！天下豈少夢中之人耶！必
因薦枕而成親，待掛冠而為密者，皆形骸之論也。⑤

希臘神話裡，死神坦內圖斯（Thanatos）乃夜神奈克士（Nyx）
之子，睡眠之神希普奴士（Hypnos）的兄弟。這父子關係由於
夜、睡、死三事密切關連。弗洛依德強調人類天賦愛與死的衝動，
湯顯祖一廂情願地武斷愛神克服死神，採取睡夢作愛和死之間的
必要過渡。事實上，死神才是註定的勝利者。羅密歐與朱麗葉彼
此一往情深，勞倫斯神甫教導他倆以睡眠式假死逃避兩家世仇招
致的浩劫。結果弄巧反拙，愛神更早慘敗於死神鐵律。沙翁不願
訴諸超自然力量去炮製大團圓，此須歸功於古希臘的悲劇傳統。
中國傳統下，至情驚天地、泣鬼神，情人逝世三年仍能由近似兩
度空間的圖畫升為三度空間的立體美人。湯義仍不必借取佛教輪
迴觀，更無須仿效三百年後的尼采自欺以永恆回歸論，遺憾的是：
湯海若未能像西方哲人深思情理衝突⑨。浪漫派相信較高自我與
較低自我必定衝突，古典派肯定和諧整全的可能性⑩。存在主義
小說家卡繆企圖融合情與理⑪。但是卡繆置良知於較低層面，對
情感悲觀，否定靈魂和鬼神的存在⑫，迥異於亦懷抱存在悲情且
信鬼神的湯顯祖。卡繆認為情感性（emotionality）形成隱匿實
在真相的虛飾（veneer），遂摒棄情感，儘量模仿礦物性，欲
成石中之石，竟似《莊子·天下》的慎到⑬。然而卡繆和湯氏同
在視死亡為對人生不公平⑭，革命是基於道德、藝術和美的活動
⑮。

《邯鄲夢記題詞》云：「獨嘆《枕中》生於世法影中，沈酣

嚌嚘，以至於死，一哭而醒。夢死可醒，真死何及？」**66**末句彷彿懷疑復活的可能性。《南柯夢記題詞》更濃於佛教色彩：

> 天下忽然而有唐（朝），有淮南郡。槐之中忽然而有國，
> 有南柯。此何異天下之中有魏，魏之中有王也。李肇贊云
> 「貴極祿位，權傾國都。達人視此，蟻聚何殊！」嗟夫，
> 人之視蟻，細碎營營，去不知所為，行不知所往，意之皆
> 為居食事耳。見其怒而酣鬥，豈不呎然而笑曰：「何為者
> 耶！」天上有人焉，其視下而笑也，亦若是而已矣。白舍
> 人之詩曰：「蟻王乞食為臣妾，螺母偷蟲作子孫。彼此假
> 名非本物，其間何怨復何恩？」世人妄以眷屬、富貴、影像
> 執為吾想，不知虛空中一大穴也。倏來而去，有何家之可
> 到哉！……昔人云：「夢未有乘車入鼠穴者，此豈不然耶！
> 一往之情，則為所攝。人處六道（與四聖對反之六凡）中，
> 頻笑不可失也。……蓋知因天立地，非偶然者。客曰：「所
> 云情攝，微見本傳語中。不得有生天成佛之事。」予曰：
> 「謂蟻不當上天耶？《經》云：天中有兩足多足等蟲。世
> 傳活萬蟻可得及第，何得度多蟻生天而不作佛？夢了為覺，
> 情了為佛。境有廣狹，力有強劣而已。」**67**

湯氏善用槐、蟻、鼠等生物隱喻，靈感得自唐代及其前的志怪小說**68**，元代雜劇**69**，也許和同時代的散文家袁宏道**70**、戲劇家高濂**71**互相滲透。高濂受泰州學派影響而重情，但是不像湯氏訴諸夢境。原來達觀禪師亦曾談夢覺云：

夫眼夢色，耳夢聲，鼻夢香，舌夢味，身夢觸，意夢法。而一身之微，六根皆夢，脫無有覺之者，則一夢永夢矣。於是，我太悲菩薩，教之以眼觀音，以耳聽色，以鼻嘗味，以舌嗅香，以身攀緣，以意覺觸。是以六夢忽醒，覆盆頓曉也，卽此觀之，以順流用六根，則六塵皆覺雪（如雷轟醒人）。如二十五圓通，以六根六塵六識，與夫地水火風空見識，迭互為雷；震驚夢者。旣夢覺不辨，不至於玉石俱焚不止也。夫道學雖弊，則勝俗學多矣，禪學雖弊，則勝道學多矣。今有以道學為名利之淵藪，互而排之；以禪學為逃逋之淵藪，亦互而排之。殊不知風俗無常，以道學之風鼓之，則成道學之俗；以禪學之風鼓之，亦成禪學之俗。道學與禪學之俗成，自然高明者日多，而污暗者日少。卽或假道學、禪學，以為污暗者有之，此亦嘉禾中稊稗耳，必禾多而稗少也。若惡少稗，而欲盡去多禾，豈仁人之用心哉！ ❼

達觀唯恐門人察覺禪儒兩門的少數偽君子而放棄禪學儒理。他用「夢」代替「欲望」，以夢覺表示對宗教的誤會和確解，不同湯海若用夢覺指謂正確與謬誤的人生態度。後者的宗教熱忱較低，所以未改名為般若。眞可禪師又說：「發揮談論，是文字般若；能勘破身心迷情，是觀照般若；佛與衆生同體，是實相般若。」❼然則《臨川四夢》棣屬觀照般若。眞可認為佛法大患不在天魔外道，而在師資七大錯，第六錯是：「三教中人，各無定見，學儒未通，棄儒學佛；學佛未通，棄佛學老；學老未通，流入傍門，

無所不至。」🅐他且問你：「你果到孔孟境界也未？若已到，決
不作這般去就；若未到，儒尚未通，安能學佛；佛尚未通，何暇
學老？」🅑此處儒佛道的次序，非言道教比佛教優秀，而僅表示
中國三教出現的時間次序。王思任指出湯氏四夢分屬俠情仙佛云：
「《邯鄲》，仙也；《南柯》，佛也；《紫釵》，俠也；《牡丹
亭》，情也。」🅒最後一夢《邯鄲》的諷諭技巧也最高🅓。旨在
佛道的《南柯》《邯鄲》非如湯氏同年進士孫俟居所稱「以夢破
夢」，湯義仍反問他：「夢竟得破耶？兒女之夢難除，尼父（孔
子）所以拜嘉魚，大人所以占維熊也。更爲兄向南海（觀音）大
士祝之。」🅔可見湯氏仍苦於理欲衝突，未能以夢除夢🅕，反而
激發讀者的夢幻感，例如萬榮恩說：

> 幼閱臨川先生《四夢》，心甚樂之。竊嘆浮生一度，不過
> 夢境中耳，戲劇中耳。功名靡定，無非幻境浮漚；富貴何
> 常，不啻電光石火。梅邊叫畫，眞苦口之瀾翻；花下墜釵，
> 直婆心之棒喝。半瓶綠釀，淳于生蟻夢槐柯；一枕黃粱，
> 邯鄲道難鳴茅店。每欲嗣厥芳音，別開生面；怎奈渺無佳
> 話，未展吟懷。🅖

又如俞用濟云：

> 古人有勃勃欲發之氣，藉紙筆代喉舌，往往憑空結撰，以
> 寫人情之難言。觀元人百種曲及《玉茗堂四夢》，皆有似
> 乎海市蜃樓，烟雲起滅，何嘗指其人以實之？🅗

道破四夢爲幻，正是現代所謂「解魅」（disenchantment）。
夢境戲劇以事顯理，眞可改「理事」爲「事理」云：

> 夫《華嚴》大典，雖文豐義博，實雄他經。然其大義，不
> 過四分四法界而已。一念不生，謂之理法界；一念旣生，
> 謂之事法界；未生不礙已生，已生不礙未生，謂之事理無
> 礙法界；如拈來便用，不涉情解，當處現成，不可以理求
> 之，亦不可以事盡之，權謂之事事無礙法界。行者能信此，
> 解此、行此、證此，總謂之四分也。❽

華嚴宗「四法界」第三項「理事無碍法界」，意謂事依理起，理
主事輔。紫柏顛倒理事次序，可能提高「事」的地位，不自覺地
擡高文學的地位。他像李贄、何心隱（梁汝元）死於牢獄，這是
戲劇性的慘事。湯氏詩云：「兵風鶴盡華亭夜，彩筆鸚銷漢水春；
天道到來那可說，無名人殺有名人。」❽也許「有名人」指李卓
吾和眞可。湯氏又曾追憶李贄說：「世事玲瓏說不周，慧心人遠
碧湘流；都將舌上青蓮子，摘與公安袁六休（宏道師事卓吾）。」
❽天道（理）和世事同令湯顯祖失望，從佛道兩敎尋覓慰藉；慨
嘆「有欲於世者未必能動，無欲於世者未必能靜」❽；期望「長
年得見波斯（今伊朗）水，靜日能生般若香」❽。湯氏常奉四香
戒：「不亂財，手香；不淫色，體香；不誑訟，口香；不嫉害，
心香。」❽他將錢塘虞淳熙、淳貞兄弟比擬印度唯識宗兩昆仲云：
「長孺僧孺兄弟似無着、天（世）親，不綺語人也。……世云：
學佛人作綺語業，當入無間獄（阿鼻地獄）。如此，喜二虞入地

當在我先。又云：慧業文人，應生天上。則我生天亦在二虞之後
矣。」❽虞氏兄弟俱信仙佛，雖作綺語而保「口香」。虞淳熙對
天主教亦感興趣，湯氏《寄虞德園（淳熙號）》道：「讀仁兄所
爲天主之徒文字序，甚深微妙。東方人護佛，西方人乃破佛耶！
林楚石送楊叟來，云工容成（上古帝王）之術。過湖頭當謂兄長
生之術與無生之旨，何如？」❾長生、無生代表道佛兩教。四十
三歲時（ 1592 ） 湯氏由徐聞返臨川，中途在肇慶會晤意大利傳
教士利瑪竇，但未探討耶教，卻甚尊敬利氏論敵袾宏（雲棲、蓮
池）的廣義「心香」或印度「不害」：

> 春秋介葛聞牛鳴，知悲其子三犧矣；賓孟嘆雄雞自斷其羽，
> 悲而疑之。……夫以（祭）禮死而痛若是，況手以食折財
> 竟者乎！夫太古食鮮，如豺獺相祭，已亂矣。中古粒食而
> 不絕鮮。至蜂蟬蟻子，亦為聖人所食，豈不痛哉！……末
> 流至使肉食君子，肥不可動，昏不可靈。……幸有西方
> （印度）神人，因機止殺。有如萬一禽魚復安，橫目（人類）
> 之心淨矣。……徵於余郡南青雲鄉，有獵翠少年，乃為一
> 美人死。後美人死時，有大翠鳥如鷰（燕）出戶飛。余先
> 祖伯清聞之，嘆曰：「心精則化，寧循其端。翠精於怨，
> 猶能報人，況靈於翠者乎！」遂素食草履，常步耦耕，斷
> 內人珠翠飾，恐犯為人所化牛馬蛤翠也。今何可得乎，善
> 哉袾宏先生，為諸蟲流涕。❿

顯祖深信輪迴，例如翠鳥可化美女以報仇；又信「氣物之內，惟

虛生神；……神無求於人，而善悲（憐憫）人」❾。此神兼指道教天后和佛教觀音。

從四十多歲創議建立臨川崇儒書院，祭祀晏殊、王安石、曾鞏、陸九韶、陸九齡、陸九淵、吳澄、吳與弼，到六十五歲謂「應須絕想人間，澄清覺路，非西方蓮社莫吾與歸矣」❾，標誌着湯氏由儒到佛的巨變。《臨川縣新置學田記》並列儒佛，似屬過渡時期：

> 田之設，以成道資而覺世也。道非世俗忙人所能得，庶幾禪律之士，有一聞其大道，外（忘卻）生死者焉。……已而主其田者，瀾漫耗蠹，不以給四方禪律法喜之食。……我劉侯撫其冊而悲之，曰：「傲傲（弊）者而何以多田為？法王以眾生為田，吾聖王亦以人情為田。禪以禪悅食，儒以儒悅食。裁彼賦此，亦天下之通義也。」遂取其若干畝與郡校，而入若干畝與縣學宮。❽

既有儒悅、禪悅，當有仙悅。他的名字中，「繭翁」（暗示枯死繭中也不投降）「顯祖」「義仍」屬儒家形態，「若士」稍似佛家形態，「海若」「清遠道人」同屬道家形態。他偏愛莊周、陶潛、陶弘景、李白等道家或道士，曾說：「門戶從知氣色微，花前濃睡過春暉，莊生大有人間世，忍遣『清』魂化蝶飛。」❾「善哉莊生，人欲為嬰兒，吾亦與之為嬰兒。」❾「試問邈然覺，何以嗒然『虛』？」❾然而「清虛可以殺人，癥癧可以活人」❾。顯祖緬懷陶淵明與廬山慧遠的友誼云：「五老峯前舊迹開，欲作

蓮社寄宗、雷；陶家酒熟公先至，且作攢眉一笑回。」❾可惜湯氏將道教徒李白改造成佛徒後身云：「李青蓮居士爲謫仙人，金粟如來後身，良是。」❾至於神仙，湯海若特喜麻姑。葛洪《神仙傳》說她在牟州東南姑餘山修道；東漢時應仙人王方平召喚，降於蔡經家；十八歲時貌美而手指似鳥爪，自稱「已見東海三次變爲桑田」。民俗以麻姑喻長壽，傳聞三月三日西王母誕壽，她在絳珠江河畔用靈芝釀酒賀壽。湯氏也懷念抱朴子云：「（羅浮山）上有金芝闕，仙聖多盤桓。吾欲從安期（生），往結天人驩（歡）。……祁生（衍曾）有靈氣，葛洪遺紫壇。海棗足朝食，沆瀣飽宵餐。」❿

　　莊子始創「眞人」一詞，湯海若自負地發揮云：「世之假人，常爲眞人苦。眞人得意，假人影響而附之，以相得意；眞人失意，假人影響而伺之，以自得意。……僕不敢自謂聖地中人，亦幾乎眞者也。……大勢眞之得意處少，而假之得意時多。」❿眞人天機深而嗜欲淺，「列子、莊生，最喜天機。……機深則安，機淺則危」❿。唐玄宗尊稱莊、列等爲眞人，《太平經》裡「眞人」低於大神而高過仙人❿，後世此號封贈偉人或道士。仙人以外，湯氏常用羽中仙、散仙、仙才、仙郎、仙治、仙舟、仙杏、仙藥、仙鳧、仙行、仙都、仙公、仙令、仙方、仙氣、仙圃、仙姥、仙冢、仙家、仙璈、仙着、仙風、仙班、仙藏、仙桃及紫氣、天帝心神諸詞。先秦道家與東漢道教之間的橋樑是黃老學派，湯氏治理遂昌時實踐黃老的無爲治術。只因豪強武斷鄉曲，他覺悟「不治不止，……安得不稍有以捕治之。然終以民氣稚淳，不忍笞」❿。我懷疑他讀過宋代鄭克《折獄龜鑑》❿。湯氏對貪婪的諷刺，媲

美沙士比亞《雅典的泰門》❻。顯祖對三教的態度，殊異於稍遲的小說家馮夢龍❼。湯氏三子都進入復社而非傾向道佛，部分由於其父《訣世語》吩咐喪禮免除僧度及冥錢。

# 後　記

1990 年 4 月 22、29 日、香港《大公報》副刊＜文采＞新 270 及 271 期中，萬雲駿＜沙士比亞、湯顯祖劇作三比＞是簡短的比較文學嘗試，沙湯之比應為艱深的博士論文或專著。正如禪宗與維根斯坦的比較，已出不少博士論文和專書，包含萬德門生《維根斯坦與佛教》（ Chris Gudmunsen, *Wittgenstein and Buddhism*. London: Mac-Millan, 1977 ）。

# 註　釋

❶ 徐朔方《湯顯祖年譜》（修訂本）（上海古籍出版社，1980）頁
13 載。

據《撫州府志》卷 50《宦業傳》，徐良傳字子弼，東鄉人，嘉靖
戊戌（十七年）進士。官吏科給事中時，會迎仙宮成，朝議稱賀。
良傳謂：「異端充塞，不能匡救，忍從諛乎？」語侵權貴，幾罹不
測。罷歸，築廬臨川峴臺下，以古文法教授里中。所著有《愛吾》
《槍榆》等集。

黃文錫、吳鳳雛《湯顯祖傳》（北京：中國戲劇出版社，1986）
頁 5 云：「徐良傳……博學多才，精研《尚書》，著有《愛吾廬集》、
《槍榆集》等。」此書根據《東鄉縣志・人物志》所刊湯顯祖《徐
子弼先生傳》，見徐朔方箋校《湯顯祖詩文集》（上海古籍出版社，
1982）卷 50：「徐良傳，……理學名臣紀之子也。世爲儒，治
《尚書》。……公家居凡二十餘年，……喜讀書，常晨起自掃其閣中，
諷誦不絕，無宴飲絲竹嬉遊之好。其時郡太守、丞令亦多有意治民
者，常信用其言，有功郡中。爲文效班固、韓愈，大吏以下多徵用
之，其文益以貴。……公爲人長偉美髮，廣口儋耳，行坐甚敦；與
笑語，歡如也。公居郡中無所營，獨歲聚生徒百十人，臨高臺橫經，
講質疑難，稍以自資。諸生中亦多貴顯者。卒之月，復舉一子君錫，
能讀其書云。」此文未提徐氏著作。我懷疑《槍榆集》書名源於《莊
子・逍遙遊》「我決起而飛，槍榆枋。」槍字應作搶。

❷ 《詩文集》卷 30《太平山房集選序》。

❸ 《詩文集》卷 31《太學同遊記叙》。

❹ 參考李焯然《焦竑著述考》，在林徐典編《新加坡國立大學中文系
學術論文集刊》二集（1987）。

❺ 《詩文集》卷 37《秀才說》。

❻ 《詩文集》卷 6《贈鄒南皋留都六首》。

❼ 《詩文集》卷 3《寄司明府》。

❽ 《詩文集》卷 5 《李天勇贊並傳》。

❾ 《詩文集》卷 5 《萬氏女贊並序》。《論語・衛靈公》：「民之於仁也，甚於水火。水火，吾見蹈而死者矣；未見蹈仁而死者也。」

❿ 《詩文集》卷 5 《董官貞贊並序》。

⓫ 參考楊天石《泰州學派》（北京：中華書局，1980），頁 162 ；張建業《李贄評傳》（福州：福建人民出版社，1981）。

⓬ 《續焚書》卷 1 《與焦漪園太史》。

⓭ 《焚書》卷 2 《又與焦弱侯》。

⓮ 見《詩文集》卷 7 《金壇歌贈王悅之，從焦弱侯所徙太常東署側》。

⓯ 《明儒學案》卷 42 《甘泉學案》6 《文選唐曙臺先生伯元》：「唐伯元字仁卿，號曙臺，廣之澄海人。萬曆甲戌進士。知萬年縣，改泰和，陞南京戶部主事，署郎中事。進石經《大學》，謂得之安福舉人鄒德溥。陽明從祀孔廟，疏言：

> 不宜從祀，《六經》無心學之說，孔門無心學之教。凡言心學者，皆後儒之誤。守仁言良知新學，惑也誣民，立於不禪不霸之間，習爲多疑多似之行，招朋聚黨，好爲人師。後人效之，不爲狗成，則從鬼化矣。

言官刻其詆毀先儒，降海州判官，移保定推官。歷禮部主事，尙寶司丞，吏部員外，文選郎中。」以下關於唐氏資料，亦在此學案。

⓰ 《詩文集》卷 7 《贈唐仁卿謫歸海上》。

⓱ 參閱《詩文集》卷 45 《與顧涇陽》《答顧涇陽》，及卷 48 《與岳石梁》「仁兄可謂知人，凡過處的是涇陽（顧憲成）本色。」

⓲ 《詩文集》附錄《傳》4 《湯顯祖傳》。

⓳ 《詩文集》卷 34 。沈際飛誤評「環天下之辨於物者，十句云：「盡是說理之文，揖讓於濂洛堂奧。」

⓴ 《詩文集》卷 23 《遊羅浮山賦序》，參考卷 11 《青霞洞懷湛公四首》。

㉑ 參閱雷禎孝《中國人才思想史》第一卷（先秦部分）（北京：中國展望出版社，1986），此書錯字不可勝數。

㉒ 詳見韓林元《王桐鄉詩三百首》（南寧：廣西人民出版社，1986）。

㉓　《詩文集》卷15《古意送王太蒙東粵五首》，約作於五十六歲。

㉔　《詩文集》卷36《爲守令喩東粵士大夫子弟文》。

㉕　《詩文集》卷20《鄒嶧》。

㉖　詳見張德信《明史海瑞傳校注》。

㉗　朱東潤《張居正大傳》（湖北人民出版社，1957），頁176引。

㉘　《詩文集》卷35《送吳侯本如內徵歸宴世儀堂碑》。

㉙　《詩文集》卷20《胡克遜》。

㉚　《詩文集》卷25。

㉛　毛效同編《湯顯祖研究資料彙編》（上海古籍出版社，1986)上冊，頁119—122。湯氏母親魏氏卻「精心道佛，好誦元始金碧之文。」（江西臨川人帥機《魏夫人誄》）毛氏不諳佛經名稱，標點常錯。

㉜　《詩文集》卷29《吉永豐家族文錄序。下文云：「予江南之湯，皆唐殷公文圭之後也。……適以南唐使之錢王所。國亡，遂留錢塘不歸。靖康之亂，以族從康王、孟后，如(赴)洪，如臨、之(至)盱吉。」

㉝　《詩文集》卷37《貴生書院說》。卷29《易象通序》不提觀卦。「貴生」乃老子語。湯氏自稱「尊生子」，法號「寸虛」也有莊子「心齋」意，寸指方寸之心靈。陳壽《三國志・蜀志・諸葛亮傳》載徐庶指心云：「今已失老母，方寸亂矣。」《詩文集》卷11《韶石》云「大聖虛忘味」。

㉞　《詩文集》卷44《答舒司寇》。

㉟　參閱鄧球柏《帛書周易校釋》（晉沙：湖南人民出版社，1987）；徐志銳《周易大傳新注》（濟南：齊魯書社，1987）；宋祚胤《周易譯注與考辨》(湖南人民出版社，1981）；唐明邦、羅熾、張武、蕭漢明編《周易縱橫錄》（湖北人民出版社，1986）。

㊱　《詩文集》卷28《李敬齋先生七十序》。

㊲　《詩文集》卷28《章本清先生八十壽序》。

㊳　張廷玉《明史》卷230《湯顯祖傳》。

㊴　同㉔。

㊵　同上。

㊶　參考姜國柱《洛學的產生及其思想淵源》，在《中州學刊》1984

年第 2 期；徐遠和《洛學源流》（齊魯書社，1987）；劉象彬《二程理學基本範疇研究》（河南大學出版社，1987）。

㊷ 《詩文集》卷 18《寄問費學卿二首》：「公子乘春興不孤，畫眉金縷醉鵝湖。」徐箋：「（費氏）名六祿，一字無學。鉛山人。」鵝湖寺在江西鉛山。

㊸ 《詩文集》卷 50《天下之政出於一》：「詳哉，朱子之言矣。主職論相，相職正君。……多欲之君，不便於嚴重之臣。其相人也，常取其媚己可狎者，不就其正己可畏者。而其相亦復習其便辟，無纖介忠利之心，而有強疾不仁之材，以沉於權利，而不復維於大義。

㊹ 詳見黃文錫、吳鳳雛《湯顯祖傳》第 10 章《終老臨川》。此書錯字如下：

| 頁 | 37 | 86 | 91 | 96 | 110 | 165 | 241 |
|---|---|---|---|---|---|---|---|
| 誤 | 狂權 | 囂然 | Mattlo | 篤引 | 講德問字 | 道應訓 | 心經 |
| 正 | 狂奴 | 囂然 | Matteo | 篤行 | 講德問學 | 道應篇 | 《心經》 |

㊺ 《詩文集》卷 49《答王相如》。

㊻ 《詩文集》卷 28《壽方麓王老先生七十序》。王樵字方麓，亦忤張居正，被湯氏譽爲「合道」的「眞人」。

㊼ 《詩文集》卷 47《答鄒賓川》。下文自責「未能守篤以環其中」改造《莊子》語。

㊽ 《紫柏老人集》卷 21《皮孟鹿門子問答》。

㊾ 《詩文集》卷 45《寄達觀》。

㊿ 《詩文集》卷 50《沈氏弋說序》。

(51) 《詩文集》卷 34《宜黃縣戲神清源師廟記》。

(52) 《詩文集》卷 31《耳伯麻姑遊詩序》。

(53) 《詩文集》卷 47《復甘義麓》。樓宇烈《湯顯祖哲學思想初探》（在江西省文學藝術研究所編《湯顯祖研究論文集》。北京：中國戲劇出版社，1984，頁 163）誤「情有之」作「情有一之」。

(54) 同(51)。下文：「予聞清源，西川灌口神也。爲人美好，以遊戲而得道。」

(55) 詳見宗白華譯《判斷力判斷》（北京：商務，1984）；宗白華《藝境》（北京大學出版社，1987）之《康德美學思想評述》。

(56) 《詩文集》卷 29《睡菴文集序》。

(57) 同上。

(58) 《詩文集》卷 33《牡丹亭記題詞》。

(59) 參閱狄蘇沙《情感的合理性》(Ronald de Sousa, The Rationality of Emotion. The MIT Press, 1987)；呢維爾《清教徒的微笑：道德反省一瞥》(Robert Cummings Neville, The Puritan Smile: A Look Toward Moral Reflection. State University of New York Press, 1987)；辛普森《理性克服情欲：估價和品鑑的社會基礎》(Evan Simpson, Reason over Passion: The Social Basis of Evaluation and Appraisal. Wilfrid Laurier, 1979).。李除登堡與沙特也苦於情理衝突，見哈里遜《衝突與整合：李除登保(1742—99)哲學研究》(A. W. Harrison-Barbet, Conflict and Integration in the Philosophy of G. C. Lichtenberg, 1742-99. Ph. D. thesis, Sussex University; Surrey, England: Brits, 1980)；及何阿里譯沙特《戰時日記：從僞戰來的筆記本》(Quintin Hoare, tr. Jean Paul Sartre, War Diaries: Notebooks from a Phoney War, 1939-40. London: Verso Editions, 1984).

(60) 參考列特文《倫理、情感與自我的統一》(Oliver Letwin, Ethics, Emotion and the Unity of the Self. Croom Helm, 1981)。劉氏抨擊分割尊卑兩自我之活動，反對道德和非道德(或情與理)的剖判。

(61) 見鍾絲《卡繆思想裡人和世界的關係》(Rosemarie Jones, The Relationship between Man and the World in the Thought of Albert Camus. 1974 年英國某大學博士論文；Surrey, England: Brits, 1977)，p. 158。第二、三兩章是《合理的心》和《不合理的心》。

(62) 同(61)所引書，頁 33，38，45，49，82。

(63) 同上，頁 42，88—89。

⑥ 同上，頁215沙特和卡繆同視死亡爲無意義的荒謬。相反地，海德格以死亡爲否定、完成兼且照亮生命。詳見窩特豪士《海德格批判》(Roger Waterhouse, A Heidegger Critique. Atlantic Highlands, New Jersey: Humanities Press, 1981, p.195.

⑥ 同上，鍾絲書頁229。卡繆對耶教的批評，見第七章《作爲世界秩序之世界：人與絕對者》。

⑥ 《詩文集》卷33，《邯鄲記》源於唐代沈旣濟《枕中記》。參考《湯顯祖研究論文集》中郁華、萍生《邯鄲夢新探》。

⑥ 同上。《南柯夢》改編唐代李公佐《南柯太守傳》。參考《湯顯祖研究論文集》中吳鳳雛《南柯夢的思想傾向》，郭紀金《從夢幻意識看湯顯祖的「二夢」》，楊忠、張賢蓉《厭逢人世懶生天——湯顯祖晚年思想及「二夢」創作芻議》。

⑥ 詳見李劍國《唐前志怪小說史》（天津：南開大學出版社，1984）；Karl S. Y. Kao, ed. Classical Chinese Tales of the Supernatural and the Fantastic (Selections from the Third to Tenth Century) (Bloomington: Indiana University Press, 1985)。高氏編《關於超自然和奇妙事物的中國古典故事》勘誤如下：

| 頁 | 388 | 404 |
|---|---|---|
| 誤 | 周楞伽 Chou Leng-chieh | 王煥鑣 |
| 正 | 周楞伽 Chou Leng-chia | 王煥鑣 |

⑥ 參考時鍾雯《中國戲劇的黃金時代：元代雜劇》(Chung-wen Shih, The Golden Age of Chinese Drama: Yüan Tsa-chü. Princeton University Press, 1976)。勘誤如下：

| 頁 | 227 | 231 | 252 | 292 |
|---|---|---|---|---|
| 誤 | 伍員 Wu Yüan | 澠 Min | 徐大樁 | 點降唇 |
| 正 | 伍員 Wu Yün | 澠 Mien | 徐大樁 | 點絳唇 |

另外讀張文勛《佛道佛美學思想探索》（北京：中國社會科學出版社，1988）；周來祥《論中國古典美學》（齊魯書社，1987）；宋綿有《元明淸戲曲賞析》（南開大學，1985）；《陳汝衡曲藝文

選（北京：中國曲藝出版社，1985）；上海文藝出版社編《中國古典悲劇喜劇論集》（上海文藝出版社，1983），夏寫時《中國戲劇批評的產生和發展》（北京：中國戲劇出版社，1982）；王起（季思）、董每戡等《戲曲美學論文集》（同上，1984）；嚴敦易《元明清戲曲論集》（中州書畫社，1982）；蘇國榮《中國劇詩美學風格（上海文藝出版社，1986）。

⑩ 參閱周質平《袁宏道與晚明文學的自我表達潮流》(Chih-ping Chou, Yuan Hung-tao (1568–1610) and Trends of Self-Expression in Late Ming Literature. Ph. D. thesis, Indiana University, 1981; UMI, 1983) 。此書指出袁中郎的三大前驅是唐順之、徐渭、李贄，其詩分三階段——形成、創造、修改，袁氏特喜道家的逍遙及梅鶴的高潔。周著頁263，264，265，267 依次誤 hüan（嫒）、嵇、鍾、璣成 hsüan，嵇、鐘、磯。

⑪ 參考廖可斌《談明人對<琵琶記>的評改》，在《杭州大學學報》第18卷第4期（1988年12月），加州大學博士論文《愛與新儒正統的對立：對明代戲劇家高濂 <玉簪記> 的進化式批判研究》(Edmond Yee, Love versus Neo-Confucian Orthodoxy: An Evolutionary and Critical Study of Yü-tsan chi by the Ming Dramatist Kao Lien. Ph. D. thesis, University of California, Berkeley, 1977; UMI, 1985). 頁331，334，337 之態克、賀唱群、洪梗應爲熊克、賀昌群、洪楩。頁182 謬說李贄上吊自盡，不知他以剃刀割喉。上海藝術研究所及中國戲劇家協會上海分會《中國戲曲曲藝詞典》（上海辭書出版社，1981）說高濂生卒年份未知。我感覺他非信佛。

⑫ 《紫柏老人集》卷2《道學禪學》。石峻、樓宇烈、方立天、許抗生、樂壽明編《中國佛教思想資料選編》（北京：中華，1987）此段宜多用分號。紫柏作品難譯、迥異於簡易的《洞山錄》。參考 William F. Powell, tr. The Record of Tung-shan (Honolulu: University of Hawaii Press, 1986)，頁22 鄱

(P'o) 陽湖誤首字音成播 (Po)。

㉓ ≪紫柏老人集≫卷3。卷4≪示法燈≫發揮≪莊子、秋水≫的反羨
慕論云:「地獄眾生欣慕餓鬼,餓鬼欣慕畜生,畜生欣慕人道,人
道欣慕天人,天人欣慕聲聞,聲聞欣慕緣覺,緣覺欣慕菩薩,菩薩
欣慕諸佛:何嘗泥蟠之龍之慕雲霄,蹄涔之蟲之慕滄海哉!」下文
嘲笑「欣慕仙道以圖長壽」為痴。

㉔ 同上。

㉕ 同上。

㉖ ≪詩文集≫附錄≪批點玉茗堂牡丹亭敘≫。

㉗ 詳見陳王女士≪邯鄲夢記的諷喻藝術≫ (Catherine Wang Chen,
'The Art of Satire in The Han-Tan Meng Chi. Ph. D.
thesis, University of Minnesota, 1975; UMI, 1983),
頁148侯外盧末字應作廬。宜先閱徐朔方、錢南揚編≪湯顯祖集≫
(北京:中華, 1962)。金聖嘆對≪西廂記≫太偏愛而對湯氏四夢
太冷淡,難怪王靖宇≪作為俗文學魁首的金聖嘆:其<水滸>和<西
廂>評論研究≫ ( John Ching-yu Wang, Chin Sheng-t'an as
a Champion of Vernacular Literature: A Study of
His Shui-hu and Hsi-hsiang Commentaries. Ph. D.
thesis, Cornell University, 1968; UMI, 1985) 不提湯氏。
另讀張國光≪水滸與金聖嘆研究≫ (鄭州:中州書畫社,1981 )。

㉘ ≪詩文集≫卷46≪答孫俟居≫。 孫俟居名如法,無子,以弟之子
為後,故云向南海大士祝之。

㉙ 潘富恩、施昌東≪中國哲學論稿≫ (重慶出版社,1984 ) 有短文
≪略論「理欲之辨」的歷史發展≫,涉及李贄、呂坤而忽略湯顯祖。
紐約佩斯 (Pace) 大學歷史教授鄭培凱≪湯顯祖與晚明政治≫補足
此缺陷,見≪九州學刊≫ (Chinese Culture Quarterly) 第1
卷第3,4期,第2卷第2期 ( 1987 )。 此外可讀葛榮晉≪宋明
理學與近代新學之間的橋樑——明清實學≫,在≪文史知識≫1988
年第6期;及王煜≪評陳鼓應等編<明清實學思潮史>≫,在≪香
港中文大學中國文化研究所學報≫第21卷 ( 1990 )。

⑧ 徐扶明編著《牡丹亭研究資料考釋》（上海古籍出版社，1987），頁255《牡丹亭》與《紅樓》戲節引萬氏《醒石緣自序》。張敬〈湯顯祖及其牡丹亭〉太簡潔，見《中國文學講話》（臺北：巨流圖書公司，1987）第九冊《明代文學》。

⑧ 同上，頁256引兪氏《絳衡秋序》。

⑧ 《紫柏尊者全集》卷4《法語，示麟禪人》。參考郭朋《明清佛教》（福州：福建人民出版社，1982），頁212；任繼愈主編《中國哲學發展史（魏晉南北朝）》（北京：人民出版社，1988）末章《儒釋道三教的鬥爭與融合》。後書勘誤如下：

| 頁 | 238 | 465 | 471 | 509 |
|---|---|---|---|---|
| 誤 | 咎繇 | Kumarajtva | Vaisska | 《老子·德章》 |
| 正 | 咎繇（皋陶） | Kumarajiva | Vaisesika | 《老子·德經》 |

| 頁 | 531 | 755 | 767 |
|---|---|---|---|
| 誤 | 魚菟 | 《外儲》 | 易老 |
| 正 | 魚菟（兔） | 《外儲說》 | 《易》《老》 |

⑧ 《詩文集》卷19《偶作》。

⑧ 《詩文集》卷19《讀錦帆集懷卓老》。

⑧ 《詩文集》卷47《答高景逸》。

⑧ 《詩文集》卷19《偶誦》。

⑧ 《詩文集》卷49《與無去上人》。

⑧ 《詩文集》卷33《溪上落花詩題詞》。卷49《答羅匡湖》云：「二《夢》已完，綺語都盡。」

⑧ 《詩文集》卷49。《莊子·祛篋》及《則陽》各提容成氏一次。

⑨ 《詩文集》卷30《株宏先生戒殺文序》。

⑨ 《詩文集》卷34《續天妃田記》。

⑨ 徐朔方《湯顯祖年譜》頁183引《續棲賢蓮社求友文》。可是建立蓮社和隱居廬山兩大願望都不實現。

⑨ 《詩文集》卷34《臨川縣新置學田記》。

⑭ ≪詩文集≫卷 18 ≪睡午≫。

⑮ ≪詩文集≫卷 3 ≪寄前太守胡公序≫。

⑯ ≪詩文集≫卷 16 ≪蓮菴詩爲韓求仲作≫。六十二歲作。

⑰ ≪詩文集≫卷 44 ≪寄帥惟審膳部≫。四十二歲作，友人帥機曾任南京禮部精膳司郎中。

⑱ ≪詩文集≫卷 21 ≪潔上人重修棲賢二首≫。

⑲ ≪詩文集≫卷 34 ≪青蓮閣記≫。時人嘆曰：「（李）季宣殆（李）青蓮後身也。」遂稱其閣爲「青蓮」。

⑩ ≪詩文集≫卷 3 ≪紅泉臥病懷羅浮祁衍曾≫。

⑪ ≪詩文集≫卷 44 ≪答王宇泰太史≫。

⑫ ≪詩文集≫卷 44 ≪寄王弘陽冏卿≫。佛徒沈際飛評此句似≪陰符經≫。卷 42 有≪陰符經解≫。

⑬ 卷 42 ≪九天消先王灾（災）法≫：「眞人職在理（治）地」，等級在「大神之下，仙人之上。」

⑭ ≪詩文集≫卷 45 ≪復項諫議徵賦書≫。

⑮ 可閱劉俊文譯注點校≪折獄龜鑑譯注≫（上海古籍出版社，1988）。

⑯ 參看方平譯≪莎士比亞全集≫（北京：人民文學出版社，1988）第 8 冊，尤其是第四幕第三場中泰門一番長話（頁 175－176）。侯外廬≪論湯顯祖劇作四種≫（北京：中國戲劇出版社，1962）甚簡單，未留意湯氏對洪升的啓廸。參考孟繁樹≪洪升及長生殿研究≫（同上，1985）。

⑰ 陸樹崙≪馮夢龍研究≫（復旦大學出版社，1987）頁 33 誇張云：「（馮氏）否定了道、釋、儒三教，揭露它們的宗旨愚弄人，毒害人，抑制人，摧殘人，把好人弄成死人。」但是馮氏編著≪智囊全集≫（石家莊：花山文藝出版社）激賞邵雍、程顥、王守仁的才智，全書未嘗貶抑宋明儒。參考胡小偉（馮夢龍與東林、復社），在≪文學遺產≫1989 年第 3 期。

# 純儒黃遵憲思想探微

　　嶺南詩哲黃遵憲（ 1848 — 1905 ）字公度，自號觀日道人、東海公、人境廬主人、法時尚任齋主人、水蒼雁紅館主人、布袋和尚、公之它、拜鵑人，生於廣東嘉應州城東攀桂坊黃屋（今梅縣市下市德贊樓）。祖父黃際升遵父命棄儒從商，父親黃鴻藻字雁（硯）賓，中咸豐丙辰科舉人，曾於貴州、廣西做官❶，「辦農桑，修書院，教養兼施，政聲卓著」❷。難怪他自號逸農了。

　　青年黃遵憲的主要朋友是同鄉胡曦（ 1844 — 1907 ）。他又名曉岑，號壺園，與黃氏同樣抨擊科舉制度，二十一歲作詩＜感懷＞云：「昌黎事斂退，處世然與否？」❸黃公度像他不甚尊敬唐代韓昌黎以後的新儒，反對厚古薄今，卻不認為宋明儒優於先秦儒。另一摯友王韜❹（ 1828 — ？ ）相信歷史必然進化，強調「此時不得不變古以通今者，勢也。」此勢的概念顯然承繼柳宗元、劉禹錫和王夫之的。黃氏更接納顧炎武、黃宗羲、龔自珍、魏源的經世致用觀，主張：「儒生不出門，勿論當世事；識時貴知今，通情貴閱世。卓哉千古賢，獨能救時弊：賈生（誼）＜治安策＞、江統＜徙戎議＞。」❺公度對宋儒深抱偏見云：「宋儒千載後，勃窣探理窟。自詡不傳學，乃剽思（孔伋）孟說。講道稍僻違，論事頗迂闊。萬頭趨科名，一意相媚悅。……儒於九流中，亦祇一竿揭；矧又某氏儒，塗（途）徑各歧別！均之筐篋物，操此何施設？大哉聖人道，百家盡囊括。至德如淵、騫，尚

未一間達。區區漢、宋學，烏足尊聖哲？畢生事鑽仰，所慮吾才竭。」❻張載《經學理窟》書名，源於《世說新語》「張憑勃窣爲理窟」。窣字指突然躍起，十分生動。令人深切遺憾的是：黃公度誤解宋儒偷竊所謂思孟學派的先秦儒學。以德行著名的顏淵、閔損（子騫），學思方面怎能比美周張程朱？漢代考據訓詁學當然未足以尊聖哲，宋代道學卻能突破孔孟荀和《五經》的先秦框架。

公度心中周公、孔子地位懸殊，〈與任公書〉反對並稱周孔云：

> 自周以後，尊崇君權，調柔民氣，多設儀文階級，以保一家之封建，致貽累世之文弱，召異族之欺凌者，實周公之過也。至周末而文勝之弊盡見矣。於學術首倡反對者為老子，然老子有破壞而無建設。（自注：其所企慕者，乃在太古無爲之治耳。）至墨子而尚同尚賢，乃盡反周道，別立一宗矣。於政治首立異說者為管子，然管子多補苴而少更革。（自注：以《管子》《周禮》互相參校，大概可觀。）至商鞅而教戰教耕，乃盡廢周制，而一掃刮絕矣。是四子者，皆指周公為的（目標）而迭攻之。而孔子則介乎四子之間者也。曰通三統，曰張三世；於文獻也，有徵杞徵宋之言；於禮之損益也，有繼周之想。其於周公，不必盡反，亦不必盡從，（自注：嘗疑夢見周公。蓋因有不合者，仰而思之，乃徵於夢也。若不過於牆見舜，彈琴見文〔周文王〕；此思古幽情，雖衰老亦能爲之，何必興嘆哉！）蓋一協於「時中」而已。自周以後，

始有儒稱，實成周時庠序中教師之名耳。(自注：《周禮·太
宰》：「四曰儒，以道得民。」注曰：「儒，諸侯保氏，有六藝以教
民者。」又〈大司徒〉：「四曰聯師儒。」注曰：「師儒，教以道藝
者。」)**其道在優柔和順，以教民服從為主義，是周公創垂
之教也。**(自注：《禮記·儒行》〔陸德明《經典》釋文〕：「儒
之言，優也，和也。言能安人能服人也。」《說文》：「儒，柔也。」
《素問》：「名曰樞儒。」注：「儒，順也。」是歷史相傳之古訓。
甚至《廣雅·釋詁》：「儒，愚也。」《荀子·修身》：「偸儒。」
注：「謂儒弱畏事。」《禮記·玉藻》：「儒者所畏。」注：「儒，
弱也。」則儒字亦不堪問矣。)**若我孔子，則綜九流，冠百家，
不得以儒衝限。**(自注：儒乃孔子之履歷，非孔子之道術。漢儒亦
多未明白。然漢以前訓詁家尚無以儒為孔子之道者。惟《淮南子·俶
眞訓（篇）》：「儒、墨乃始列道而議。」高誘注以儒謂孔子道。然
此注乃專為此語而發，非通論也。聞〔康〕南海有儒為孔子所建國號
之語，是亦見釋迦之創佛教、耶穌之創天主教、摩訶末之創回教，誤
以為儒教亦孔子所創也。)**世以周、孔並稱，誤矣。** ❼

黃遵憲大膽反傳統地譴責周公累害後世文弱，為「調柔民氣」付
出太高代價。我認為周公輔助成王時抵受極強的精神壓力，制禮
作樂僅為部分功勳，德功言三方面皆臻不朽，何必苛求他兼成武
聖？採取儒字本義教師，周公堪稱訓導成王的鴻儒。孔子是宋國
王室後裔而不屬於魯國王室，缺乏成為國師的機緣。他勉勵門徒
自我修養成君子儒而非小人儒，儒字函義比教師廣泛，本質乃安
和柔順。荀子和《廣雅》竟創儒字劣義懦弱愚笨，誤導胡適之流。

黃公度恪尊孔孟，雖誇張孔子綜合九流且冠於百家，而提醒梁啓超免犯其師康有爲神化孔子的謬誤。然而黃氏臆斷孔子夢周公僅因持異議，我相信純粹由於崇敬周公。孔子確在老墨管商四子之間。老子既有破壞亦有建設——無爲而治的哲理。商鞅最反傳統，但是始創法家形態的無爲觀。上引公度長函撰於五十七歲，兩年前他已反對康長素尊孔子爲教主，不附和南海以元統天、兼轄將來地球及無數星球等空想，寫信給任公說：

> 南海見二百年前天主教之盛，以為泰西富強，由於行教，遂欲尊我孔子以敵之。不知崇教之說，久成糟粕；近日歐洲，如德如意如法（三國），皆力加裁抑。居今日而襲人之唾餘，以張吾教，此實誤矣。孔子為人極，為師表，而非教主。凡世界教主，無論大小，必曰從我則吉，否則凶。釋迦令人出家，而從之入極樂國（涅槃）；耶穌教人去其父母妻子兄弟姊妹之樂，而從之生於天國；摩訶末操一經一劍以責人曰：「從我則升天堂，不從則入地獄。」……而孔子第因人施教，未嘗強人以必從也。耶穌出而變摩西之說，釋迦興而變婆羅門之說，摩訶末興而變摩尼之說，皆從舊說中創新學，自立為教。而孔則於伏羲、文（王）、周（公）之卦、堯舜之典。禹湯之謨誥，未嘗廢之也。各教均言天堂地獄，獨孔子……不亦遠乎！……格致日精，教化日進，人人知吾為人身，當盡人道，於一息尚存之時，猶未敢存君子止息之念；上不必問天堂，下不必畏地獄；人人而自盡人道，真足以參贊天地。世界至此，人理大行，

勢必舍（捨）一切虛無玄妙之談，專言日用飲食之事，而
孔子之說勝矣。古之儒者言衞道，今之儒者言保教。……
耶穌設一切偶像之禁，佛斥九十六外道之說，回回（伊斯
蘭教）於異道如希臘如波斯拒之尤力。故他教皆有魔鬼。
大哉孔子，包綜萬流，有黨（非政黨）無仇，無所謂保衞
也。……旣無教敵，又不設教規；保之衞之，於何下手？
至孔子所言之理，具在千秋萬世人人之心；……今憂教之
滅而唱保教，猶之憂天之墜、地之陷而欲維持之，亦賢知
之過矣。❽

康有爲以孔教對付外國高級宗教，勇有餘而智不足，未知歐洲列
強早已削減宗教熱忱。近代嶺南思想家中，康氏高度同情佛教，
梁啓超愈老愈佞佛，孫中山是廣義基督徒，唯獨黃遵憲和國父同
鄉鄭觀應（1842—1922）乃純儒而無狹義宗教色彩。鄭氏勸門
生勿忘孝悌忠信禮義廉恥八字，但是重器甚於重道❾。黃氏並重
道器，見識超邁康梁等晚輩，洞察狹義宗教的排他性或敵對性，
耐心期待科學啓蒙，避免開倒車式偏激行動。政府成功，經濟起
飛時，人間彷彿天堂；專制獨裁，百業凋零時，塵世就是地獄。
人生觀愈合理愈不朽，無須杞人憂天。公度天墜地陷之喻一半正
確，作爲太空的天不可能墜落，地卻會陷墮。葡萄牙里斯本大地
震曾使哥德懷疑上帝存在。黃氏對儒學過度樂觀，未嘗充分估計
耶佛回三教的挑戰，僅曾參考佛教的文字維新云：

　《天演論》供養案頭，今三年矣。……獲讀《原富》……

《名學》，雋永淵雅，疑出北魏人手。……東西文明，兩
相接合；而譯書一事，以通彼我之懷，闡新舊之學，實為
要務。……僕（謙稱）不自揣，竊亦有所求於公。第一為
造新字，次則假借……附會……讔語……還音（譯音）。
《荀子〔·正名〕》又言：「命不喻而後期，期不喻而後說，
說不喻然後辨。」吾以為欲命之而喻，誠莫如造新字。其
假借諸法，皆荀子所謂曲期者也。……第二為變文體。……
公以為文界無革命，弟以為無革命而有維新。如《四十二
章經》舊體也；自鳩摩羅什輩出，而內典別成文體，佛教
益盛行矣。本朝之文書，元明以後之演義，皆舊體所無也，
而人人遵用之、樂觀之，足矣。❿

嚴復所譯英國哲學三書，震撼和鼓舞了黃遵憲，令他聯想荀子理
則學，提出兩項高見。造新字方面，現今流於粗濫❶。變文體方
面，始於繙譯佛典時採取「格義」，借儒道兩家詞語遷就讀者。
傳說迦葉摩騰與竺法蘭合譯《四十二章經》，後世增添儒道兩家
思想，已非純粹佛經了❷。黃氏未曾注意耶教《聖經》中譯也有
特殊片語「我實實在在告訴你」「榮耀歸與主耶穌」之類。只因
佛教傳入早於耶教初傳六百多年及再傳一千五百餘年，耶教不須
格義階段。反為康德哲學的中譯，甚至牟宗三先生的譯注，仍受
視為傳統對德國哲學的格義，不單由於新穎術語。公度一針見血
地揭示：「中國舊習，病在尊大，病在固蔽，非病在不能保守也。」
❸「扶陽抑陰之義，乃為專制帝王假借孔子、依託孔子者，藉口以
行其壓制之術。（任公）此〔言〕實協於公理，吾愛之重之，敬

之服之。儒教不過九流之一，可議者尚多。……昌言排擊之，無害也。《孟子》亦尚有可疑者。」⓮梁啓超計劃作＜曾國藩傳＞，黃氏評他的程朱理學道：

其學問皆破碎陳腐、迂疏無用之學，於今日泰西之哲學，未夢見也。其功業比漢之皇甫嵩、唐之郭子儀、李光弼爲尤甚。然彼視洪（秀全）、楊（秀清）之徒，張（總愚）、陳（玉成）之輩，猶膺僭竊盜賊，而忘其爲赤子爲吾民也。此其所盡忠以報國者，在上則朝廷之命，在下則疆吏之職耳。於現在民族之強弱，將來世界之治亂，未一措意也。所學皆儒術，而善處功名之際，乃專用黃老。其外交策略，務以保守爲義。爾時內戰絲棼，無暇禦外，無足怪也。然歐美之政體、英法之學術，其所以富強之由，曾未考求，毋乃華夷、中外之界，未盡泯乎？凡吾所云云，原不可以責備三四十年前之人物。然竊以爲史家之傳其人，願後來者之師其人耳。曾文正者，事事皆不可師。而今而後，苟學其人；非特誤國，且不得成名。⓯

「忘其爲赤子爲吾民」一句有病。曾國藩曉得太平天國一切人物曾爲赤子亦是民胞，而似王守仁誅朱宸濠那般忠於朝廷。湖南湘潭大學中文系章繼光教授近著《曾國藩思想簡論》⓰，對曾氏兄弟批評得比較客觀。儘管品學皆勝曾國藩，黃氏錯謬於理解傳記文學的功能。如果史傳局限於正面教育，那麼無可爭辯的善士才

可樹碑立傳，須知反面教材的史傳兼備教育性與娛樂性，令讀者引爲鑒戒，非作萬世楷模。不宜醜化曾滌生任何方面不足效法，須知他的尷尬處境遠比黃公度艱難呢！其次，曾氏之學絕非迂疏無用，其子紀澤亦成外交家，曾孫約農曾任臺中市東海大學校長。

梁啓超創辦《新小說報》後，黃遵憲擬著《演孔篇》，參考培根、達爾文等書。其兄黃遵楷憶述乃弟嘗云：「儒者爲世詬病，洵不足諱。然儒教不教九流之一；其服儒服。言儒言者，又比比皆是。若孔子，則不當以儒爲限也。劉歆《七略》，不能出孔子於儒教之外，竊已嘆其識力之未充。吾嘗胸中懸一孔子，其聖在時中。所以時中，在用權；所以能權，在無適（肯定）無莫（否定）、毋固母我。無論何教，有張彼教之長以隘孔子者，吾能舉孔子之語以拒之、正之。無論何人，有抉孔子之短以疑孔子者，吾能舉孔子之語以解之、駁之。」❶他以孔子爲理想人格，竟不屑欣賞漢至清代二千載的儒學，包括集宋學大成的朱子！因爲他痛感逼切須要西學。同治末年，曾國藩及李鴻章奏請派幼童出洋留學。首批留美學生謁見監督吳惠善時不跪拜。聞僚友金氏怒責學生忘本，吳氏遂奏請裁撤留學生。黃氏〈罷美國留學生感賦〉云：

> 漢家通西域，正值全盛時。……自從木蘭狩，國弱勢不支。
> 環球六七雄，鷹立側眼窺。……欲爲樹人計，所當師四夷。
> 奏遣留學生，有詔命所司。第一選儁（俊）秀，其次擇門楣。……惟有小家子，重利輕別離；……但圖飛去樂，不
> 復問所之。……借問諸學生，了不知東西；各隨女師去，

雛雞母相依。……就中高才生，每有出類奇；其餘中不中，
太半悲染絲；……吳言與越語，病忘反不知。亦有習袄（音
先）教，相率拜天祠；口嚼天父餅，手繽＜景教碑＞。樓臺
法界住，香華美人貽。此間國極樂，樂不故蜀思。……溯
自西學行，極盛推康熙。……惜哉國學舍，未及設狄鞮（西
學）。…… 奈何聽兒戲，……壞以意氣私。**⓲**

　　白居易＜琵琶行＞謂「商人重利輕別離」，黃氏借用以諷今。
《墨子・所染》「染於蒼則蒼，染於黃則黃。」公度借用來諷刺
部分數典忘祖的差劣留洋生。拜火的袄教隱喻耶教，天祠是天主
教堂。唐代貞觀九年（ 635 ）傳入耶教聶斯脫利派的「景教」，
會昌五年（ 845 ）因唐武宗滅佛而波及。留學生或信奉基督教，
或愛戀美國嬌妻房屋，樂不思華（中國）了。黃氏同情佛教多於
耶教，主要表現於兩首長詩。 ＜錫蘭島臥佛＞堪稱佛教簡
史：

自明遣鄭和，使節馳絡繹。……每以佛光明，表頌帝威德。
……豈知叢爾國（錫蘭）　，既經三四摘。鐵圍薄福龍，大
半供鳥食。……浩浩象口水，流到殘（楞）伽山。遙望窣
堵波（ Stupa ，浮屠即佛塔），相約僧躋攀。中有臥佛像，丈
六金身堅。…… （佛手）雖具堅牢相，軟過兜羅綿。……
就中白毫光，普照世大千。八十種好相，一一功德圓。是
誰攝巧匠，上登忉利天（在須彌山王頂）。……或言佛涅槃，
婆羅雙樹間。……惟佛有神力，高踞兩山巔。至今雙足蹟，

尚隔十由延。或言古無人，只有龍鬼仙。其後買珠人，漸次成市廛。此亦妄造語，有如野狐禪。實則經行地，與佛大有緣。……獨怪如來身，不坐千葉蓮。……吁嗟佛滅度，世界眼盡滅。最先王舍城，大闢禪師窟。迦葉與阿難，結集佛所說。……其後阿育王，第一信佛法；能役萬鬼神，日造八萬塔；舉國施與佛，金榜國門揭；……復遣諸弟子，分授十萬偈。北有大月氏，先照佛國月；四開無遮會，各運廣長舌。漢家通西域，聲教遠相接；金人一入夢，白馬來貝筴。……華言通梵語，眾推秦（鳩摩）羅什。後分律法論，宗派各流別。……南有獅子（錫蘭原名）王，鍪宇赤銅鍱。……但稱佛弟子，能避鬼羅剎；遂使諸天經，滿載商人篋。……達摩浮海來，一花開五葉(南禪五宗)；語言與文字，一喝付抹殺；十（九）年勤面壁，一燈傳立雪；直指本來心，大聲用棒喝。非特道家流，附會入莊、列；竟使宋諸儒，沿襲事剽竊。最高宗喀巴（密宗黃教始祖），別得大解脫；不生不滅身，忽然佛復活；西天自在王，高踞黃金榻；喃喃誦經聲，竟能消殺伐。……大東渡日本，天皇盡僧牒。此方護佛齒，彼土迎佛骨；何人得鉢緣，某日是箭節；……五百虎獅象，遍地迎菩薩。……我聞四海水，悉納毛孔中；……何不口一吸，令（魚龍）化諸毛蟲？……惟佛大法王，兼綜諸神通。……如何斂手退，一任敵橫縱！竟使清淨土，概變腥膻戎！……佛力遂掃地，感嘆摧肝胸。……佛頭橫著糞，訶罵雜嘲誚。……外來波斯胡，更立祆神廟。……邇來耶穌徒，……謂天只一尊，……頂

上舍利珠，拉雜付摧燒；竟使佛威德，燈滅樹傾倒；⋯⋯
天人（龍）八部衆，誰不生悲惱？⋯⋯惟佛能大仁，首先
唱天堂；以我悲憫心，置人安樂鄉。⋯⋯惟佛具大勇，自
棄銅輪王。衆生例平等，⋯⋯普渡胥安康。⋯⋯獨惜說慈
悲，未免過主張；臂稱窮鴿肉，身供餓虎糧。⋯⋯寃親悉
平等，善惡心皆忘；愈慈愈忍辱，轉令身羸尫。⋯⋯惟強
乃秉權，強權如金剛。⋯⋯大哉孔子道，⋯⋯血氣悉尊親，
⋯⋯人人仰震旦（神州），誰侮黃種黃？弱供萬國役，治
則天下強。明王久不作，四顧心茫茫。⓳

梁啓超驚嘆：「煌煌二千餘言，真可謂空前之奇構矣！⋯⋯吾欲
題爲＜印度近史＞⋯⋯＜佛教小史＞⋯⋯＜地球宗教論＞⋯⋯
＜宗教政治關係說＞。然是固詩也，非文也。⋯⋯中國文學界足以
豪矣！」⓴黃氏繼承杜甫、韋莊的詩史傳統，打擊了明代狀元楊
愼否定詩史的謬論㉑。光緒十五年（1889），無錫薛福成出使
英倫，黃遵憲隨他充任駐英二等參贊，由香港乘輪船出發，順便
遊錫蘭，從臥佛像想到宗教史和文化史，以磅礴氣勢訶斥列強對
亞洲的侵略。「遙望西王母，虎齒發蓬蓬」兩句，甚至諧謔地以
司瘟疫和刑罰的怪神暗喻英國維多利亞女王。公度慨嘆祖國欠哲
王；印度佛教過分側重慈悲平等忍辱，尤其是佛陀前生捨身飼虎、
割臂療鷹等神話，致令國貧民弱，不堪英國一擊。黃氏終結對佛
教的同情理解，返歸尊親（重差別性）的儒門。全詩妙用數十種
佛經，配合儒道兩家典故，臻天衣無縫境界。「吁嗟古名國，興
廢殊無常；羅馬善法律，希臘工文章；開化首埃及，今亦歸淪亡。」

詩中如此反省文明古國，暗示擅長宗教的埃及與印度同弱，即欠實力。這靈感可能來自嚴復＜原強＞所倡保國、保種比較保教優先。

另一首佛語詩＜南漢修慧寺千佛塔歌＞云：

> 當時十國均佞佛，此國佞佛尤能工。八萬四千塔何處？勅司特用烏金鑄。……千家設供爭飯僧，百姓燒指添然燈。一州政得如斗大，亦造窣堵高層層。此塔周圍佛千位，十方弟子同瞻禮。……噫嘻劉氏五十年，一方嶺蜑殊可憐。畫地為牢聚蛇毒，殺人下酒垂蛟涎；離宮深處即地獄，鐵床湯鑊窮烹煎；……錢王媚佛善搜括，比此尚覺差安便。賣兒貼婦竭膏血，一塔豈有功德緣！爾時王此昏荒國，方詡極樂忉利天。……大體雙雙學豬媚，微行側側攜蟾仙（李蟾妃）。……自謂此樂千萬歲，還丹（仙藥）不服貪流連。誰知執梃降王長，屈指造塔剛七年。……人間理亂百不聞，菩薩低眉猶故態。吁嗟乎！佛雖無福亦無殃，而今宗教多荒唐。木鐸廣招諸弟子，白絹妄說空家鄉。……誰人秉國竟養盜，坐引強敵侵畿疆？天魔紛擾修羅戰，神兵六甲走且僵。大千破碎六種動，恐與佛國同淪亡。……空亭徘徊夕陽下，問佛不言佛羊啞。❷

光緒二十六年（1900）秋，公度利用千佛鐵塔的建築，暴露南漢劉氏朝庭既佞佛又殘酷荒淫似兩紂，所以造塔七年即亡國。此詩對佛教較少同情而較多批判。《晉書‧何充傳》云：「郗愔及

弟曇，奉天師道，而何充與弟準崇信釋氏。謝萬譏之曰：二郗諂
於道，二何佞於佛。」黃氏採取謝萬的態度，譏諷南漢劉鋹不諂
道而佞佛。五代十國順序是吳、南唐、前蜀、後蜀、南漢、楚、
吳越、閩、南平、東漢，其中蜀、閩兩國名像華南少數民族「嶺
蠻」或「蜑尸」之名有「蟲」表示野蠻。劉鋹刻意的殘暴是短暫
的；南唐後主李煜無意引起的殘忍風俗纏足，卻持續千年，直至
黃遵憲、康有為時代。陸游《南唐書》記載：「後主酷好浮圖，
崇塔廟；度僧尼，不可勝算。罷朝，輒造（訪）佛屋，易服膜拜，
以後頗廢政事。長圍既合，內外隔絕。城中之人，惶怖無死所。
後主方幸淨居室，聽沙門……講《楞嚴》《圓覺》經。」蓬峯居
士李煜豈能逃避眼淚洗面後吃趙匡胤毒藥的收場？愚痴的李煜，
總比狠毒的劉鋹可愛堪憐。《清異錄》裡的劉鋹，偕波斯淫婦
「媚豬」，觀賞邪惡少年與宮女集體交配，他又挖空心思創作酷刑，
淫虐近似古羅馬皇帝卡里古拉（Caligula，12-41，37-41 在位）。
偶像不能代替仁政，恰如天魔、阿修羅（叛逆鬼神）隱喻的義和
團無法取締軍隊。黃氏巧用印度神話和中國古典。如《周禮・天
官・小宰》注：「古者將有新令，必奮木鐸以警眾，使明聽也。」
公度以木鐸諷刺天主教士（司鐸）招募信徒，又引清代昭槤《嘯
亭雜錄》表示白蓮教自欺欺人。❷抵抗八國聯軍，當然不能訴諸
宗教，尤其是不必倚賴懶管人事的菩薩，或諮詢像啞羊僧一般緘
默的千佛。然而黃氏也曾融會三教與耶教，鼓勵少年積極建國云：


身毒（印度）淪亡猶太滅，天父悲啼佛祖默；……汝看東
西立憲國，如一家子尊復親。……佛亦報親恩，忘親乃畜

生。……絕去奴隸心，堂堂要獨立。……天賦良能毋自棄。
誰能三頭與六臂？誰不一心轄百體？……三年幾巍科（最
高科第），何補國昏弱？……開卷愛國心，掩卷憂國淚。
……世無文弱國，今非偃武時。……生當作鐵漢，死當化
金剛。……誰甘魚爛亡，忍此飲鴆痛。……佛經耶《約》
能救世，宗教神權今半廢；莫問某甲聖賢書，我所信從只
公理。……汝當發願造世界。太平、昇平雖有待，此責此
任在汝曹。華胥極樂華嚴莊，更賦六合更賦海。……世運
方日新，日進日日改。❷

《左傳》警惕國家像魚肉自身衰敗，《禮記》《公羊傳》提倡大
順、大同、太平、昇平的理想界，好比《列子》的華胥國，以及
《華嚴經》代表的佛國。在〈錫蘭島臥佛〉，黃公度感嘆古人用
《莊子》、《列子》比附佛經。在〈病中紀夢述寄梁任父（公）〉，
他恥於「舉國重科第」而頌揚日本明治維新云：「攘夷復尊王，
僉議以法治。立憲定公名，君民同一體。果遵此道行，日幾太平
世。……嗚呼專制國，今既四千歲；豈謂及余身，竟能見國會！」
❷《新民叢報》載公度〈壬寅論學牋〉說他「初抵日本，所與遊
者多安井息軒之門。是時日本民權之說正盛，初聞頗驚怪，既而
取盧梭、孟德斯鳩之說讀之，心志為之一變，知太平世必在民主
也」❷。至於自由概念，黃氏受穆勒《論自由》啓發❷。

〈日本雜事詩〉豐富且活潑：

南朝往事久灰塵，歲歲櫻花樹樹春；手挈銅鈴拜遺像，嗚

呼碑下弔忠臣。（第 28 首。自注：楠正成者，日本比之文文山、岳少保。）歸語老農吾土樂，寬仁長戴帝天高。（第 36 首）議員初撰欣登席，元老相從偶跨閻。豈是諸公甘伏馬？朝廷無閹諫無書。（第 32 首。自注：西法多民出政而君行政，權操之議院，故無諫官。）

春風吹鎖脫琅璫，夕餔朝饎更酒漿。莫問泥犁諸獄苦，殺身亦引到天堂。（第 45 首。自注：牢獄極爲精潔，……但加拘禁，不復械繫。一切諸苦，並不身受。）

削木能飛詡鵲靈，備梯堅守習羊坽。不知盡是東來法，欲廢儒書讀《墨經》。（第 54 首。自注：余考泰西之學，墨翟之學也。）

欲爭齊楚連橫勢，要讀孫（武）吳（起）未著書。縮地補天皆有術，火輪舟外又飛車。（第 57 首。自注：日人之爲陸軍也，取法於法與德；爲海軍；取法於英。煜按：此時已不再取法中、荷兩國。）

海外遺民竟不歸，老來東望淚頻揮；終身恥食興朝粟，更勝西山賦〈采薇〉。（第 71 首。自注：朱之瑜……善講學。……鄭芝龍客臺灣，曾寄書舜水，欲乞師，圖復明。……亡國遺民，眞能不食周粟者，千古獨渠一人耳。）㉗

佛閣沈沈覆黑天，黃標百萬數堆錢。大師自主駕鴦寺，梵嫂同參鸚鵡禪。（第 81 首。自注：本願寺號一向宗，僧親鸞爲教主。其法謂不必離俗，不必出家；但使蓄妻子，茹葷酒；此心清淨，即爲佛徒。……明治六年下令，凡僧徒均許 食肉娶妻。僧妻曰庫里，曰大黑。大黑，俗所稱爲司財之神也。維新後，僧徒田產多沒入官，而勢始衰矣。）

破產爭求番舶物，只贏不買阿芙蓉（ opium ）。（第 130

首。自注：雅片禁極嚴●明治六年頒新律：販賣者斬決，吸食者徒。
煜按：今新加坡、馬來西亞仿效。）❷❸

公度喜見明治維新在政治、經濟、軍事、科技、宗教、文藝諸方
面的改革。和尚娶妻管財政，世界唯獨日本能實踐。監獄改善，
可能獲益於英國功利主義祖師邊沁（Bentham）的倡議。關於中
日文化交流，清初清末應以朱之瑜、黃遵憲爲代表❷❾。王夫之乃
清代首席哲人，黃氏＜《日本國志》書成誌感＞自比船山云：
「改制世方尊白統，《罪言》我竊比《黃書》。」❸⓿董仲舒《春秋繁
露》以夏商周依次爲黑、白、赤三統，白指萌芽階段。黃氏借用
指頑固保守思想。《新唐書•杜牧傳》云：「嫌不當位而言，實
有罪，故作《罪言》。」公度謙稱像杜牧不當位而著作，但仍自
豪於媲美船山《黃書》。他繼龔自珍❸❶作＜己亥雜詩＞云：「絮
棉吹入化春衣，渡海山薯足療飢；一任轉輸無內外，物情先見大
同時。」「滔滔海水日趨東，萬法從新要大同；後二十年言定讞，
手書《心史》井函中。」❸❷戊戌變法失敗，公度回鄉，在光緒二
十五年（1899）作＜己亥雜詩＞89首，嚮往世界大同，譬如番
薯等物資交流時由菲律賓呂宋輸入廣東，激發國際精神。他自注
說：「在日本時，與子峨星使言，中國必變從西法。……或如日
本之自強，或如埃及之被逼，或如印度之受轄，或如波蘭之瓜分；
則吾不敢知，要（簡言）之必變。將此藏之石函，三十年後，其
言必驗。」顧炎武＜井中心史歌序＞云：「崇禎十一年冬，蘇州
府城中承天寺，以久旱浚井，得一函。其外曰《大宋鐵函經》，
錮之再重，中有書一卷，名曰《心史》，稱大宋孤臣鄭思肖百拜

封。」❸黃遵憲將變法預言，比擬宋元之際鄭所南封存井底的
《心史》，可是此書已埋藏三百餘年始重見天日。公度欽佩美國林
肯總統解放黑奴、華盛頓總統建立民主共和國，肯定廢除帝制之
功高於堯舜禪讓，<己亥雜詩>又說：「一夫奮臂萬人呼，欲廢
稱臣等廢奴；民貴遂忘皇帝貴，莫將讓國比唐虞。」驅逐孟子像
出孔廟的朱元璋，不會容忍民貴論。黃氏非盲目崇拜貴民的美國，
而曾作<逐客篇>駁斥美國議院禁止華工的狹隘條例。對於發現
美洲的哥倫布，黃氏謳歌云：

> 可倫比亞（ Columbus ）尤人豪，搜索大地如追逃。裹糧
> 三月指西發，極月所際惟波濤。行行匝月糧且罄，舟人欲
> 殺鬼夜號。忽然大陸出平地，一釣手得十五鰲。……此人
> 已識地球圓，更探增冰南北極。……華嚴樓閣雖則奇，滄
> 海桑田究難測。……宋明諸儒驚盧論，徒諏漢大夸皇華。
> 謬言哭（要）荒不足論，烏知壤地交犬牙。鄂羅（俄）英
> 法聯翩起，四鄰逼處環相伺。着鞭空讓他人先，臥榻一任
> 旁側睡。古今事變奇到此，彼己不知寧勿恥。持被入直刺
> 刺語不休，勸君一騁四方志。❸

儒學可分三期，第二期的宋明道學太過收斂內向，第三期儒學必
須吸取徐宏祖（霞客）和哥倫布的探險精神，掌握自然界的奧秘。
《晉書・劉元海載記》指出：「一物之不知者,固君子之所恥也。」
抱此健康態度，加上《孫子兵法》「知彼知己」的人事觀，方可
抵抗列強的侵略。神秘直覺未必可靠，不如學習遠赴南美洲研究

生物和地理的德國博物學家、旅行家兼政治家洪保德（Baron
Heinrich Alexander von Humboldt，1769-1859 ）。公度似未
知悉在他十一歲時逝世的洪氏。黃氏比較熟悉南亞而非南美，特
別是新加坡，＜番客（華僑）長詩通過南洋婚禮描繪華裔風情：
「初投升官圖，意取富貴昌；……名爲葉子戲，均爲錢神忙。……
一燈阿芙蓉，吹氣何芬芳。……愚公傳子孫，癡絕誰能藥？……
比聞歐澳美，日將黃種虐。向來奇生民，注（落）籍今各各。
《周官》說保富，番地應設學。誰能招島民，回來就城廓？群携妻
子歸，共唱太平樂。」❸《周禮》主張「以保息六養萬民」，六
項是慈幼、養老、振窮、恤貧、寬疾、安富，這是黃公度的終極
關懷，幸虧他未隨龔定庵皈依天臺宗。光緒二十年日本兵渡鴨綠
江，黃氏作＜悲平壤＞❸。次年（ 1895）馬關條約割讓臺灣給日
本，他寫＜臺灣行＞的結語精警：「平時戰守無豫備，曰忠曰義
何所恃？」❸爲甚麼＜上岳陽樓＞❸不緬懷忠義善戰的范仲淹？
大約他比較關懷時局，例如＜書憤＞語重心長說：「弱肉供強食，
人人虎口危。無邊畫甌脫（緩衝地帶），有地盡華離（分裂）。
爭問三分鼎，橫張十字旗。波蘭與天竺，後患更誰知？」❸十一
至十三世紀西歐十字軍東征，暗喻晚清列強侵華。他做夢也未想
到：十八世紀慘遭普魯士及俄、奧瓜分的波蘭，1945 年淪爲蘇
聯衛星國，1989 年政變促使鄧小平屠城；佛國印度在 1876 年
（黃氏二十八歲）被英國統治，獨立後收容奔離西藏的達賴喇嘛，
屢次與中共爭「甌脫」。沙俄強佔東北時，他唱嘆：「斗室蒼茫
吾獨立，萬家酣夢幾人醒！」❹這逼近屈原「舉世皆醉我獨醒」
的孤寂感。慈禧用義和團抗八國聯軍，公度＜中秋夜月＞情景交

融：「曾聞太姆會群仙。霞緺雲烟做綺筵。齊唱＜人間可哀曲＞，
卻忘天上是何年。橫爭叢博拚孤注，醉擲陶輪碎大千。賸取山河
月中影，不成滄海不成田。」❹惠玉蘭竟將中國孤注一擲！敏感
的黃遵憲渴望中國自由民主，唯一的政治盲點在抹殺多黨競爭的
必要性：「烏知舉總統，所見乃怪事。怒揮同室戈，憤爭傳國璽。
大則釀禍亂，小亦成擊刺。尋常瓜蔓抄，逮捕遍官吏。至今反成
私，大利亦生弊。究竟所舉賢，無愧大寶位。倘能無黨爭，尚想
太平世。」❷須知良性黨爭乃民主政治的代價，公度尚未突破傳
統框架❸；而曾國藩的曾孫女寶蓀（ 1893 年生），留學英國倫
敦、牛津、劍橋三大學，成爲優秀教育家，思想比黃氏新進，但
是對耶敎太熱誠了❹。

# 註　釋

❶　參考吳天任《清黃公度先生遵憲年譜》（臺北：臺灣商務印書館，
　　1975）或《黃公度先生傳稿》（香港中文大學出版社，1972 ）；
　　盛邦和《黃遵憲史學研究》（江蘇古籍出版社，1987 ）第一篇；
　　鄭海麟《黃遵憲與近代中國》（北京：三聯書局，1988 ）及＜黃
　　遵憲評傳＞（刊於丁寶蘭主編《嶺南歷代思想家評傳》。廣州：廣
　　東人民出版社，1985 ）。拙作＜評介《嶺南歷代思想家評傳》＞
　　在《書海》第 14 期（香港：商務印書館，1987 年 7 月）。

❷　《光緒嘉應州志》卷 13 ＜人物志＞。今梅縣亦稱梅州。

❸　見❶所揭盛邦和書，頁 5 引。

❹　王韜字紫詮（銓）、子潛，號仲弢、天南遯叟、弢園老民，謠傳為
　　太平天國男狀元。 1862　年他離上海赴香港輔助理雅各（James
　　Legge）譯古典十多年，　再赴巴黎結識漢學家儒蓮（Stanislas
　　Julien, 1799–1873），1868 年曾以中文講演於牛津大學。

❺　錢仲聯《人境廬詩草箋注》（上海古籍出版社，1981 ）卷 1 ＜感
　　懷＞。依＜晉書、江統傳＞，江應元作＜徙戎論＞。黃公度改「論」
　　為「議」以就韻。錢氏箋注以下簡稱《人》，缺點在引書常欠篇名，
　　標點不妥當。

❻　《人》卷 1 ＜感懷＞。

❼　《人》附錄二＜年譜＞光緒三十年甲辰（ 1904 ）。「摩訶末」乃
　　「模（穆）罕默德」之佛教式翻譯。印度「摩訶」（maha）指大，
　　非阿拉伯的「模罕」（muham）。

❽　同上，光緒二十八年壬寅（1902）。摩尼（Mani）乃三世紀摩尼教主，
　　生於南巴比倫安息王族家庭，死於觸犯波斯薩珊王朝的國教——拜
　　火教。

❾　參閱夏東元《鄭觀應傳》（上海：華東師範大學出版社，1981 ），
　　頁 258 。鄭氏曾患肺病而受哮喘折磨，黃氏卻死於肺疾。鄭氏務實
　　得無心虛構故事；王韜卻受蒲松齡及紀昀感染而撰短篇神怪小說集

《淞隱漫錄》（王思宇校點新版。北京：人民文學出版社，1983），卷1＜仙人島＞似陶潛＜桃花源記＞。光緒六年，遯窟老民王韜爲黃氏＜日本雜事詩＞作序，王黃二氏的理想國比較西哲的烏託邦更難實現。應看沃爾特士《培根的「健全社會」和十九世紀諸烏託邦：一個意識形態的成熟》（Kerry Stephen Walters, *The "Sane Society" of Bacon and Nineteenth Century Utopias: The Maturation of An Ideology*. Ph. D. Thesis, University of Cincinnati, 1985; UMI, 1990）

⑩ 同❽，＜與嚴又陵書＞。

⑪ 化學家齊修教授以新元素鋨鈦等爲兒女命名，可謂三句不離本行。我的四叔王宏謨是美國愛奧華大學化學工程博士，也爲長子取名王希鉻，無奈元索「鉻」屢被誤成「銘」。這兩例皆非粗濫而具創造性，如有人以鐳、鈾爲名。

⑫ 詳見郭朋《漢魏兩晉南北朝佛教》（濟南：齊魯書社，1986）第三章第一節。此書已參考湯用彤、任繼愈兩套中國佛教史。

⑬ 同❽，＜與任公書＞。

⑭ 同❽，另一＜與任公書＞。

⑮ 同❽，另一＜與任公書＞。

⑯ 長沙：湖南人民出版社，1988。

⑰ 同❽，引＜先兄公度先生事實述略＞。馮契主編《中國近代哲學史》上冊（上海人民出版社，1989）主要談龔自珍、魏源、洪秀全、洪仁玕、曾國藩、康有爲、譚嗣同、嚴復、梁啓超、王國維、章太炎、孫中山及朱執信，非但過左，而且忽略黃遵憲對康、譚、梁三氏的啓廸。詳見《哲學與文化》第17卷第11期（1990年11月）所載我的書評。

⑱ 《人》卷3。

⑲ 《人》卷6。鍾賢培、管林、謝華、汪松濤《黃遵憲詩選》(廣州：廣東人民出版社，1985)此詩註⑰祆誤作祅。盛邦和《黃遵憲史學研究》忽視此詩的史學。

⑳ 梁啓超《飲冰室詩話》（舒蕪校點。北京：人民文學出版社，1982）

第八節。上文云：「生平論詩，最傾倒黃公度，恨未能寫其全集。」任公詩話以公度為首席主角。公度另一摯友丘仙根亦為粵東裔詩人，請看丘鑄昌《丘逢甲評傳》（廣州：廣東人民出版社，1987）及吳宏聰、張磊主編《丘逢甲研究》（同上，1986）。

❷ 楊慎《升庵集》卷137＜詩史＞:「宋人以杜子美能以韻語紀時事，謂之詩史。鄙哉！……若《詩》者，其體其旨，與《易》《書》《春秋》判然矣……杜詩之含蓄蘊藉者，蓋亦多矣，宋人不能學之。至於直陳時事，類於訕訐，乃其下乘，而宋人拾以為己寶；又撰出詩史二字，以誤後人。如詩可兼史，則《尚書》《春秋》可以並省。又如今俗＜卦氣歌＞＜納甲歌＞，兼陰陽而道之；謂之詩《易》，可乎？」升庵錯在混淆「詩可評述歷史」與「禁用散文評述歷史」。參閱郭曾炘《讀杜箚記》（上海古籍出版社，1984）；陳貽焮《杜甫評傳》（上海古籍出版社；上冊，1982；中、下冊，1988）；李誼《韋莊集校注》（成都：四川社會科學院出版社，1986）；尤其是補遺首部之＜秦婦吟＞。詩詞曲以外，戲劇亦可敘述歷史，參看公書儀＜以史寫心的元人歷史劇＞（在《文學評論》1989年第2期）。一般史劇寄託怨恨憂傷。兼閱王文才《楊慎學譜》（上海古籍出版社，1988）及王仲鏞《升庵詩話箋證》（上海古籍出版社，1987）。

❷❷ 此書敘述「白蓮教以道祖為重，有天魔、女巫諸名位；所傳經卷，以真空家鄉、無生父母八字為真言，書於白絹，暗室供之。」元明清三代流行的白蓮教，在明正德（1506—1521）後採納羅教那八字真言，尊無生老母為創世主，宣稱無生老母派遣彌勒佛下凡，把迷失於紅塵的皇胎兒女帶返真空家鄉。「無生」乃佛教名詞，指無生滅變異的精神實體。「真空」亦然。

❷❸ 《人》附錄3＜詩話上＞所錄＜小學校學生相和歌＞。

❷❹ 《人》卷11。

❷❹ 同上，錢注❶引。

❷ 見鄭海麟《黃遵憲與近代中國》頁226。頁6，156「搏」應為「搏」，頁384 Huang Tsun-hsion 末字應是 hsien。頁316引

黃氏所云「夫物窮則變，變則通」宜注出根源《易傳》。頁 317—
320 ＜西學源於墨子說＞頗佳。

㉗　《人》附錄一＜日本雜事詩＞卷 1。吳天任《梁節庵（鼎芬）先生
年譜》序頁 9 云：「黃公度亦以宏才卓識，力佐湘撫陳右銘行新政，
創設保衞局，爲我國現代警察制度之嚆矢，而湖南之治爲天下稱。」
公度得益於日本。參閱鍾叔河《黃遵憲日本雜事詩廣注》（長沙：
湖南人民出版社，1981）及＜論黃遵憲之日本研究＞（見《九州學
刊》第三卷第四期（1990 年冬季）。

㉘　同上，卷 2。

㉙　參考北京市中日文化交流史研究會編《中日文化交流史論文集》（
北京：人民出版社，1982），　特別是朱謙之＜朱舜水與日本＞和
王曉秋＜黃遵憲《日本國志》初探＞。兼閱張步雲《唐代中日往來
詩輯注》（西安：陝西人民出版社，1984）。《人》卷 3 ＜櫻花
歌＞云：「又聞淨土落花深四寸，每讀《華嚴經》卷神爲癡。拈花
再拜開耶姬（神武天皇之曾祖母）……。」何成軒＜佛學與中國近
代哲學＞（在《中國哲學史研究》編輯部編《中國近代哲學史論文
集》。天津人民出版社，1984）只論康有爲、梁啓超、嚴復、譚
嗣同、章太炎五人，未注意黃氏。至於中日文化互相滲透，宜閱盛
邦和《內核與外緣——中日文化論》（上海：學林出版社，1988）；
王家驊《儒家思想與日本文化》（杭州：浙江人民出版社，1990）；
北京大學日本文化研究所編《中日比較文化論集》（長春：吉林教
育出版社，1990）；趙樂甡主編《中日文學比較研究》（長春：吉
林大學出版社，1990）趙著包含＜黃遵憲、梁啓超、魯迅與日本近
代文學＞。

㉚　《人》卷 5。船山三十八歲撰《黃書》論政，詳見劉春健《王夫之
學行繫年》（鄭州：中州古籍出版社，1989）第三章。

㉛　參考劉逸生《龔自珍詩選》（杭州：浙江人民出版社，1982）；萬夔
巖《龔自珍＜己亥雜詩＞注》（香港：中華書局，1976）；任訪秋《中
國近代文學作家論》（鄭州：河南人民出版社，1984）；林明德編《晚
清小說研究》（臺北：聯經出版事業公司，1988）；張灝《烈士精神

與批判意識——譚嗣同思想的分析》（臺北：聯經，1988）。

㉜ 《人》卷 9。

㉝ 見鍾賢培等《詩選》此詩注 ⑳。王蘧常《顧亭林詩集彙注》（上海古籍出版社，1983）卷 6＜井中心史歌＞云：「胡虜從來無百年」，此可描述元朝，不會說 268 年的清朝。參閱蔡冠洛《清代七百名人傳》（北京：中國書店，1984）。

㉞ 《人》卷 6。可憐麥哲倫被印度洋土著殘殺、哥倫布死於貧病煎熬。宜閱劉嘯＜殉清名的文化＞，在其《聖賢語錄與文化現象》（北京：中國青年出版社，1989）。

㉟ 鍾賢培等《詩選》之＜番客篇＞，頁 81 「膺鼎」應作「贗鼎」。《人》卷 7 此詩㉛說唐代已創升官圖戲。

㊱ 《人》卷 8。

㊲ 鍾賢培等《詩選》之＜臺灣行＞ ⑳云：「侵略軍的頭子借口鄭成功的母親爲日本平戶士族田川氏的女兒，把霸佔臺灣說成甚麼『今日還我天所教』。」

㊳ 同㉟。

㊴ 同㉟。鍾賢培等《詩選》之＜朝鮮嘆＞云：「吁嗟乎朝鮮！安得如瑞士！……蜷伏蟫息海中間，猶欲鎖落堅閉關；土崩瓦解縱難料，不爲天竺終波蘭。」

㊵ 《人》卷 11＜夜起＞。

㊶ 《人》卷 10 。

㊷ 《人》卷 4。錢注⑰謬稱「末四語尙不免爲美國民主外衣所眩惑」。錢仲聯《黃遵憲詩論評》（香港：崇文書店，1972）及陳乃琛《黃遵憲及其文學》（香港：自印本，1981）可讀。包根弟＜清代詩＞簡陋，見《中國文學講話》（臺北：巨流圖書公司，1987）第十冊《清代文學》。

㊸ 蒲堅《中國古代行政立法》（北京大學出版社，1990）；王淸雲《漢唐文官法律責任制度》（北京：中國人民大學出版社，1989）及吳晗、費孝通《皇權與紳權》（天津人民出版社，1988)可讀。

㊹ 見《曾寶蓀回憶錄》（長沙：岳麓書社，1986）。

# 章炳麟對王守仁態度的演變

鴉片戰爭前夕，詩論家潘德輿談及「今之三儒」云：

> 一曰鄭（玄）、孔（穎達）氏之儒，詁名物；二曰程、朱
> 氏之儒，講義理；三曰陸、王氏之儒，言心性。夫儒雖有
> 三，聖一而已。誠以孔子之言為準，則三儒者皆可以相通，
> 可以相救。……夫鄭、孔氏之詁名物，博雅詳覈而不免於
> 碎而雜；陸、王之言心性，簡易直捷而不免於虛而浮。各
> 得孔子之道之二三而已。程朱之講義理也，持其大中，本
> 諸心性，不廢名物，其於人也，如日用之布帛菽粟焉。特
> 其詮釋群經，識大而略小，自信而好斷，不能吻合乎經之
> 本旨者亦有之矣。孔子之道，殆得其五六焉。
> 學者誠能以程朱之義理為宗，而先導以鄭、孔，通其訓詁，
> 輔導以陸、王求其放心，庶幾有以救程、朱之小失，而道
> 學之真可見。❶

然則程朱陸王合得禮學七八。潘德輿指出：世俗急功近利，由於
疏忽了程朱理學：「七八十年來，學者崇漢唐之解經與百家之雜
說，輕視二子（程朱）為不足道，無怪其制行之日趨於功利邪僻
而不自知也。」❷所以潘氏欣賞姚鼐融合義理、考據、詞章三項，
即以考據隸屬義理。運用潘氏三儒觀來考察，章太炎（1869 —

1936 ） 比康有爲及其門徒更能兼具這三類儒者的身分。

章太炎早年似王守仁少年喜愛俠義，半由天性，半因老師俞樾（ 1821 — 1907 ）修訂《三俠五義》爲《七俠五義》❸。在民族主義立場，章氏褒揚黃小配（1871 — 1912）的 64 回小說《洪秀全演義》。原來黃小配十六歲師事朱次崎，與康有爲同門。激烈反清的章炳麟，樂意爲此書撰序云❹：

> 演義之萌芽，蓋遠起於戰國。今觀晚周諸子説上世故事，多根本經典，而以己義增飾。或言或事 ，率多數倍。 若《六韜》之托於太公（呂尚），則演其事者也；若《素問》之托於岐伯，則演其言者也。演言者，宋、明諸儒因之爲《大學》衍義；演事者，則小説家之能事，根據舊史，觀其會通，察其情（實）僞，推己意以明古人之用心，而附之以街談巷議，亦使田家婦子知有秦、漢至今帝王師相之業。不然，則中夏齊民不知國故，將與印度同列。然則演事者雖多皮傅（附） ，而存古之功亦大矣。❺

章氏心中，新儒學不外先秦儒學的演義。他和譚嗣同都用佛學比附進化論❻，因爲新舊儒學及其他本土學派無以比附進化論，進化論絕非先秦哲學演義。他渴望漢族進化，遂頌讚陸象山而彈詞王陽明：「人之材力有量，思深則業厭也。（王）守仁之學至淺薄，故得分志於戎事，無足羨者。抑（王）守仁所師者，陸子靜也。子靜蹷爪學射，欲一當（擋）女眞而與之搏。今守仁所與搏者何人也？」❼章氏認爲哲學家必嫌棄功業，以免剝奪思維的精

力和時間；王氏非專注於閱讀思索，始能分心於鎮壓叛變。然而陸氏像辛棄疾❽針對滿族祖先女眞，王氏卻對付南方不成氣候的少數民族和維護劣於朱宸濠的明武宗。章氏慨嘆：「以武宗之童昏無藝，宸濠比之，爲有長民之德。晉文〔公〕而（如）在，必不輔〔明〕武宗、蹶（誅滅）宸濠，明矣！」❾晉文王擒殺周朝王子姬帶，捍衞周襄王返京；因爲志大才疏的姬帶在十多年內召戎伐京師、召狄攻襄王，刻意篡位。爲了人民利益，不如靜觀藩王宸濠登位，何必盲目「尊王」、爲昏君鞠躬盡瘁？

章氏《訄書》修訂本增添《王學》篇主要批評王學四點：①陽明四句教「無善無惡心之體」本諸胡宏（五峯），且同英哲陸克所言「人之精神如白紙」❿。章氏不分洛克所談認知心與王氏所論道德心。②陽明知行合一說「本諸程頤而紊（亂）」，等同宋鈃所「語心之容，命之曰心之行。」《莊子·天下》記載宋子稱心理內容爲「心行」，佛教「五蘊」第四項「行」指意念造作，都可能感染王守仁。可惜章氏未提佛教。③陽明立論簡單支離，欠缺組織經緯。我認爲此乃中國哲學通病，不可獨責王氏。④陽明以金的輕重比擬聖賢才力，例如堯舜似黃金萬鎰、孔子像九千鎰。章氏指陽明脫胎於孔融《聖人優劣論》「金之優者，名曰紫磨，猶人之有聖也。」我認爲王氏有權改造孔融原意，即加以量化（quantify）。1904 年前，章太炎訶斥王守仁「習於禪宗，雖經論亦不欲睹，其卒與禪宗皆爲人鄙」；「以良知自貴，不務誦習」⓫。民國成立，他不必排滿，改讚王學「欲人勇改過而促爲善」⓬，毅然宣稱：「當今之士，所謂捐廉耻、負然諾，以求苟得者也。……若想自振起廢，徑行而易入，使人勇改過，促

為善者……莫如文成之言。」❸面對西化浪潮的道德危機，章氏
殷切將賤儒改良成志士，看中雖然有勇無謀但是「聞過即喜」的
子路，竟溯王學根源於孔門而非陸子云：

> 昔者子路，人告之以有過則喜，聞斯行之，終身無宿諾，
> 其奮屬兼人如此。文成以內過非人所證，故付之於良知。
> ……言「行之明覺精察處即知，知之真切篤實處即行」。
> 於是有知行合一之說。此乃以子路之術轉進者。要其惡文
> 過（飾非）、戒轉念，則二家如合符（節）。是故行己則
> 無忮（疾害）求，用世則使民有勇，可以行三軍。蓋自子
> 路奮乎百世之上，體兼儒俠……晚世顧以謗蔑之，至文成
> 然後能興其學。❹
>
> 子路有聞，未之能行，唯恐有聞。此其欲行也，如痿人不
> 忘起，久客不忘返，身雖未行，其意已行矣。聞與行并，
> 此所謂知行合一也。❺

王守仁哲學三綱是「心即理」、「致良知」、「知行合一」，曾
謂「求理於吾心，此聖門知行合一之教」❻。所以「心即理」＝
「求理於吾心」＝「知行合一」。子路一旦聞過即能立刻改過，
酷似實踐「良知感應神速，無有等待」❼。太炎未嘗留意：對善
惡的好惡已經是「行」，不必像子路那般即聞即改才算「行」。
此「行」函義違反語俗，引致不必的爭辯。章氏認定王學僅長於
「自尊無畏」❽，遂倡鎔鑄佛學與王學為一，憑藉佛理闡釋知行
合一說：「見好色、聞惡臭屬知，好好色、惡惡臭屬行，見聞時

已自好惡，非見聞後立心去好惡，此即佛家意業之說也。見聞與
好惡固同時，若如瑜珈五心之說，亦微有先後，要在瞬息間耳。」
❿他進而等同：

　　聞而知之＝聲量（按即《墨經》聞知）

　　思而知之＝比量（按即《墨經》說知）

　　行而知之＝現量（按即《墨經》親知）

結論云：「眞知者唯現量，非比量、聲量。」❷太炎不再責備王
學「剽竊象山、慈湖（楊簡）……佛家之說，藉禪宗以談儒術，……
是正墮爲佛教作僕耳」❷。而轉爲發揮一年前對王學的折衷論：

> 支那（中國）德教，雖各殊途，而根原所在，悉歸於一：
> 曰依自不依他耳。……孔子……孟荀……程朱……陸王…
> 雖虛實不同，拘通異狀，而自貴其心，不以鬼神爲奧主一
> 也。……今人學姚江，但去其孔佛門戶之見，而以其直指
> 一心者爲法，雖未盡理，亦可以悍然獨往矣！……王學深
> 者，往往涉及大乘（佛教）。……及其失也，或不免偏於
> 我見，……是自信而非利己，猶有厚自尊貴之風。尼采所
> 謂超人，庶幾相近。排除生死，旁若無人，布衣麻鞋，徑
> 行獨往；上無政黨猥賤之操，下作悢夫奮矜之氣。以此揭
> 櫫，庶於中國前途有益。❷

在中西比較哲學，章氏最先比擬王守仁和尼采兩人的理想人格。
他不採取莊子的眞人觀，因爲眞人仍頗消極，即狷甚於狂。尼采
理想化的超人亦須事上磨煉以破心中賊，非頽廢而是積極。然而

他愛上道家、禪宗及王守仁的簡易直捷，不再反對王陽明、康有為的思維經濟——只肯定良知或「不忍人之心」爲宇宙實體，而覺悟康德的四項形上學假設（上帝、靈魂、自由意志、物自身）爲太煩瑣。章氏無神論針對耶教而非佛教。他對儒學的尊、批、歸，恰似黑格爾所倡正、反、合的辯證歷程。叔本華❷始創德國式唯意志論（ voluntarism ）， 德國尼采❷和法國柏格森❷分別顯揚唯意志論和直覺論。然而不懂西方哲學的龔自珍，暢發泰州王學式的唯意志論，堪稱中國式主觀唯心論的晚清典範：

> 天地，人所造，衆人自造，非聖人所造。聖人也者，與衆人對立，與衆人爲無盡。衆人之宰，非道非極，自名曰我。我光造日川，我力造山川，我變造毛羽肖翹，我理造文字語言，我天地又造人，我分別造倫紀。❷

龔定菴啓迪譚嗣同倡「心力說」❷。梁啓超比較譚氏平實，僅說「心力是宇宙間最偉大的東西」❷。章太炎逼近泰州王學的積極造命觀，融合叔本華的生存意志說，極力誇大心力的效果，成爲梁漱溟意欲高於理智論的前驅❷。

　　文學家陳子展（炳坤）說：「章太炎懂梵文、日文，英文不高明，因爲用之得法，在我國首創比較哲學，用以解釋莊子《齊物論》，有拓荒意義。」 ❷ 此言溢美。 章氏同學宋恕謂章枚叔「悱惻芬芳，正則流亞，才高叢忌，謗滿區中。新應楚督之招，未及一月，絕交回里（鄉）。識者目爲季漢之正平（禰衡）、近時之容甫（汪中）」❸。這描述很客觀而非價值判斷❷。章氏門人

黃侃（季剛）雖視兼善天下爲人生最終目標❸，卻欠哲學才華。
季剛僅尊《毛詩》、《左傳》、《周禮》、《說文解字》、《廣
韻》、《史記》、《漢書》、《昭明文選》「八部書」加上《文
心雕龍》，詞斥其餘爲狗屁❸，興趣、品味與情操皆遠遜其師，
連選《離騷》、《莊子》、《史記》、杜甫詩、《水滸傳》和
《西廂記》爲「六才子書」的金聖嘆都比黃侃寬容吧❸！

# 註　釋

❶　《養一齋詩文集•論道學》。參考孫靜《潘德輿詩論體系的意義》，
在《中國文藝思想史論叢》第二輯(北京大學出版社,1985)。此書引
《淮南子》篇名全誤隨高誘注加「訓」字,頁11、217、235「齊物」、
「楊雄」及 sens 應為 「齊物論」、「揚雄」及 sense 。

❷　《養一齋詩文集•任東澗先生集序》。

❸　詳見王先霈、周偉民《明清小說理論批評史》。（廣州：花城出版
社，1988），頁 608 。 俞蔭甫（曲園）同時將作者「顏查散」訂
正為「顏眘敏」。

❹　同上，頁 718 — 724 。黃小配名世仲,以字為筆名,亦字配工,別
號禺山世次郎,另用筆名黃帝嫡裔,廣東番禺人,祖父與父親均以
理學著名,本屬望族。1902 年參加同盟會,民國成立後曾任廣東
民團局長。陳炯明都督藉口他侵吞軍款而殺他。（1978 年陳榮捷
教授在哥倫比亞大學告訴我：陳濟棠可能曾在廣州附近派人在火車
放炸彈,欲謀殺胡適而失敗。原來胡適在中山大學演講,不憚侮辱粵
人。）兼讀顏廷亮<黃世仲作品諸問題小辨>,在《文學遺產》1989
年第 2 期；林明德編《晚清小說研究》（臺北：聯經，1988 ）。

❺　《國粹學報》第 2 卷第 4 至 9 冊載章氏《文學論略》也肯定「小說
自有雅俗,非有俗無雅也。」

❻　詳閱馬自毅《進化論在中國的早期傳播與影響》,在《中國文化研
究集刊》（上海：復旦大學出版社，1987 ）。章氏似信滿清使中
國退步,其《國學略說》云：「愛新覺羅氏既作此 國亡 統絕之論,
則遼東之溥儀,自不得再有統緒之說可以藉口也。」參閱饒宗頤編
著《中國史學上之正統論》（香港：龍門書店，1977 ），頁 254 。

❼　湯志鈞《章太炎政論選集》（北京：中華，1977 ）頁 324 《遺王
氏》（1906 年 11 月 15 日）。

❽　《陸九淵集》卷 5 載《與辛幼安》函,但非談抗金。參考王煜《辛
棄疾對朱熹的尊崇和哀悼》,在《新亞生活》第 16 卷第 2 期 （1988

年 10 月）。

⑨ 《太炎文錄》卷 1 《說林上》。

⑩ 可讀洛（陸）克《人類理解論》（John Locke, An Essay Concerning Human Understanding. Ed., Peter H, Nidditch. Oxford University Press, 1975)及《洛克書信》(E.S.de Beer, ed., The Correspondence of John Locke, 8 Vols., Oxford University Press, 1976-81.)

⑪ 《訄書·王學》，1906 年日本翔鸞社再版。

⑫ 《王文成公全書題辭》。

⑬ 同上。參考徐一士《一士贅稿》（臺北：學生書局，1973）之《太炎瑣話》。

⑭ 同上。章氏倡仿王守仁和徐階，則「險健而速快」，詳見朱維錚《章太炎與王陽明》，在章念馳編《章太炎生平與思想研究文選》（浙江人民出版社，1986）。

⑮ 《訄漢昌言·經言三》。

⑯ 《王文成公全書》卷 2 《答顧東橋書》。參考陳榮捷《王陽明傳習錄詳註集評》（臺北：學生書局，1983）；丁為祥《王陽明「知行合一」的靜態考察與動態把握》，在《陝西師大學報》1990 年第 4 期；司徒興《王陽明「知行合一」新探》，在《中國哲學》第 12 輯（北京：人民出版社，1984）；錢杭《王陽明良知學說批判》，同上書（頁 204「坤作在物」應為「坤作成物」）。孔繁《章太炎〈訄書〉（重訂本）對中國學術思想變遷的評價》（在《中國哲學史研究》1989 年第 2 期）頁 28 云：「章太炎極為鄙視王守仁和曾國藩等人格，竟以他們與孔子相並提，亦可見當時孔子在他心目中之地位了。」我認為「極為」宜改作「一度」，頁 33「教學原理」應是「數學原理」。

⑰ 《明儒學案》卷 10 《姚江學案》。

⑱ 《太炎文錄初編·別錄》卷 2 《答鐵錚》（1907 年 6 月）

⑲ 《訄漢昌言·經言二》。

⑳ 同上。聲量亦稱至教量、正教量、聖教量、聖言量，標準在聖人或

聖典所教知識。陳那改革因明，廢除婆羅門教所立聖教量，僅立現量和比量，因為「彼聲、喻等，攝在此中。」(《因明正理門論》)參閱方克立《中國哲學史上的知行觀》(北京：人民出版社，1982)，頁331云章氏「不能區分科學的抽象和荒唐的、反科學的抽象」；傅雲龍《中國知行學說述評》(北京：求實出版社，1988)第10章《王守仁的「知行合一」學說與王廷相等對其尖銳的批判》與第12章《近代哲學史上唯物主義知行觀的一般進展》，頁181批評章氏「誇大了抽象思維的作用」。傅著勘誤如下：

| 頁 | 63 | 92 | 116 | 128 | 138 |
|---|---|---|---|---|---|
| 誤 | 稽康 | 《成唯實論》 | 齊明其心 | 幷不是眞實存在 | 1528 |
| 正 | 嵇康 | 《成唯識論》 | 齊明其心 | 是較低等的存在 | 1529 |

㉑ 《章太炎政論選集》頁396《答夢庵》(1908年6月10日)。

㉒ 同⑱。上文謂「日本維新，亦由王學為其先導。」他將排滿比附日本明治維新推翻幕府。任訪秋《中國近代文學作家論》(河南人民出版社，1984)之《章炳麟》章，頁147云：「太炎幼年從他外祖父朱左卿讀書的時候，就聽到……王船山、顧炎武……民族思想的言論，……種下了排滿思想的根。後來他又讀了《明季稗史》十七種，因而這種思想就更加蓬勃的發展起來。」參考湯志鈞《章太炎年譜長編》(北京：中華，1979)，及《章太炎年譜長編補——光緒二十四年十月至光緒二十五年五月》(在《文史》第十八輯。北京：中華書局，1983)；汪榮祖《康、章合論》(臺北：聯經，1988)。

㉓ 宜閱麥基《叔本華哲學》(Bryan Magee, The Philosophy of Schopenhauer. Oxford University Press, 1984)；包默《西方近代思想史》(F. L. Baumer, Modern European Thought. New York: MacMillan, 1977)。

㉔ 參考戴維《尼釆哲學主要範疇考察》(N. Davey, Nietzsche's Categories: An Examination of the Principal Categories of Nietzsche's Philosophy and the Arguments they Circumscribe. Surrey, England: Brits, 1980) 此原為英國 Sussex 大學博士論文。再看基爾曼《和尼釆交談：當

代人話裏的尼采生平》(S. L. Gilman, *Conversations with Nietzsche: A Life in the Words of His Contemporaries*, tr. D. J. Parent. Oxford University Press, 1988).

㉕ 可讀科拉考斯基《柏格森》(Leszek Kolakowski, *Bergson*. Oxford University Press, 1985)。

㉖ 《龔自珍全集》之《壬癸之際胎觀第一》。參考楊國榮《中國近代的唯意志論思潮與王學》,在《學術月刊》1988年第11期。

㉗ 蔡尚思、方行編《譚嗣同全集》增訂本(北京:中華,1981)頁357云:「夫心力最大者,無不可爲。」參考王煜《評解譚嗣同的三篇美國博士論文》,在《新亞生活》第14卷第7、8期(1987年3、4月);徐義君《譚嗣同思想研究》(湖南人民出版社,1981)。

㉘ 《自由書》,在《飲冰室合集・專集》第三册。參考鍾賢培編《康有爲思想研究》(廣州:廣東高等教育出版社,1988);湯志鈞《康有爲與戊戌變法》(北京:中華,1984)及《康有爲變法奏議研究》(瀋陽:遼寧教育出版社,1988);馬洪林《康有爲大傳》(瀋陽:遼寧人民出版社,1988);鍾珍維、萬發雲《梁啓超思想研究》(海口:海南人民出版社,1986);湯志鈞《維新運動在上海》,在《學術月刊》1988年第10期;陸草<佛學與中國近代詩壇>,在《文學遺產》1989年第2期;饒宗頤《談章太炎對印度的嚮往》,在《明報月刊》第25卷第1期(1990年1月)。

㉙ 對章、梁等的最新批判,見袁偉時《中國現代哲學史稿》上卷(廣州:中山大學出版社,1987)。今代作者勘誤如下:

| 頁 | 誤 | 正 |
|---|---|---|
| 87 | 井上圓 | 井上圓了 |
| 159 | 《鐵鐵錚》 | 《答鐵錚》 |
| 171 | 編計所執性 | 遍計所執性 |
| 189,677 | 勒令 | 勅令 |
| 256 | 1828 | 1928 |
| 328 | 輪迴 | 輪迴 |
| 560 | 成塾 | 成熟 |

| | | |
|---|---|---|
| 593 | 化學系系主任 | 化學系系主任 |
| 598 | Dilenma | Dilemma |
| 839 | 李煜瀛 | （即上頁李石曾，故可取消） |

㉚ 樸凡《夜訪陳炳坤》，在香港《華僑日報》1989年2月9日號。參考章氏之孫章念馳《魯迅與<說文解字札記>》，在北京《文物天地》1988年第6期；章念馳《一輩子講眞話的人——紀念先祖父太炎先生誕辰》，在《人民日報》1989年1月25日號；章念馳未刊稿《論章太炎先生的醫學》。

㉛ 宋恕《上俞曲園師書》（1898年6月15日），在《中國哲學》第14輯（北京：人民出版社，1988），頁289。參閱湖北武漢荆楚書院院長蕭箑父《中國哲學啓蒙的坎坷道路》，在馮天瑜主編《東方的黎明——中國文化走向近代的歷程》（成都：巴蜀書社，1988）。

㉜ 沈善洪、王鳳賢《中國倫理學說史》下卷（浙江人民出版社，1988）第62章《章太炎的道德觀念和處世哲學》頁845云：

> 在道德領域，章太炎提倡「依自不依他」是有積極意義的，尤其對於革命黨人磨礪鬥志來說意義更大。至於他在宣揚「依自不依他」的思想時，把「自」與「他」、個人與群體對立了起來，則顯然是一種謬誤。……與佛教唯識論和尼采哲學給他的消極影響是分不開的。

我認爲自他對立不等於自他敵對，個人主義非謬誤。李澜滄《論章太炎》（成都：四川人民出版社，1990）也乏新意。

㉝ 程千帆《閑堂文藪‧黃季剛老師逸事》（濟南：齊魯書社，1984），頁301。

㉞ 見錢理群《周作人傳》（北京十月文藝出版社，1990）頁199。

㉟ 金聖嘆選評上古至北宋散文，見朱一清、程自信《金聖歎選批才子必讀新注》（合肥：安徽文藝出版社，1988）。

丙部　書　評

# 蔡涵黙《韓愈及唐代對統一之探求》評介正誤

　　一九七五年蔡涵默君（Charles Hartman）以論文《韓愈詩中的語言與暗示：秋懷》獲美國印第安那大學博士衛，十一年後普林斯頓大學出版他的代表作《韓愈及唐代對統一之探求》（Han Yü and the T'ang Search for Unity），共 459 頁，獻給「靈感之兩強勁根源」陳寅恪和 Hsu Li-yun （未知中文名）。作者生於一九四六年，受業於柳無忌及倪豪士（William Nienhauser ） 兩位印大教授、臺灣大學羅聯添教授及其門徒、北京吳文治教授、哥倫比亞大學狄百瑞（William Theodore de Bary）、布倫（Irene Bloom）、夏志清（C.T. Hsia）威姆士（Robert Hymes）、摩頓（W. Scott Morton）、所羅門（Bernard Solomon ）和賓夕凡尼亞大學梅爾（Victor Mair）諸教授。

　　「導言」指出新儒學側重遍函性（all-inclusiveness），構造人生行動的完整程序。蔡氏深信韓愈李翱（韓愈姪婿）師徒結合儒家「聖人」「君子」概念與佛家的「佛」「菩薩」概念。菩薩經歷十個階段始臻圓滿，賢人經教師、行政官吏兩重身分方成君王。頁 12 謂新儒學融合佛教形上學與舊儒倫理學。我認為「形上學」應當改正為「倫理學」，因為儒家一旦採納「空」理即似佛徒，韓愈李翱未嘗如此。韓廷一《韓昌黎思想研究》（臺北：商務，一九八二）裨益蔡君，正如唐振常＜韓愈排佛老議＞（見一九八〇年濟南齊魯書社「古典文學論叢」首輯）。

全書分四章。首章＜韓愈生平＞援引詩哲艾略特（T.S.
Eliot）＜賢哲歌德＞文中長句「然而我們必須記得……我們傾
向以代表性人物去想及某時代，而忘卻代表性人物的部分意義正
在他對其時代的鬥爭。」蔡氏聯想韓愈對中唐佞佛風尚的抗爭。
原來一九七七年他曾於香港中文大學《譯叢》（Renditions）第八
期發表英語論文＜韓愈和艾略特——比較文學中一篇漢學文章＞。
李肇《唐國史補》載韓愈愛奇，攀登華山巔峰後以爲不能下山而
哭泣，華陰縣令千方百計上山勸服他一同落山。蔡氏看出冒險探
奇是違背儒家精神的。但是他能徵引《全唐文》卷 868 晚唐學者
沈顏爲韓愈辯護的短文，將韓氏之泣比擬孔子因麒麟、墨子因練
絲、阮籍因歧途而哭，非爲麟絲途三者本身，而爲諷刺政治及批
判時代。韓文公實在激念於攀龍附鳳者在不勝寒的高處哀嘆無處
停車。也在公元八〇三年，長安發生旱災，韓昌黎歸咎於陰陽失
調。傳統陽陰可分指君臣，水災表示有陰無陽或臣智君愚，旱災
代表有陽無陰或君聖臣笨。這顯然不合事實，我未知韓愈是否如
此迷信。幸虧蔡氏理解韓詩某句以龍隱喻王叔文，譴責此惡龍負
責降雨而刻意不降，對臣職尸位素餐，導致政治旱災。頁 86 提
到韓愈僅帶侄兒韓湘過藍田關，「姪」（nephew）宜更正爲「姪
孫」（grand nephew）。世俗對韓湘加「子」字，恰似對烈女
孟姜增「女」字，對張果添「老」字，對林默附「娘」字，對李香
益「君」字，一般學者注意韓愈和大顚的交誼，唯獨蔡君非但引
述九五二年泉州出版的《祖庭集》所載大顚寶通禪師承繼石頭希
遷，而且留意大顚門人三平與韓退之的談話。三平問「空來何益?」
似宣示韓愈不再須要禪師啓迪，空手而來即不要象徵理智的拐杖

禪棒了。在致孟間（八二四年卒）函裡，韓愈唯恐別人誤解他佞佛，遂聲明贈衣給大顚，只因私人友誼，絕非皈依佛敎或追求福祐。難得蔡君不謬解昌黎喪失儒家立場。

次章＜帝國的政治＞強調華胡（Hua Hu 只差字母 a）的文化分界。陳寅恪堅持禪宗「傳法」啓發韓愈道統觀，禪儒同樣訴諸直覺理解的直接口頭傳承。蔡氏力言禪宗二十八祖（釋迦至達摩）無間斷，而韓愈所講道統容許鴻溝。印度宗敎是胡而非華的。

第三章＜聖賢的統一性＞引唐代梁肅(七五三—七九三)＜止觀統例＞的空假中三諦，以比附儒家的中庸觀。一九七〇年德國威斯巴登市出版格拉夫《道與仁》(Olat Graf, Tao and Jen)，譯「誠」作 Wesenstreue, 蔡氏推薦此譯。(蔡君亦倚重德國 Herbert Franke 之著作) 以「誠」作主旨「中庸」，蔡氏解「誠」爲聖賢最高成就——內在精神與外界公衆生活的圓滿整合，遂譯它爲 integrity，包含誠實（sincerity）。韓愈對理性命三詞的了解成爲初期佛敎（以「理」爲絕對者）與宋代儒學（以「理」爲原則）的過渡。

第四章＜風格的統一＞闡述誠、奇、險等概念。「奇」即非傳統（unconventional）而非怪誕（weird, bizarre），「險」乃前所未有（unprecedented）。在奇方面，韓文公師法司馬遷、司馬相如和揚雄。

讓我補充兩段資料。《王文成（守仁）公全書》卷十四＜諫迎佛疏＞嚮應韓文公＜論佛骨表＞云：「夫佛者夷狄之聖人，聖人者中國之佛也。在彼夷狄，則可用佛氏之敎以化導愚頑；在我中國，自當用聖人之道以參贊化育。……佛能慈悲施捨，不惜頭目腦髓以救人之急難，則其仁愛及物亦誠可謂至矣。然必苦行於

雪山，奔走於道路，而後能有所濟。若堯舜則端拱無為而天下各
得其所。……陛下好佛之心誠至，則請毋好其名而務其實，毋好
其末而務其本。」同卷＜書韓昌黎與大顛坐敍＞引退之＜與孟尚
書書＞後云：「退之之交大顛，其大意不過如此。（按指非崇信
其法或求福田利益）而後世佛氏之徒張大其事，往往見之圖畫，
真若弟子之事嚴師者，則其誣退之甚矣。然退之亦自有以取此者。
故君子之與人（交友），不可以不慎也。」

　　蔡博士的註解長達百頁，引用中日英法德五種語言的書刊，
包括墨子可《逃離困境》（ Thomas A. Metzger, *Escape from*
*Predicament* –New York：Columbia University Press,1977 )、
何爾茲曼《詩學與政治：阮籍的生平和作品》(Donald Holzman，
*Poetry and Politics*：*The Life and Works of Juan Chi*.
Cambridge University Press, 1976 )、洪業《杜甫：中國的
最偉大詩人》（ William Hung, *Tu Fu*：*China's Greatest*
*Poet*. 哈佛大學，一九五二 )、劉師舜《中國古典散文：唐宋八
大家》（ Liu Shih Shun, *Chinese Classical Prose*：*The*
*Eight Masters of the T'ang-Sung Period*. 香港中文大學，一
九七九 ) 及 Arthur F. Wright 與 Denis Twitchett 合編《儒家人
物 *Confucian Personalities* 》（ 史丹福大學，一九六二 )；
當然少不了其師倪豪士《皮日休》（ *Pi Jih-hsiu*. *Boston*: *Tw-*
*ayne*, 1979 ) 及倪氏與人合著《柳宗元》（ *Liu Tsung-yuan*.
New York：Twayne, 1973 )，和哈佛大學中國文學教授歐文
(Steven Owen) 兩書：《孟郊與韓愈的詩學》（ *The Poetry of*
*Meng Chiao and Han Yu*. 耶魯大學一九七二年博士論文,增補於

三年後出版）及《中國詩學的偉大時代：盛唐》（*The Great Age of Chinese Poetry*、耶魯大學，一九八一）。可惜他未讀吳文治《韓愈資料彙編》、錢仲聯《韓昌黎詩繫年集釋》修訂本、錢鍾書《舊文四篇》及《管錐編增訂》、陳克明《韓愈述評》、陳幼石《韓柳歐蘇古文論》、劉國盈《唐代古文運動論稿》、孫昌武《唐代文學與佛教》、閻琦《韓詩論稿》。

　　至於韓愈的疾病，蔡著首章的註 223 善用鄭騫＜古今誹韓考辨＞（見一九七八年三月臺北《書目季刊》第十一卷第四期）、魯桂珍與李約瑟＜對中國營養學史的一篇投稿＞〔Lu Gwei-djen and Joseph Needham, "A Contribution to the History of Chinese Dietetics." *Isis* 42（April 1951）〕及沙費《朱雀：南方的唐代形象》（Edward H. Schafer, *The Vermilion Bird*: *T'ang Images of the South*. 巴克萊加州大學，一九六七）。關於唐代貴族，蔡著首章註 225 又能參考艾布瑞《早期中華帝國的貴族家庭：博陵崔氏研究》（Patricia Buckley Ebrey, *The Aristocratic Family of Early Imperial China*: *A* Case Study of the Po-ling Ts'ui Family. 劍橋大學，一九七八）。

　　全書勘誤如下：

| 頁 | 誤 | 正 |
|---|---|---|
| 92 | Wan-kung（文公） | Wen-kung |
| 382 | 饒宗頤 | 饒宗頤 |
| 387，446 | 皮日修 | 皮日休 |
| 394 | 餘美雲 | 余美雲 |

| 407 | Master Tung（董生） | Student Tung |
|---|---|---|
| 420 | 俱文珍 | 俱文珍 |
| 425 | Ch'en Po 陳博 | Ch'en T'uan 陳摶 |
| 426 | 程昇 | 程異 |
| | 程頤 | 程頤 |
| | 正蒙 | 正蒙 |
| 427 | 秦嶺山 | 秦嶺 |
| 428 | 周敦頤 | 周敦頤 |
| 435 | 薦公達 | 謝公達 |
| | 邪君牙 | 邢君牙 |
| 436 | huan erh 莞爾 | wan erh 莞爾 |
| 437 | Hun Chen 渾瑊 | Hun Chian 渾瑊 |
| | 遺周書 | 逸（佚）周書 |
| 438 | Jung 戌 | Jung 戎 |
| | 格意 | 格義 |
| 439 | hsiu keng（修練） | hsiu lien |
| | 空來向益 | 空來何益 |
| | 郭子義 | 郭子儀 |
| 440 | Li Hsi-chun 李栖筠 | Li Ch'i-yun 李栖筠 |
| | Li Hua-lung 李化華 | Li Hua-lung 李化龍 |
| 441 | Li P'o 李渤 | Li Po 李渤 |
| 442 | Liu Po-ch'iu 劉伯芻 | Liu Po-chu 劉伯芻 |
| 443 | Lu Mao 盧邁 | Lu Mai 盧邁 |
| 444 | Mao-tun 冒頓 | Mo Tu 冒頓 |

| 447 | 平涼 | 平涼 |
| 449 | 伸不害 | 申不害 |
|     | 脊到 | 慎到 |
| 453 | 竇庠 | 竇庠 |
|     | 曾西 | 曾皙 |
| 455 | Tower（門） | Gate |
| 458 | Yin Shu 尹洙 | Yin Chu 尹洙 |

　　韓愈融合而不分善、美，正像康德以美爲善的表徵。若要批評韓愈的文以載道觀，宜閱覽兩本傑作：奇馬爾《康德與藝術》（ Salim Kemal, Kant and Fine Art. 牛津大學 Clarendon 出版社，1986 ）；狄波拉《崇高壯美論》（ Peter de Bolla, *The Discourse of the Sublime*. Oxford: Basil Blackwell, 1989 ）；和普里斯特編《黑格爾對康德的批評》（ Stephen Priest, ed. *Hegel's Critique of Kant*. 同上，1987 ）。必須區分美和善，以維護純文學的意義和價值。美不必預設善，恰似善不必預設美。

# 評黃兆漢《明代道士張三丰考》

　　黃兆漢《明代道士張三丰考》（臺北：學生書局，1988。）
此書分三部分：時代行蹟考、道派考、《張三丰先生全集》作者
考。首部引明代姜紹書《無聲詩史》云黃公望「往來三吳，與曹
知白及方外莫月鼎、冷啓敬（冷謙）、張三丰友善」。黃君考證
知張氏不可能與前輩莫氏友善。世俗常誤解張氏爲元初人、金人
或宋人。不可能證實他是張良或張天師（道陵）的後裔。但是張
三丰極可能入蜀謁見朱元璋之子獻王，根據明代陸深《玉堂漫筆》
和藍田《張三丰眞人傳》。黃著頁 68 引《史記・老莊申韓列傳》
「吾今日見老子，其猶龍耶！」不知司馬遷照抄《莊子・天道》
假託孔子頌讚老子語。清代李西月（字涵虛）爲猶龍派（隱仙派、
西派）虛擬道統：老子→尹喜→李和（麻衣）→陳搏→火龍→張
三丰→白白先生（劉光燭之師）、汪錫齡、李性之、王宗道、明
玉、楊善登、劉古泉、周眞得、盧秋雲、邱元靖、沈萬三（陸德
原、余十舍之師）。張氏十一位弟子及三位再傳弟子多屬附會假
託。李西月可能就是《純陽先生詩集》重編者「火涵虛」或「涵
虛弟子火西月」。黃君推知李西月是四川樂山縣人，即李平權或
李元植。頁 111 說：「邱元靖、盧秋雲、周眞得、劉古泉、楊善
登五人大抵是張三丰的弟子。丘、邱兩字當作姓用大概是相通的
……」須知清代雍正年間「丘」改成「邱」。頁 137 列出全眞教
道統：

$$王玄甫（東華帝君）→鍾離權 < \begin{matrix} 劉海蟾→張伯端（南宋）\\ 呂　岩→王　喆→丘處機（北宋）\end{matrix}$$

我認爲呂岩宜作呂嵒（嚴），王喆原名王嘉（喆，即哲）。對假託張三丰著作的＜無根樹詞＞二十四首，劉悟元用古詩「人生無根蒂，飄如陌上塵」意註云：「凡樹有根，方能生發；樹若無根，必不久長。人生在世，生老病死，忽在忽亡，百年歲月，石火電光，亦如樹之無根也。仙翁（張三丰）……叫醒世人，使其看破浮生夢幻，早修性命耳。」李西月卻解「無」（nothingness）根爲氣（生命力）之根源云：「無根樹以人身氣言。人身百脈，皆生於氣。氣生於虛無之境，故曰無根。丹家於虛無境內養出根荄，先天後天，皆自無中生有，是無根乃有根之原也。……二十四章合一年氣候，皆勸人無根樹下隨時看花，此道情之盡美盡善者也。」（頁181引）李西月重編《張三丰先生全集》卷七包含七個道經，第五個是《洞玄度人寶懺諸天無上眞經》。李西月跋云：「《洞玄經》者，度世之航也。經中所述皆諸天垂訓法語，我三丰先生遵經演之，洞明玄蘊，洞達玄微，於是受封洞玄帝君，於是說此《洞玄眞經》。有緣遇此，寶之重之。」（頁211引）此言使人更信李氏僞造道經。卷八乃＜閒談＞、＜詩談＞、＜亂談＞，黃君亦否證該三談爲張三丰作品。黃著六次徵引明代洪應明《消搖墟經》，宜註明洪氏字自誠，號還初道人，融合儒道禪三教撰《菜根譚》。哥倫比亞大學出版《明代名人傳》載佛士（Frits Vos）＜洪應明＞條，忽略《消搖（逍遙）墟經》，然而從《菜根譚》的人生體驗聯想古羅馬哲王阿里留斯的《沉思錄》

(Marcus Aurelius, Meditations)與法國洛舒福科的《箴言錄》
( La Rochefoucauld, Maximes )。

　　黃著勘誤表（全書「鍊」宜作「煉」）：

| 頁 | 誤 | 正 | 頁 | 誤 | 正 |
|----|-----|-----|-----|------|------|
| 76 | 西歧 | 西岐 | 121 | 逈然 | 迴然 |
| 81 | 刧 | 劫 | 257 | 第十一期 | 第十一輯 |
| 95 | 若昏 | 昏昏 | 282 | 南圖 | 圖南 |
| 101 | 種放 | 种放 | | | |
| 111 | 全式 | 全弋 | | | |

　　頁 237 謂韓湘子乃韓愈之姪或族姪或姪孫。大陸學者已證實
他是姪孫。友人王沐《悟真篇淺解》　（北京：中華書局，1990 ）
甚佳；卷中其三十九「要得谷神長不死，須憑玄牝立根基」，顯然
發揮《老子》「谷神不死，是謂玄牝。」

# 評葉朗《中國美學史大綱》

　　北京大學葉朗教授的《中國美學史大綱》(上海人民出版社，一九八五)適宜大學生閱覽，可惜過度簡潔，疏略《左傳》、《國語》、《戰國策》、《韓非子》、《呂氏春秋》、《抱樸子》、《顏氏家訓》及沈括、朱子及徐渭、徐上瀛、王世貞、張岱、方以智、傅山、袁枚、黃鉞、龔自珍和周作人等。葉氏以老子爲起點，這可爭辯，因爲《老子》及其解釋《文子》都可能成於戰國時代初期。《太平御覽》所載《墨子》佚文中墨子徵引老子言，但是佚文非絕對可靠，有時由於誤憶。例如《藝文類聚》謂《韓詩外傳》指出雪花六出（角），然而《韓詩外傳》無此語，我懷疑它非佚文而是歐陽詢記錯。李澤厚、劉綱紀《中國美學史》第二卷將全部「謝朓」誤作謝脁，葉著勝在無嚴重錯字。朱自清最先概括老子「妙」字的影響，葉氏充分援引。老子「玄覽（鑑）」顯然倡神秘觀照，葉君卻懷疑它非神秘主義。

　　老子區別美善，孔子統一美善或文質，孟子主張美（充實）高於善（可欲）而低於神、聖、大。難得葉氏分辨孟子的「神」與《易傳》的「神」（自然律及人對它的掌握）；看出《說卦傳》結合神、妙兩概念，《管子》的精氣說感染屈原、孟子、莊子。頁111宣稱傾向於肯定莊子的泛神論色彩，其實郭沫若早期一首新詩已並列莊子、斯賓諾沙和一位印度詩人爲泛神論者。王錦厚《郭沫若學術論辯》（成都：成都出版社，1990）注重屈原、

李白、杜甫及魯迅、周作人而疏忽了莊周。張世英《尼采與老莊》
（在上海《學術月刊》八九年首期）比較「玄覽」「坐忘」與尼采
的「遠觀」，可補葉書的不足。莊周、張旭、懷素、李白等富於
酒神精神而非太陽神精神（分別象徵情和理）。 葉氏引宗白華
《美學散步》闡述道家虛實結合論，進一步可參閱鄧喬彬《詩的
空間假借與畫的時間凝縮》（在《學術月刊》同期）。《樂記》時代
成問題，葉君認為受漢代官方宗教神秘主義熏染，蔡仲德先生考
證結果近似——作者非戰國初年儒家公孫尼子，亦非西漢雜家公
孫尼，而為西漢河間獻王劉德及其門下毛生為首的一群儒生。（見
《樂記作者問題辨證》，在《中央音樂學院學報》創刊號及八八年
人民音樂出版社之《中國音樂美學史論》）

　　一般學者引《淮南子》篇名誤隨注者高誘加「訓」字，葉教
授亦然。依劉安等意，美感超越生理欲望，審美器官限於耳目。
王充統一真善美，「是對先秦美學的否定；而魏晉南北朝美學是
對於王充美學的否定。」（頁 175 ）如用謝選駿《秦人與楚魂的
對話》（山東文藝出版社，八八年）的術語，王充代表務實地重
行動的秦人精神，新舊道家代表浪漫地重想象的楚人靈魂。我贊
同葉著將嵇康《聲無哀樂論》溯源於桓譚《新論·琴道》，原來
戰國時代雍門周謙稱彈琴僅能令不幸者悲哀，陸機《豪士賦》遂
云：「孟嘗（君）遭雍門（周）以泣，而琴之感以末。」王夫之
《詩廣傳》暗用《淮南子》意反駁嵇康，唯獨尊儒的唐太宗發揚
嵇康的音樂哲學。葉氏對嵇叔夜的褒貶正確。至於形神問題，我
願推介郭因《中國古典繪畫美學中的形神論》（合肥：安徽人民
出版社，八二年）和《審美試步》（西安：陝西人民出版社，八

四年）。阮籍、嵇康、楊泉承接王充的元氣自然論。葉君解美學
的「氣」爲藝術本源、創造力兼藝術生命，例如謝赫「氣韻生動」
和《世說新語》「風氣韻度」，氣決定韻。元代楊維楨謬誤於等
同氣韻生動與傳神，不知顧愷之「傳神寫照」只相當於韻而低於
氣。值得介紹葉書頁 235 的圖表：

風骨不等於文質。友人易中天《文心雕龍美學思想論稿》（上海
文藝出版社， 1988 ）和（侯）敏澤《中國美學思想史》（濟南:
齊魯書社， 1987 ）堪讀。 對《文心雕龍》「六觀」之四「奇
正」，我要溯源於老子和孫子。葉君敍述北齊劉書《劉子》區分
審美爲情、理兩面，「賞」辨情而「評」繩理。幸虧他未盲從林
其錟、陳鳳金《劉子集校》（上海古籍出版社，八五年）武斷劉
子爲劉勰。楊明照《劉子校注》（巴蜀書社，八八年）較佳。

　　唐代孫過庭《書譜》主張「同自然之妙有」，葉氏宜指出
「妙有」乃對照「眞空」的佛教名詞。張文勛《儒道佛美學思想探
索》（北京:中國社會科學出版社，八八年）側重神思、妙悟、
意境、境界、現量諸語，亦未留意妙有，但有佳篇《禪理、禪境
和禪趣》談謝靈運十世孫僧皎然。（此書頁 111 引僧肇《涅槃無

名論》誤作《涅槃・無名論》，讀者易誤會此論屬於《涅槃經》）
書法方面，葉氏聰明地倚重巴黎大學熊秉明教授《中國書法理論
的體系》（香港商務，八四年）。熊君畢業於西南聯大哲學系，
師事馮友蘭等。詩歌方面，佛徒白居易奮勉復興儒門美學，殷璠
提出「興象」，司空圖運用「意象」；王昌齡《詩格》分境為物
境、情境（體驗）和意境（意識境界），皎然《詩式》談「取境」。
葉君悟到南齊謝赫「取之象外」激發唐代詩學的境，「象」乃個
別而「境」是整全。我要補充一點：優秀詩人的美感堪提，須讀
吳調公《李商隱的審美觀》（在八三年復旦大學編《中國古代美
學史研究》）及王載源《李商隱詩的意象美》（在北京《文學評
論》八九年第三期）之類。

　　宋朝以郭熙、蘇軾為主。東坡眼裡王維的畫有意境而吳道子
的畫沒有，郭氏「三遠」發揚道家「玄遠」。畫品的「逸」也源
於莊子和《世說》，元代四大畫家始把逸氣醞釀成熟。宋元詩學
強調情景相融。范溫《潛溪詩眼》從畫韻談到詩韻云：「近時學
高韻勝者，唯老（東）坡。」韻指有餘意，異於宋以前對韻的理
解──不俗、瀟灑、生動傳神、簡約窮理。鍾嶸視陶潛為隱逸詩
人祖宗，蘇軾奉淵明為韻的典範，可知「韻」「逸」近似。嚴羽
標舉「興趣」「妙悟」。姜夔先於嚴羽談「氣象」，啟迪清代紀
昀與王國維。李壯鷹《詩與禪》（在《北京師範大學學報》八八
年第四期）可讀。葉朗喜引葉嘉瑩教授作品，現今慎勿忽略《四
川大學學報》連載繆鉞《靈谿詞說》。

　　明代祝允明要求統一「象」「韻」，兼顧才情境三項。董其
昌發揮莊子的「忘」而倡「形與心手相湊而相忘，神之所托也。」

李東陽、何景明、王世貞愛談意象。堪讚的是葉著特別徵引王廷相的警句：「言徵實則寡餘味也，情直致而難動物也。故示以意象，使人思而咀之，感而契之，邈哉深矣。」我認爲徵實之言僅有科學和歷史兩類，同非文藝。楊愼反對用詩述史，由於意象不必徵實。晚明陸時雍《詩鏡總論》要求意象玲瓏、廣圓，陶冶了王夫之。湯顯祖並重「情」「趣」，袁宏道以山色水味、花光女態例證此趣，袁中道總括爲慧黠之氣。明清之際陳子龍、金聖嘆、黃宗羲、賀貽孫、張竹坡、蒲松齡、廖燕等受時代刺激，扔棄儒家溫柔敦厚的詩教。至於葉晝、馮夢龍、毛宗崗、脂硯齋等，葉朗《中國小說美學》（八二年北大版）更値細讀，而傅繼馥《明清小說的思想與藝術》（安徽人民出版社，八四年）多半講《紅樓夢》，蔡國梁《明清小說探幽》（浙江文藝出版社，八五年）方補葉著缺陷。戲劇方面，李漁、孟稱舜著重眞實性和傳奇性具備使觀衆哭笑驚怒的無比感染力。李漁、張岱提醒我們：傳奇不同荒誕，史劇不容虛構。無奈孔尙任《桃花扇》像沙士比亞史劇充滿虛構，符合黑格爾美學。葉朗偏重王國維，而未探討悲劇美。我願推介邱紫華《悲劇精神與民族意識》（武昌：華中師範大學出版社，1990）

第十八章園林美學略嫌簡陋，倚重宗白華而未用陳從周《說園》（上海：同濟大學，八四年）。次章專論王船山的審美心胸和意象，旁及魏禧啓發姚鼐的壯美優美觀。葉燮一章謂葉氏斥責某些畫家模仿摹擬紙上形象而不看實物，令我聯想懷特海批評現代科學謬誤處置具體性（誤抽象作具體）。我想葉燮所用「眩惑」一詞，可能被王國維採用以譯叔本華「媚美」。關於石濤、劉熙

載、魯迅、及蔡元培，葉氏的簡介或詳述都算客觀。

# 評謝扶雅《中庸與道理
## ──中西歷代哲學比論》

　　謝扶雅《中庸與道理──中西歷代哲學比論》（Chinese Thought and the Western Counterparts）一書由香港浸會學院教學發展中心於1986年出版，全書共267頁。

　　廣州嶺南大學是中國南方耶教的首席學府，曾任職於此的傑出基督徒有謝扶雅、陳榮捷、簡又文三位教授。太平天國史權威簡氏已逝十一年，尚存的謝、陳二氏曾在哈佛大學深造，陳氏專心譯介中國哲學，比較謹愼；謝氏喜愛牽扯附會，翻譯和議論甚欠嚴謹，簡直隨意揮灑，本書可見一斑。一九八六年秋季，謝氏返羊城定居，途經香港時，來中文大學新亞書院演講，內容全在此書。近閱他發表於臺北的一篇感想，始知他往醫院急症室治心臟病，竟須往銀行取兌換券交費，幾乎喪命。（比他年青十餘年的費正清教授，在哈佛突發心臟病，幸能打電話急召女兒救援，當然無換錢阻滯。）

　　頁5謂孟子全然吸取了楊朱爲我之長而成就了捨生取義。此語自相矛盾，旣不肯拔一毛以利天下，豈願放棄生命！萬物皆備於我的心境絕非源於楊朱極端的個人主義。一九八九年四月，中山大學馮達文副教授在新亞書院演講《魏晉玄學的非理性傾向》，恰似謝氏不辨原始道家和頹廢名士，甚至不分《易經》和《易傳》。

　　頁48　誤解王安石詆毀《春秋》爲爛斷朝報。事實上，王荊

公此言基於他所否定的假設，用以嘲諷某生對史料的貶抑。先師 劉百閔先生也如此冤枉了王氏。講者不必贊同條件子句的設定。

頁 65 混淆莊周先驅楊朱與魏晉醜化的楊朱，相當於混合伊辟鳩魯派和施勒尼派。頁 76 比附陰陽家與新柏拉圖派，毫無意義。因為陰陽家未嘗提倡儒家《易傳》的「太極生兩儀」——近似普太奴斯「太一流出宇宙」，「流出」比「生」更神秘難解。謝教授譯神秘主義為冥契，不宜省略主義兩字。他譯 nominalism 為「徒名論」，勝於常受誤會的通譯「唯名論」。但是他不應將杜威所言不滿（dissatisfaction）譯成憂慮（worry, anxiety），更不該改《易傳》「吉凶生大業」作「吉凶成大業」以比附耶穌臨終所云「成了！」

頁 115 用金獅子譬喻介紹華嚴宗，顯然沿襲陳榮捷《中國哲學資料書》。頁 117）兩誤天臺宗智顗為智覬，頁 119 錯翻禪定（Dhyāna）作休息（repose）。慧能生於 638 年，作者竟仍用問號。王艮生卒年 1483 — 1541 誤成 1482 — 1540，王守仁卒年 1529 及羅素卒年 1970 錯為 1528，1964。梁漱溟卒年 1988 可補於再版。王門「鄒」守益誤作「鄭」守益，王「畿」變成王「幾」。龍溪卒於 1583 而非 1582。沙特（Sartre）改譯沙泰，十分別扭。懷特赫「機體論」乃 organicism 而非「有機體」organism。

最暴露國學根柢的是頁 120 所引神會言「如周太公、殷傅說，皆竿鈎、板筑，……」弄錯成「如周太公傅說，皆鈎竿版築……」謝氏只知周初姜太公呂尚，而似未曉殷代傅說（悅）興於版築。

文王、武丁託夢獲得兩賢，成爲千秋佳話。宋明理學上，謝氏粗疏比較周敦頤與斯賓諾沙，張載與笛卡兒，邵雍與來布尼茲，朱熹與康德，陸九淵與舒來馬赫（Schleiermacher, 1768-1834），王守仁與黑格爾。敗筆在頁 185：

> 陽明的「致良知」，約略類似德國康德本體界之三設定：一、上帝存在，二、意志自由，三、靈魂不滅。

呂坤說得好，良知即是上帝。儒耶之別，正在部分儒家雖信上帝存在而以良知凌駕上帝。熊十力曾向西式頭腦的馮友蘭表示：良知乃實在呈現而非假設。康德晚年仍視該三設定爲權假；良心屬於道德感情，在現象界而非本體界。請閱蘇里芬《康德的道德學說》（Roger J. Sullivan, *Immanuel Kant's Moral Theory*. Cambridge University Press, 1989）；舒密特《有限者之遍在性：黑格爾、海德格及哲學的資格》（Dennis J. Schmidt, *The Ubiquity of the Finite*: *Hegel, Heidegger, and the Entitilements of Philosophy*. Cambridge, MA: The MIT Press, 1988）和格利分編《原型歷程：懷特赫、容格與希爾曼思想的自我及神聖者》（David Ray Griffin, ed. *Archetypal Process*: Self and Divine in Whitehead, *Jung, and Hillman*. Evanston, Illinois: Northwestern University Press, 1989）。儒門襃崇良知爲神聖自我，陽明甚至尊良知爲產生天地鬼神的最高本體。謝氏又忽略：儒門不朽觀不曾假定靈魂不滅，只信不朽精神表現於後世緬懷的功德言三項。頁 263「中國《大同》章」不

通，須先言《禮記‧禮運》。僞古文《尚書‧大禹謨》提出六府三事，頁 260 誤作《禹貢》。《易》之陰陽兩爻，未必如郭沫若、謝扶雅所解爲生殖器象徵，可能只表奇偶。

# 評沈善洪、王鳳賢《中國倫理學說史》

　　浙江人民出版社八五年出版此書上卷共七五七頁，八八年下卷共九四〇頁。兩卷大致妥當，敗筆在誇張思想家的階級屬性，局限於馬列框格。況且遺漏文子、商鞅、仲長統、王通、石介、蘇軾、沈括、羅欽順、王廷相、吳廷翰、焦竑、呂坤、黃道周、方以智、傅山、章學誠、王國維、胡適、梁漱溟、熊十力和唐君毅。中國哲學裡，倫理政治佔三分二，餘下三分一才是形上學、知識論與美學。此言十分粗略，因爲中國倫理學常和政治學、形上學、知識論及美學渾淪難分。 中國倫理學史 ，幾乎佔哲學史七成。西方倫理學，僅佔哲學細半。

　　首章引《禮記・禮運》，未留意「大同」低於「大順」。解「德」爲「得」，實太簡陋，不如容庚訓爲「循」、聞一多解作「示行而視之」、郭沫若釋爲「直」「正」「徵」，錢鍾書所言「行爲之美善」「性能之固特」，以及何飛依許愼解「升」或「日上」而訓爲「太陽從山腰升起……照大地」（何飛＜德字新釋＞在《文史知識》八九年第二期）。

　　次章謂荀子性惡論逼使聖人亦須「化性起僞」，此論陷於惡性循環。我認爲荀子心中最易最快改造惡性者爲聖，即具備教育別人的師資。何來惡性循環呢？第三章指出孔子對天、鬼抱懷疑，稱勝王棣棠《孔子思想新論》（蘭州大學出版社，八八）武斷孔子倡無神論。第四章指出後期墨家主張損己益人。儒墨同是魯國

特產，比較富裕和開放的海濱齊國始許百家爭鳴。詳見《文史知識》八九年第三期齊文化專號，尤其是李啓謙＜齊魯文化特徵比較＞。

頁 215 說莊子的道德思想比老子悲觀多了，我不贊成。某些方面，莊子學派過度樂觀。管仲學派一章，可參考八七年創辦《管子學刊》。頁 259 引梁啓雄《荀子簡釋》，作者誤成其堂兄梁啓超。韓非一章看出韓非勸帝王忍受短痛以免長痛。雜家方面，強調《呂覽》辯證地統一義利、禍福、榮辱、和樂與正德、尊師與疾（趨）學。

陸賈和賈誼結合仁禮，賈誼提出五十六對道德範疇，《淮南子》認定衰世生仁義和禮樂可救敗。沈王二氏都簡潔介紹，但是忽略陸賈所云「無天命，無寶信，（君權）不可以力取也；」「惡政生於惡氣，惡氣生於災異。」董仲舒一章，宜兼閱李宗桂＜相似理論、協同學與董仲舒的哲學方法＞（在《哲學研究》八六年第九期）。揚雄一章，除卻司馬相如，可提桓譚對他的啓迪。《白虎通》一章，恰當批評它用無類比附法以五行解釋人倫。王充一章，適當批評它用無類比附法以五行解釋人倫。王充一章，揭示他發揮韓非「參驗」及智取「黃老之義」。《太平經》一章不忘農民虛構諸神相愛的烏托邦。頁 539 謬說蔡琰（文姬）使《論衡》流行，其實她的父親蔡邕首先激賞王充。

劉劭一章強調《人物志》以才智統帥德行，何晏、王弼章探索玄學理想的眞善美——善即自然無爲，向秀、郭象章側重名教與自然的融合，阮籍、嵇康章勝在道德起源論一節，《列子》章察覺後世混同高尚名士與縱欲俗夫，葛洪一章稱譽他首先總結批

判玄學倫理，顏之推章闡明影形關係比擬名實關係的反虛僞性。
我欣賞佛教獨章勘破迷信。韓愈、李翺章疏忽了西魏蘇綽啓導李
氏性善情惡論。師弟廖明活博士及友人狄百瑞之英文新著值得推
荐：廖君〈中國佛學裡天臺華嚴兩宗筆下的法華經和華嚴經〉刊
於荷蘭萊頓大學八八年《通報》、〈范縝神滅論及其佛教批評
家〉刊於八七年十月夏威夷大學《東西哲學》；狄教授新書《東
西文化》八七年由哈佛大學出版，頁 15 妙用「五人幫」新詞。八
九年普林斯頓大學出版狄百瑞的代表作《新儒家對心的探討》，
我已作英文書評。

　　下卷錯字不少，如朱子誕生地福建尤溪縣誤成龍溪縣，張子
《經學理窟》次字錯作子。張載章謂〈西銘〉將孝道升爲天道。
二程章竟說佛教在隋唐始進中國，隋唐應改爲西漢末年。程氏
「人只爲智多害之」一句源於老子，應該指出。李覯、王安石章掌
握先利後義觀。朱子章「接物」「恁地」誤成「按物」「凭地」，
心統性情一點須說明朱子發揮張子，頁 204 「五峯」未註出指胡
宏。陸九淵、楊簡章提醒讀者：象山曾盛讚王荊公。陸子「剝落
得淨盡」語，我認爲活用老子「損之又損，以至於無爲」。陳亮、
葉適章亦須註陳同甫「交相養」語出自《莊子・繕性》。許衡、
吳澄章狠批吳氏蒙昧主義，卻誇大許氏節欲論爲禁欲。王守仁章
「賅」「凊」錯成「該」「清」，幸能芻議「事上磨煉」可引起
致良知說的否定。王畿、王艮章「湛體冷然」應作泠（輕妙)然，
又未明佛教對王龍溪的薰染。李贄章「芝佛院」欠院字，「張皇
救世」宜作張惶，結論中肯判斷李卓吾維護資本主義的競爭道德。
東林學派章「繆昌期」應姓繆。劉宗周章引其「聖學吃緊三關」，

令人聯想熊十力口頭禪「吃緊」。劉氏批陽明看壞意字，王守仁亦可反批劉氏「將一意字看佳」，因為如果「意」無起滅地純善，那麼「惡意」一詞自相矛盾了。

清代黃宗羲、陳確章涉及明儒王廷相、羅欽順和劉宗周的氣一元論。陳乾初云：「周子無欲之教，不禪而禪，吾儒只言寡欲耳。」禪宗感染周濂溪，然而「無欲」「滅欲」仍指寡欲而非狹義禁絕欲望。顧炎武章著重「合私成公」。王夫之章點出王充影響，頁515「蔡西山」宜註原名蔡元定（部分後裔聚居深圳蔡屋圍），難得結論善表船山的憂患情操。唐甄章惹笑地說他非哲學家而是倫理學家，由於忘記哲學包含倫理學。唐鑄萬推崇佛教「明死」，我認為一切宗教神話尚未透察生死真相。顏李學派章推許他們爭取士農工商的平等權利。戴震章以達情遂欲兼為道德理想和政治主張。魏源、龔自珍章歌頌個性解放，太平天國章「禁欲主義」一詞才用得正確。康有為章貶其理想國為充滿矛盾的奇妙圖案，譚嗣同章責其性情皆善論的「階級烙印」。蔡元培章引蔡氏云權利意識較幼稚而義務意識較高尚，我要補充：中國傳統恰恰弱在義務意識擠壓權利意識，大陸尚未正視人權尊嚴！中國哲人稱許黑格爾《權限哲學》，尚須注意木爾荷蘭《康德的權限系統》（Leslie Arthur Mulholland, *Kant's System of Rights*. New York and Oxford: Columbia University Press, 1990）。康德闡揚盧梭的「普遍意志」，卻否定人民對暴君革命的權利！

# 孫昌武《佛教與中國文學》評介

天津南開大學孫昌武教授精研唐代文學，撰著《柳宗元傳論》、
《韓愈散文藝術論》、《唐代古文運動通論》、《唐代文學與佛
教》及《佛教與中國文學》五書。首章介紹漢譯佛典的文學價值，
例如九色鹿的趣事。中國式理想樂園常以西方淨土爲藍圖，此章
可補充陳正炎、林其錟《中國古代大同思想研究》。後者以儒道
兩家文豪爲主，尚欠王嘉《拾遺記・洞庭山》和王績＜醉鄉記＞。
孫氏指出：《維摩》《華嚴》兩經分別近似戲劇與小說。日本深
浦正文《佛教文學故事》，更謂善財童子遍訪菩薩道，堪比英國
班揚（Bunyan）《天路歷程》。 印度文學特色在誇誕、玄想、
神變，范曄中肯道：「雖鄒衍談天之辯，莊周蝸角之論，尚未足
以概其萬一。」

次章＜佛教與中國文人＞強調晉代開始知識分子和佛教的關
係密切。支遁將佛理引進文學，作＜維摩詰贊＞云：「無可無不
可，流浪入形名。……恬動豈形影，形影應機情。」我認爲它感
染陶潛＜形影神＞詩。孫綽＜喩道論＞等量齊觀周公、孔子和釋
迦，發揮牟融＜理惑論＞融合三教意。山水詩人謝靈運＜辨宗論＞
也折衷儒釋，＜山居賦＞宣稱「傍危峰立禪室，臨浚流列僧房。」
顏延之＜庭誥＞以煉形與治心區別道教與佛教。沈約、周顒參考
印度「聲明」創四聲八病說。隋唐五代大致兼容三教。陳子昂奏
疏無忌諱而未接觸佛教，非僅因武則天佞佛。韓理洲《陳子昂研

究》透察陳子昂深受《易》《老》及釋氏消極思想薰陶。孫教授
未提駱賓王，唐代孟棨＜本事詩・徵異＞述駱氏逃亡至靈隱寺爲
僧，像徐敬業赴衡山出家。（詳閱楊柳、駱祥發《駱賓王評傳》，
1987 年北京出版社）重臣張說師事禪門北宗神秀。杜甫一度傾
慕禪宗，散文家李華信佛。然而信奉禪宗的王維，在＜西方變畫
贊＞否定西方淨土的實存，理解淨土爲佛之示現，恰似《法華
經》的「化城」引導商人脫離沙漠。王摩詰的母親師事神秀門人
普寂，摩詰卻傾向南宗惠能。孫君看出王維以禪悟、禪趣、禪法
三層作詩。唐代詩人尙有高適、柳宗元、劉禹錫、元稹、白居易
信佛教，孫氏詳談柳、白，忽略高劉元三氏。原來高適寫＜同馬太
守聽九思法師講金剛經＞等詩，元白同爲外儒內梵。高志忠《劉
禹錫詩文繫年》與卞孝萱《劉禹錫叢考》俱佳，劉柳同爲惠能撰
碑銘。牛僧孺曾稱劉白二氏爲詩仙，此名後世專用於李白。劉夢
得＜洗心亭記＞非儒道風格而屬佛教形態。難得孫教授陳述韓愈、
李翱的共同老師梁肅，是天臺宗九祖湛然門徒元皓的門生；批判
柳宗元不能分辨宗教與哲學，白居易幾乎等同做夢、坐忘和禪定。
蘇軾自比維摩詰與白樂天，卻答華仲擧云：「終日說龍肉，不如
僕之食豬肉實美而眞飽也。」龍肉、豬肉分指玄理和實踐。宋至
現代作家，孫著論到宋濂、袁宏道、李贄、黃宗羲（母親晚年奉
佛）、王夫之、龔自珍、譚嗣同、章太炎、梁啓超，遺漏了王安
石、蘇轍、黃庭堅等佛徒，正如第三章＜佛教與中國文學創作＞
仍未論袁宗道、傅山（道佛之間的儒醫）、李叔同（弘一法師）、
蘇曼殊、豐子愷、許地山（落華生）。頁 246 云：「有人評論蘇
文如萬斛水銀，隨地湧出，是學《華嚴》的浩如烟海，無所不有，

無所不盡。」事實上東坡自稱其文章似萬斛流泉湧出。頁 294 云：
「李行道《包侍制智賺灰闌記》中有二婦人奪子的情節，本出自
《賢愚經》卷十一＜檀膩觭品＞國王判案事。我想到印度《五卷
書》部分酷似希臘《伊索寓言》，以色列所羅門王也善斷兩婦爭
子案。另要補充：袁宏道長兄宗道兼崇白居易和蘇軾，著《白蘇齋
類集》，卷十四＜二聖寺遊記＞寫兩佛像變成員人，嘆「此古佛
獨顯異於吾邑」。胡適詩作也受佛偈影響。

　　末章＜佛教與中國文學思想＞講「眞實」、心性、言意、境
界等問題，可惜未顧及王國維。

# 評　高　楠《道教與美學》

《道教與美學》（瀋陽：遼寧人民出版社，1989）以外，高楠另著《藝術心理學》及《蔣孔陽美學思想研究》，出版社同上。《道教與美學》可讀，缺陷在非道教材料太多而道教資料不足，過度徵引朱光潛、李澤厚、王家祐、葛兆光、張松如、成中英等著作，忽略宗白華、錢鍾書等，王國維部分又不顧葉嘉瑩《王國維及其文學批評》（香港：中華書局，1980）；蕭艾《一代大師——王國維研究論叢》（長沙：湖南人民出版社，1988）及〔譚〕佛雛《王國維詩學研究》（北京大學出版社，1987）。頁 87 誤解唐太宗死於道士金丹，不知他錯食胡僧丹藥。其餘錯誤如下：

| 頁 | 誤 | 正 | 頁 | 誤 | 正 |
|---|---|---|---|---|---|
| 146 | 標有梅 | 摽有梅 | 311 | 文徵老 | 文徵老（明） |
| 176 | 弘惡 | 弘忍 | 425 | 揉躪 | 蹂躪 |
| 248 | 長安 | 袁安 | 428 | 順處 | 處順 |
| 268，272 | 荃 | 筌 | 454 | 老子韓 | 老莊申韓 |
| 298，300 | 台灣 | 香港 | 455 | 張魯 | 張陵（一說張魯） |
| 309 | 謚 | 溢 | 462 | 熊徑 | 熊經 |

按：徐復觀在 1969 年自臺灣東海大學來香港定居，始撰《中國

藝術精神》，不宜列他爲臺灣學者，儘管他患癌而逝世於臺
北。在《哲學研究》 1990 年第 1 期，周瀚光＜道家、道教
與科學技術研討會綜述＞記沈括研究專家胡道靜說：「過去
人們……甚至認爲道家和道教是反對科學技術的，比如唐朝
就有八、九個皇帝是吃了道教的仙丹後見了上帝的。」他誇
張五、六成八、九，亦因錯視胡僧作道士。

# 附錄 :《三玄》未倡無神論

北京《哲學研究》1989 年第 8 期刊載吉林大學古籍研究所呂紹綱君＜《易大傳》與《老子》是兩個根本不同的思想體系＞，頁 23、24 云:「《老子》不言鬼神上帝，也不給鬼神上帝留下任何餘地。……僅在五十四章偶爾一次言及祭祀……，不過是比喻善建者與善抱者能夠子孫繁盛，世繼不斷而已，并非肯定和提倡祭祀。……上帝鬼神在老子那裏派不上用場。老子是一個清白可辨的無神論者。……《易大傳》很推崇《易經》可以被統治者用以設教的作用，認爲以神道設教來治理百姓，比其它任何辦法都有效。……卜筮是神道，祭祀也是神道。……對於上帝鬼神，統治者心中實在并不信，眞正相信而受愚弄的是普通百姓。後來的荀子對個中道理看得更清楚。」此論不妥。

我認爲老子「子孫以祭祀不輟」一句對祭祀的態度的中性的，旣不肯定亦不否定。然而《老子》60 章「以道莅天下，其鬼不神；非其鬼不神，其神不傷人；非其神不傷人，聖人亦不傷人」此段顯然同時肯定道、天下、鬼神和聖人的存在。《老子》39 章「神得一（元氣）以靈，……神無以靈將恐歇」更武斷神之存在，否則在天地和萬物之間不必加插「神」項，又應該說:「神不傷人，因爲根本無神。」盲腸也無用，但是我們都信它存在。道家以道凌駕鬼神，好比佛家以佛統御婆羅門教的鬼神。

《易・謙・象傳》說「鬼神害盈而福謙」，＜豐・象傳＞云

「天地盈虛，與時消息，而況於人乎！況於鬼神乎！」＜繫辭上傳＞謂「凡天地之數五十有五，此所以成變化而行鬼神也。……知變化之道者，其知神之所所爲（功能）乎！」＜乾・文言＞描述聖人「與鬼神合其吉凶」。我們不能斷定作者不信鬼神。《禮記・祭義》說：「氣也者，神之盛也；魄也者，鬼之盛也。合鬼與神，教之至也。」此似＜繫辭上傳＞「精氣爲物，游魂爲變，是故知鬼神之情狀」及＜觀・象傳＞「聖人以神道設教而天下服矣」。張載屢次強調鬼神乃陰陽二氣的良能，徐志銳《周易大傳》引元儒吳澄云：「氣之往來屈伸而生成萬物者爲鬼神。名雖殊，其實一也。」然則鬼神等同於氣魄，地位遠低於狹義宗教的鬼神。但是新儒家所倡「氣魄承當（擔）」不能改爲「鬼神承當」！《易傳》《禮記》《管子》諸書約於戰國時代將鬼神的宗教函義轉爲哲學函義，如《管子・內業》云：「凡物之精，比則爲生，下生五穀，上爲列星。流於天地之間，謂之鬼神。」這段甚類《莊子・刻意》所謂「精神四達並流，無所不極。上際於天，下蟠於地；化育萬物，不可爲象；其名爲同帝。純素之道，唯精是守；守而勿失，與神爲一；一之精通，合於天倫。」作者教人保持宇宙賦與的精神或元氣，有「同帝」之名而無上帝之實。《莊子・人間世》云：「虛室（靈府）生白，吉祥止止。……夫徇耳目內通，而外於心知，鬼神將來舍，而況人乎！」鬼神應指四達並流的精神，也可兼指原始宗教的鬼神。在高級宗教立場，《老》《莊》《易》合稱的《三玄》倡準（quasi）無神論而非嚴謹的無神論。尤其是《老子》，「神得一以靈」表示神的地位遜於元氣，非道所生的「一」，而是「一」所生的「二」（陰陽）。《莊子・

應帝王》篇末寓言的三位主角是南、北、中三「帝」而非三「神」，可見莊子傾向將「神」限於精氣。《莊子‧天地》「深之又深而能物焉，神之又神而能精焉」兩句，用精、神、物、深四字形容上文「王德」之「曉」「和」，「神」非上帝；下文「神人」「上神乘光」的「神」亦非。＜刻意＞敍述聖人「德全而神不虧；……無天災，無物累，無人非，無鬼責；……其神純粹；……養神之道也。」神不指上帝，然而能責人的鬼豈為精氣！＜達生＞篇說齊桓公在沼澤見鬼，及見鐻者驚嘆梓慶的鬼斧神工；＜庚桑楚＞宣稱：「為不善乎顯明之中者，人得而誅之；為不善乎幽閒之中者，鬼得而誅之；明乎人、明乎鬼者，然後能獨行。……故出而不反，見其鬼；……滅而有實，鬼之一也。」鬼是精神和形軀離異所成怪物，豈為無形的精氣！

臺灣**學生書局**出版

# 中國哲學叢刊

國立中央圖書館出版品預行編目資料

儒釋道與中國文豪／王煜著．--初版．--臺北
市：臺灣學生，民80
面；　公分．--（中國哲學叢刊）
ISBN 957-15-0265-0（精裝）．-- ISBN 957-15
-0266-9（平裝）


1.　哲學 - 中國 - 論文，講詞等
120.7　　　　　　　　　　　　　　　80003187

# 儒　釋　道　與　中　國　文　豪（全一冊）

著作者：王　　　　　　　　　　煜
出版者：臺　灣　學　生　書　局
發行人：丁　　　　文　　　　治
發行所：臺　灣　學　生　書　局
本書局登
記證字號：行政院新聞局局版臺業字第一一○○號
　　　　臺北市和平東路一段一九八號
　　　　郵政劃撥帳號０００２４６６～８號
　　　　電　話：３６３４１５６
　　　　FAX：(02)3636334
印刷所：常　新　印　刷　有　限　公　司
　　　　地址：板橋市翠華街8巷13號
　　　　電話：9524219・9531688
香港總經銷：藝　文　圖　書　公　司
　　　　地址：九龍偉業街99號連順大厦五字
　　　　　　　樓及七字樓　電話：7959595
定價　精裝新台幣三三○元
　　　平裝新台幣二七○元
中　華　民　國　八　十　年　十　月　初　版

11208　　版權所有・翻印必究